“十三五”应用型本科经济管理学院特色教材规划系列

企业财务报表分析

主　编　杜　鲲

副主编　陈西婵

中国财富出版社

图书在版编目（CIP）数据

企业财务报表分析/ 杜鲲主编．—北京：中国财富出版社，2015.8（2016.2 重印）
（“十三五”应用型本科经济管理学院特色教材规划系列）
ISBN 978－7－5047－5800－2

Ⅰ.①企…　Ⅱ.①杜…　Ⅲ.①企业管理—会计报表—会计分析—高等学校—教材
Ⅳ.①F275.2

中国版本图书馆 CIP 数据核字（2015）第 171284 号

策划编辑　惠　婳　　**责任编辑**　孙会香　惠　婳
责任印制　何崇杭　　**责任校对**　梁　凡　　**责任发行**　斯　琴

出版发行	中国财富出版社		
社　　址	北京市丰台区南四环西路 188 号 5 区 20 楼	**邮政编码**	100070
电　　话	010－52227568（发行部）		010－52227588 转 307（总编室）
	010－68589540（读者服务部）		010－52227588 转 305（质检部）
网　　址	http://www.cfpress.com.cn		
经　　销	新华书店		
印　　刷	北京京都六环印刷厂		
书　　号	ISBN 978－7－5047－5800－2/F·2442		
开　　本	787mm×1092mm　1/16	**版　　次**	2015 年 8 月第 1 版
印　　张	19.25	**印　　次**	2016 年 2 月第 2 次印刷
字　　数	399 千字	**定　　价**	38.00 元

前 言

本教材以乐视网上市公司为主要案例，全面、系统地阐述了该公司财务报表主要项目，并且对该公司进行了整体的财务分析。在内容上有以下风格与突出特点。

（1）目前市面上的教材都是以传统的百货、酒、加工制造等行业作为研究对象，无论国外还是国内，未来非常有发展前景的公司就是“互联网+金融”模式公司，本教材选择其中一家公司乐视网作为具体研究对象。最近两年“互联网+金融”类股票整体涨幅平均高达10倍左右，远远超过其他行业股票的整体涨幅，而资本市场具有前瞻性，因此，对该行业的研究非常有意义。教材除了分析该公司个体的财务状况，还对该行业相关指标进行了全面的对比。

（2）教材选择了两家具有传统代表性的公司作为增补案例，对代表公司进行了较为精要的整体财务分析。

（3）所有案例选择的数据都比较新而且比较齐全，这使读者有机会接触到最具有时代感的财务信息。

本教材既可以作为应用型高等院校企业财务报表分析的教材，也可以作为企业管理人员、研究人员以及其他各类人员培训和学习上市公司财务报表分析的重要教材。

本教材由重庆工商大学融智学院财务管理教研室教师编写。杜鲲任主编；陈西婵任副主编；参编人员有罗萍、杨国庆、郭涛敏、唐莉、许爽。各章编写分工是：陈西婵编写第一章、第四章，杜鲲编写第二章、第三章，罗萍编写第五章，杨国庆编写第六章，唐莉编写第七章、第八章，郭涛敏编写第九章、第十章，许爽编写第十一章、第十二章。杜鲲负责总纂、定稿。

由于作者水平所限，书中难免存在不足之处，恳请广大读者批评指正。

编　者

2015年5月1日

目 录

第一章　财务报表分析概述

本章学习重点

1. 财务报表分析的目的及其内容；
2. 财务报表分析的方法。

财务报表分析随着社会经济技术发展和财务信息供给需求变化而不断发展完善，对优化宏观经济结构和提高微观经营效率，改善社会公众投融资决策，实现社会经济资源的合理配置与社会财富的公平分配，日益发挥着重要作用。本章分为三个部分，第一部分主要阐述了财务报表分析中的基本概念，第二部分主要阐述财务信息的内容，第三部分主要阐述财务分析程序与方法。通过本章的学习可以了解财务信息供给与需求的主体、掌握会计信息与非会计信息的内容；了解财务分析的程序，掌握财务分析的基本方法。

第一节　财务报表分析的基本概念

一、财务报表分析的含义和目的

（一）财务报表分析的含义

财务报表分析是以企业的财务报表和其他资料为基本依据，采用专门的分析工具和方法，从财务报表中寻找有用的信息，有效地寻求企业经营和财务状况变化的原因，从而对企业的财务状况、经营成果和现金流量等内容进行综合与评价，为相关决策提供信息支持。

财务报表分析的作用：评价企业过去的经营成果；分析企业目前的财务状况；预测企业未来的发展趋势。

狭义的财务报表分析主要是对四大报表（资产负债表、利润表、现金流量表、所有者权益变动表）及报表附注（简称“四表一附注”）进行分析，广义的财务报表分析除了对传统“四表一附注”的分析，还包括对影响财务报表的因素进行分析，比如宏观因素、行业环境等。

（二）财务报表分析的目的

财务报表分析的目的是企业相关利益人通过对企业财务报告以及其他企业相关信息进行综合分析，从而进行相关决策和评价。企业相关利益人主要包括：股东及潜在投资者、债权人、企业内部管理者、政府、企业供应商等。

1. 股东及潜在投资者

市场上的投资者希望买入具有未来发展潜力的公司股票，以分享企业成长的利益。投资者对未来的预测只能建立在历史信息的基础上，所以基于企业已经披露的历史财务信息进行财务分析，就成为投资者支持投资决策的重要手段。投资者需求的信息主要与企业价值评估有关，影响企业价值的主要因素是未来的盈利能力，同时投资者还需要关注投资风险，注重企业财务安全性的信息。

2. 债权人

债权人关注的是企业未来还本付息的能力。与股东不同，债权人没有企业剩余收益索取权，如果企业获得较高的利润水平，债权人只能按照约定的利率收取利息，如果企业发生亏损，债权人则可能导致较大的损失，这种收益和风险之间的不对称性，导致债权人更加关注企业收益的稳定性以及经营的安全性。因而与股东需要的财务信息存在差异，债权人更注重分析企业的偿债能力以及企业的信用和违约风险。

3. 企业内部管理者

企业内部管理者与股东之间存在委托代理关系，接受委托对股东的财产进行经营管理，使其保持增值。但是管理者具有个人利益，追求个人效用最大化，从而与股东利益不一致，甚至损害股东利益。为此，股东会采取激励和约束措施保证管理者行为符合股东利益，可行的方法是设定一些财务指标，作为衡量管理者业绩的指标。为此，企业内部管理者在日常经营活动中需要充分运用已有的财务信息进行分析，找出企业的经营劣势和不足，以便改进。同时，从财务信息获得的内容上看，企业内部管理者具有先天的优势，因为他们既是财务信息的需求者，又是财务信息的供给方。所以，管理者的财务分析较企业外部相关利益人的分析结果更加准确和详尽。

4. 政府

政府对财务信息的需求是基于其所具有的不同角色。首先，政府作为社会公共管理部门，其主要收入来源是税收，企业作为纳税主体，需要接受政府的监督，合法纳税，此时政府主要需要与增值税、所得税等有关的财务信息；其次，政府还可能是企业的投资者，例如我国众多的国有企业就是如此，所需求的内容也与其他企业股东大体相同。

5. 企业供应商

企业供应商也是企业相关利益人，他一方面希望向企业多卖出产品和材料，以实现自身最大的收益；另一方面因为赊销的存在，使其面临的坏账风险随着销售的增长也在增加。因此，供应商非常关注与企业信用风险和偿债能力有关的财务信息，并做出分析，判断企业未来状况以制定合理的信用政策。

财务报表分析时需要注意：不同利益主体需求不同的财务信息，同时使用的财务分析方法和手段也有较大差异，因此在学习财务分析时，应当注意不同企业相关利益人适用哪些分析方法，即使是相同的分析方法得出的财务分析结论，不同主体的解读和利用也是不一样的。

二、财务报表分析的内容

财务报表分析的主要内容包括：会计报表解读、指标分析、财务综合分析。其中，会计报表解读主要包括会计报表趋势分析、会计报表结构分析；指标分析主要包括盈利能力分析、偿债能力分析、营运能力分析、发展能力分析；财务综合分析主要包括杜邦分析法和沃尔评分法。

（一）会计报表解读

会计报表是对企业财务状况、经营成果和现金流量的结构性描述，它提供了最重要的财务信息，但是财务分析绝不是简单地直接使用报表上的数据计算一些比率，然后得出分析结论，而应当全面阅读会计报表及其附注，明确每个项目数据的含义和编制过程，掌握报表数据的特征和结构。对会计报表的解读主要包括对资产负债表、利润表、现金流量表、所有者权益变动表及报表附注的分析。通过分析这些报表之间的相互联系，可以从不同角度了解企业的财务状况、经营业绩、现金流量情况以及构成所有者权益的各组成部分的增减变动情况。

资产负债表是反映企业一定日期财务状况的报表，属于静态报表。该报表反映企业在一特定日期的资产总额及其构成、负债总额及其构成、所有者权益总额及其构成。资产负债表可以使报表使用者了解企业的资产分布、资产结构、偿债能力等财务状况。

利润表是反映企业一定会计期间经营成果的报表，属于动态报表。该报表反映企业一定会计期间的收入、成本费用、营业利润及净利润（或亏损）的实现及构成情况。利润表可以使报表使用者了解企业的经营成果和盈利能力。

现金流量表是反映企业一定会计期间内现金流入和现金流出的报表，该报表反映企业在某一时期，有多少现金流入，来源于何处；有多少现金流出，运用于何方；企业当期现金是怎样变化的，是净增还是净减。现金流量表可以帮助报表使用者评估企业未来产生现金流量的能力，以及企业偿还债务的能力、支付股利的能力和对外筹资的能力。

所有者权益变动表是反映构成所有者权益各组成部分当期增减变动情况的报表。该表全面反映了一定时期所有者权益变动情况，不仅包括所有者权益总量的增减变动，还包括所有者权益增减变动的重要结构性信息，特别是直接计入所有者权益的利得和损失，从而让报表使用者能够准确理解所有者权益增减变动的根源。

财务报表附注是指为了便于报表使用者了解报表的内容，而对财务报表的编制基础、编制依据、编制原则和方法及其主要项目所作的解释。它是对财务报表的补充说明，是财务报告的重要组成部分。其主要包括两项内容：一是对财务报表各要素的补充说明；二是对那些财务报表中无法描述的其他财务信息的补充说明。由于财务报表中所规定的内容具有一定的固定性和规定性，其所提供的会计信息是定量的，使反映的会计信息受到一定的限制，这就要通过财务报表附注加以解释或说明。

（二）指标分析

指标分析主要包括盈利能力分析、偿债能力分析、营运能力分析、发展能力分析。

1. 盈利能力分析

企业盈利能力也称获利能力，是指企业赚取利润的能力。首先，盈利能力分析是企业财务分析的重点。其次，盈利能力还是评估企业价值的基础，可以说企业价值的大小取决于企业未来获取盈利的能力。最后，企业盈利指标还可以用于评价内部管理层业绩。在盈利能力分析中，应当明确企业盈利的主要来源和结构，盈利能力的影响因素，盈利能力的未来可持续状况等。盈利能力分析其根本目的是通过分析及时发现问题，改善企业财务结构，提高企业偿债能力、经营能力，最终提高企业的盈利能力，促进企业持续稳定地发展。

2. 偿债能力分析

偿债能力分析是指企业利用经济资源偿还所欠债务本金和利息的能力。对企业偿债能力进行分析，对企业投资者、经营者和债权人而言都有着十分重要的意义。企业偿债能力分析是关系企业财务风险的重要内容，企业使用负债融资，可以获得财务杠杆收益率，但随之而来的是财务风险的增加，如果陷入财务危机，企业相关利益人都会受到损害，所以应该关注企业偿债能力。企业偿债能力分为短期偿债能力和长期偿债能力，两者的衡量指标不同，企业既要关注即将到期的债务，还应当对未来长期债务有一定的规划。再有，企业偿债能力不仅与债务结构相关，而且还与企业未来收益能力紧密联系，所以在分析时应结合其他能力分析。

3. 营运能力分析

营运能力分析主要是通过计算企业各项资产的周转率和周转天数，从而得出企业资产运用、循环的效率高低。如果企业资产运用效率高、循环快，则企业可以用较少的投入获取比较多的收益，减少资金的占用和积压。营运能力分析不仅关系企业的盈利水平，还反映企业生产经营、市场营销等方面的情况，通过营运能力分析，可以发现企业资产利用效率的不足，挖掘资产潜力。

4. 发展能力分析

企业发展的内涵是企业价值的增长，是企业通过自身的生产经营，不断扩大积累而形成的发展潜能。企业发展不仅仅是规模的扩大，更重要的是企业收益能力的上升，一般认为是净收益的增长。同时，企业发展能力受到企业的经营能力、制度环境、人力资源、分配制度等诸多因素的影响，所以在分析企业发展能力时，还需要评估这些因素对企业发展的影响程度，将其变为可量化的指标进行表示。总之，对企业发展能力的评价是一个全方位、多角度的评价过程。

（三）财务综合分析

在以上对企业各个方面进行深入分析的基础上，最后应当给企业相关利益人提供一个总体的评价结果，否则仅仅凭借某个单方面的优劣难以评价一个企业的总体情况。财务综合分析就是解释各种财务能力之间的相互关系，得出企业整体财务状况及效果的结论，说明企业总体目标的实现情况。财务综合分析采用的具体方法主要有杜邦分析法、沃尔评分法等。

杜邦分析法是以净资产收益率为核心的财务指标，通过利用财务指标的内在联系，系统、综合地分析企业的盈利水平，具有很鲜明的层次结构，是典型的利用财务指标之间的关系对企业财务进行综合分析的方法，即利用几种主要的财务比率之间的关系来综合地分析企业的财务状况。杜邦分析法主要用来评价公司盈利能力和股东权益回报水平，其基本思想是将企业净资产收益率逐级分解为多项财务比率乘积，这样有助于深入分析比较企业经营业绩。

沃尔评分法是指将选定的财务比率用线性关系结合起来，并分别给定各自的分数比重，然后通过与标准比率进行比较，确定各项指标的得分及总体指标的累计分数，从而对企业的信用水平作出评价的方法。

三、财务报表分析评价标准

财务分析是建立在比较的基础上，一个单独计算的比率或数据是不能说明问题的。比较的方法之一是在所分析的对象相互之间进行比较，做出排序，观察相对好坏，此种比较方法的优点是简单明了，但是比较结果却难以合理解释，因为分析的对象一般只是总体的一部分，如果抽取的这部分样本都比较差，那么其中相对较好的样本也不能评为优秀，反之，如果抽取的都是较好的样本，那么其中相对较差的样本也不能评价为拙劣。一个可行的改进办法就是设定一个比较基准，令该基准表示优劣的界限，以此评价分析对象的实际水平。

（一）财务报表分析评价标准的含义

财务报表分析评价标准就是在一定的评价目标下人为设定的、划分评价对象优劣的财务标准。财务报表分析评价标准并不是唯一的，采用不同的标准会使得同一分析对象得到不同的分析结论。在选择分析标准时，应当注意分析目的，并结合企业实际情况，选择恰当的分析评价标准。

（二）财务报表分析评价标准的种类

1. 经验标准

经验标准是依据大量的长期日常观察和实践形成的标准，有绝对标准和相对标准之分。经验标准的优点就是简单。例如，全部收入应大于全部费用，资产总额应大于负债总额等都属于绝对标准；而流动比率为2:1，速动比率为1:1，资产负债率在40%～60%比较合适等则属于相对标准。

2. 行业标准

行业标准是行业内所有企业某个相同财务指标的平均水平，或者是较优水平。行业标准的优点就是便于比较，因为同行业内的企业经营业务大体相同，财务指标的经济意义近似，相互间的可比性很强。同时，使用行业标准，可以说明一个企业在本行业内所处的地位，如果该企业的财务指标都优于行业标准的话，基本可以说明该企业具有较强的竞争能力。

3. 历史标准

历史标准是指本企业在过去某段时期内该指标的实际值，根据需要，可以选择历史平均值，也可以选择最佳值作为标准。历史标准是本企业在时间序列上的情况。由于是与自身历史状况相比，所以可比性很强。使用历史标准可以使企业较为明显地观察出自身的变动情况，明了本企业在最近时期的经营得失。例如，乐视网的净利润2013年为23 238万元，2007年为1 468万元，如果将该公司2013年净利润与2007年净利润相比，可以看出该企业在2007年到2013年间的净利润大幅增长，盈利状况良好，如果公司能继续保持自身的优势，可以预测该公司未来业绩比较乐观。

4. 目标标准

目标标准是财务分析人员综合企业历史财务数据和现实经济状况提出的理想标准。在财务分析实践中，一般使用财务预算作为目标标准。目标标准的优点就是该标准也是企业内部分析人员用于评价考核的标准。例如，乐视网 2013 年预计的管理费用为 5 万元，实际发生额为 4 万元，说明该企业的管理费用控制达到了目标。

第二节 财务信息

一、财务信息供给主体

财务信息供给方是“生产”或提供财务信息的一方，一般为报送财务报告的会计主体，供给的方式是向信息需求者披露财务信息。财务信息的最终产品主要以对外报送的财务报告为主，生产过程包括会计确认、计量、记录和报告等程序。目前我国《企业会计准则》（简称《准则》）要求企业披露的财务报告主要包括以下内容：资产负债表、利润表、现金流量表、所有者权益变动表以及附注。因为财务报告是一种专业性很强的信息产品，一般非专业人士难以鉴定其质量，所以必须依靠一个独立的专业的第三方对其进行审核，出具审计报告，这个财务信息鉴定报告也是构成财务信息的一部分。如果分析企业是上市公司，财务信息还应包括招股说明书、上市公告、定期报告、临时公告等。

高质量的财务信息是做好财务分析的基础。企业提供的财务信息需要符合《企业会计准则》的要求，但是所有企业披露的财务报告并不完全相同，在财务分析中应当重视这些供给差异，从中获得有价值的信息。

1. 财务信息的披露格式

当前我国的财务报告基本可以分为会计报表和报表附注两个部分，一些财务信息可以在表内披露，也可以在表外披露。目前表内披露的信息相对固定，同时因为表内信息披露的格式清晰，便于理解，所以会计报表中的信息历来是财务分析关注的重点；对于表外披露的信息，其披露和表述格式并不一定符合会计报表规范，但是表外信息有披露灵活的特性，便于吸收新信息，对会计报表起到了很好的补充和解释说明的作用，所以表外信息在财务分析中的地位日渐上升。

2. 财务信息的披露意愿

虽然《企业会计准则》规范了财务报告的披露内容，但是这些规范有些是强制性的，有些是非强制性的，同时《企业会计准则》鼓励企业披露《准则》中没有规范的信息，所以企业的会计信息披露可以分为自愿性披露和强制性披露。一般而言自愿性披露的信息多对企业有利，通过这些信息的揭示，企业可以获得一定的经济利益。而强制性披露的信息多是基于信息需求者的要求，并且对这些披露的信息有严格的质量要求。所以在财务分析中，强制性披露的信息的规范性较好，但是可通过分析进一步获取的信息内容相对少些；自愿性披露的信息往往是供给差异的主要来源，财务分析人员可以从中得到较为丰富的信息内涵，但是这些信息不十分规范，需要财务分析者关注其质量。

3. 财务信息的披露时间

我国《企业会计准则》要求企业至少每年对外报送一次财务报告，可是信息的需求者希望得到适时的信息，以最大限度满足自己决策的相关性，报告间隔的缩短将增加报告成本，同时企业为了自身利益和竞争优势，一般也不愿频繁披露最近的信息。但如果是利好信息，企业是愿意提前披露的，所以在财务分析中，基于财务信息的供给时间也可以做出一定的判断。

二、财务信息的内容

财务信息的内容可以依据不同标准分类。第一，按照是否由企业会计系统提供，可以分为会计信息和非会计信息；第二，按照财务信息的来源，可以分为外部信息和内部信息。

（一）会计信息和非会计信息

1. 会计信息

会计信息是由企业会计系统编制并提供的，分为外部报送信息和内部报送信息。

（1）外部报送信息。外部报送信息以财务报告为主，财务报告是企业向相关利益人定期报送的，反映企业在一定时期内的财务状况、经营成果和现金流量的书面文件。根据《企业会计准则》的要求，企业应当定期向外部相关利益人报送资产负债表、利润表、现金流量表、所有者权益变动表和会计报表附注。财务报告是财务分析最重要的依据和最主要的财务信息来源。

（2）内部报送信息。除了定期对企业外部公开报送的会计信息以外，会计系统还编制了一些仅用于内部管理使用的会计信息，例如，企业成本计算数据和流程、期间费用的构成、企业预算、企业投融资决策信息以及企业内部业绩评价方法和结果等。这些企业的商业秘密一般并不公开披露，而且国家相关部门也不强制企业对外报送。这些信息对于财务分析十分有用，但是鉴于外部利用人不能公开取得，所以一般用于企业内部分析。

2. 非会计信息

在财务分析中，除了会计信息外，非会计信息在分析中也占有重要地位。这些信息的来源不仅包括企业的非会计部门，而且还包括企业外部，主要包括以下几个方面。

（1）审计报告。审计报告是独立于企业的第三方（注册会计师）根据《中国注册会计师执业准则》的要求，对企业编制的财务报告的合法性和公允性作出的独立鉴定报告。审计报告的审计意见有四种：无保留意见、保留意见、否定意见和无法表示意见。虽然审计报告本身并不产生任何关于企业财务状况和经营成果的信息，但是可以增加企业财务信息的可信度。

（2）市场信息。市场信息包括资本市场信息、产品市场信息等。资本市场信息主要涉及交易价格和交易量，例如市盈率、市净率等。根据市场有效假说，公司的所有信息（包括财务信息）都会被嵌入到股票加价格中，也就是说股票是市场对企业信息处理后得到的一个综合评价，财务分析人员应当关注资本市场信息。产品市场信息包括销售量、销售价格、企业产品的市场占有率等，也十分重要。根据产品市场信息，可以更加明确地分析和预测企业未来市场状况、行业发展前景及企业成长能力。

（3）公司治理信息。公司治理，是指所有者对管理者的一种监督与制衡机制。这源于股东与管理者都是理性人，管理者有时会因为个人利益而损害股东利益，所以所有者通过一种制度安排，合理配置所有者与经营者之间的权力与责任关系，保证股东利益最大化，防止管理者对所有者利益的背离。鉴于企业董事会和管理层是日常事务的决策者和执行者，他们的行为意向和执行能力直接与企业未来发展相关。所以财务分析人员获取企业治理方面的信息是非常重要的，这将有助于判断企业的前景状况，有助于判断历史信息预测未来的效力。

（4）宏观经济信息。宏观经济信息一般包括影响整体国民经济运行的一些因素，例如通货膨胀率、GDP（国内生产总值）增长水平、物价指数、固定资产投资增长率、基本利率水平等。企业的生产经营必须在整体经济环境中进行，所以就不可避免地受到宏观经济因素的影响。分析未来宏观经济的发展方向和速度，把握相关因素的未来导向，对于企业微观财务分析也是很重要的。

（二）外部信息和内部信息

将信息按照是否来源于企业内部划分，有助于分清不同财务分析主体可以获得的信息集。一般而言来自于企业外部的信息都是公开信息，如市场信息、宏观经济信息等，任何分析主体都可以无成本或低成本地获得和利用，当然关键是可能得出不同的分析结论，原因是不同主体的分析方法、分析角度以及分析理念不尽相同。但是来自于企业内部的信息部分是公开的，部分是非公开的，其中非公开数据包括企业成本构成、企业预算等，这些数据只有企业内部管理者才能在分析中使用，企业外部人难以获得。所以对于大多数的财务分析主体，分析的出发点应当（也只能）立足于外部信息和企业内部公开披露的信息。

1. 企业的外部信息

（1）国家经济政策与法规信息。国家的宏观经济信息主要指与企业财务活动密切相关的信息，如通货膨胀率、银行利息率、各种税率等；有关法规包括《会计法》《税法》《企业会计准则》等。

（2）综合部门发布的信息。包括国家统计局定期公布的统计报告和统计分析；国家经济贸易委员会的经济形势分析；国家发展和改革委员会的国民经济计划及有关部门的经济形势预测信息等。

（3）证券市场信息。包括证券市场和资金市场关于股价、债券利息等方面的信息以及财务分析师预测信息等。

（4）中介机构信息。如会计师事务所、资产评估师事务所等提供的企业资产评估报告和审计报告等。

2. 企业的内部信息

（1）会计信息。会计信息又可分为财务会计信息和管理会计信息。财务会计信息主要指财务会计报告，包括资产负债表、利润表、现金流量表、所有者权益变动表和附注等，以此规定企业编制的各种报表、报表附注等；管理会计信息主要包括责任会计核算信息、决策会计信息和企业成本报表信息等。

（2）统计与业务信息。统计信息主要指各种统计报表和企业内部统计信息；业务信息则指与各部门经营业务及技术状况有关的核算与报表信息。

（3）计划及预算信息。这些信息是企业管理的目标或标准，包括企业的生产计划、财务计划以及各种消耗定额、资金定额等。

三、会计信息的质量特征

会计信息的质量特征包括：可靠性、相关性、可理解性、可比性、实质重于形式、重要性、谨慎性和及时性。具体内容如下：

（1）可靠性：是指会计核算应当以实际发生的交易或事项为依据，如实反映符合确认和计量要求的各项会计要素及其他相关信息，保证会计信息真实可靠，内容完整。

（2）相关性：要求企业提供的会计信息应当与财务会计报告使用者的经济决策需要相关，有助于财务会计报告使用者对企业过去、现在或者未来的情况做出评价和预测。

（3）可理解性：企业提供的会计信息应当清晰明了，便于财务会计报告使用者理解和使用。可理解性只是对专业人士而言，而不能苛求为所有信息使用者都能够理解。

（4）可比性。纵向可比：同一企业不同时期发生的相同或相似的交易或事项，应当采用一致的会计政策，不得随意变更。如确需变更，应当在会计报表附注中予以说明。横向可比：不同企业发生的相同或相似的交易或者事项，应当采用规定的会计政策，确保会计信息口径一致、相互可比。

（5）实质重于形式：企业应当按照交易或事项的经济实质进行会计核算，而不能单单以其法律形式作为会计核算的依据。如融资租赁固定资产，虽然从法律形式看承租企业并不拥有所有权，但从经济实质来看，企业能够控制其创造的未来经济利益，因此会计核算上应将融资租入的资产视为承租企业的资产进行核算。

（6）重要性：企业提供的会计信息应当反映与企业财务状况、经营成果和现金流量等有关的所有重要交易或者事项。财务分析人员应当关注企业因为重要性要求而简化的信息，判断这些信息对自己决策是否有用。

（7）谨慎性：企业对交易或者事项进行会计确认、计量和报告应当保持应有的谨慎，不应高估资产或者收益，低估负债或者费用。如对应收款项计提坏账准备；对固定资产采用加速折旧法计提折旧；对可能发生的各项资产损失计提资产减值准备。

（8）及时性：指企业对于已经发生的交易或者事项，应当及时进行确认、计量和报告，不得提前或延后。

第三节　财务分析程序与方法

财务分析是一项系统工作，并不是一蹴而就的，必须依据科学的程序和方法，才能得出合理、可靠的分析结论。

一、财务分析程序

财务分析包括以下几个基本程序：第一，确立分析目标，明确分析内容；第二，收集分析资料；第三，确定分析标准；第四，选择分析方法；第五，做出分析结论，提出相关建议。

（一）确立分析目标，明确分析内容

确立分析目标是财务分析的起点。它决定了后续分析内容和分析结论。财务分析的需求主体不同，因此财务分析的目的也不相同，基本可以分为以下几个具体目的：投资分析目的、信用分析目的、经营决策分析目的。投资者通过财务分析希望能找出

未来具有优良业绩和成长性的投资对象；债权人通过分析主要是为了了解企业的偿债能力，判断其债权的安全程度，决定是否再为该企业提供贷款；经营者进行财务会计报告分析，主要是为全面了解企业经营活动情况，以便采取更有力的管理措施，加强管理，提高经济效益。

（二）收集分析资料

确定分析目标和内容后，财务分析人员应当按照准备实施的内容收集所需的资料。按照上文所述的财务分析内容，企业应当收集会计信息和非会计信息。资料的收集主要通过公开渠道获取，例如，对于乐视网公司的财务报告，可以在上海证券交易所或深圳证券交易所网站查询，也可以在巨潮网和新浪财经网上取得，也可以在中国财经报和经济观察报上取得，还可以通过调研取得，通过会议取得，通过中介机构确定等。

（三）确定分析标准

财务分析结论应当通过比较得出，单一的财务指标是难以说明经济实质的，所以确定合理的分析评价标准就非常重要，不同的标准有不同的优缺点，在进行财务分析时，应当结合分析对象的实际情况进行选择。此外还应当注意分析评价标准自身随着时间、地域等不同而发生的变动，并进行适当调整，以适合分析对象和分析目的。例如，乐视网属于高新技术产业，在进行财务报表分析时用传统行业分析方法进行分析不一定适合，因此在进行指标分析时可以采用“互联网 + 金融”细分行业的行业标准。

（四）选择分析方法

在分析资料准备就绪之后，根据不同的分析目的和分析内容，选择适当的分析方法进行分析。可供选择的分析方法有比较分析法、比率分析法、趋势分析法、因素分析法等。如对企业局部的财务报表分析可选择其中某一种方法；对企业全面的财务报表分析，则可将多种分析方法结合起来综合运用，以便对企业财务状况和经营成果作出客观全面的评价。

（五）做出分析结论，提出相关建议

在依据财务分析目标、选择合适的分析评价标准、使用恰当的分析方法后，将得出计算分析结果，作为决策的直接依据。分析结论应当综合客观，找出分析对象的优势和缺陷，提出对应的决策建议。例如乐视网在投资方面似乎收益不大，但其为长期

股权投资，因此需要看以后被投资企业的发展状况。

二、财务分析的基本方法

财务分析方法是完成财务分析的方式和手段，尽管方法一直在发展之中，但是一些基本方法仍然是进行财务分析必须使用的。最常用的基本方法包括：比较分析法、比率分析法、因素分析法、趋势分析法。

（一）比较分析法

比较分析法是指通过主要项目和指标值变化的对比，确定出差异，分析和判断企业经营及财务状况的一种方法。比较分析法是财务分析中最常用的一种方法，通过比较分析可以发现所分析数据和指标的问题所在，揭示企业经营活动中的优势和劣势。

1. 按照比较形式分类

比较分析法按照比较对象形式的不同可以分为绝对数比较和百分比变动比较。

（1）绝对数比较，是将取得的财务报表数据与比较标准直接比较。绝对数比较最常见的形式就是比较财务报表，将两期或多期的财务报表予以并行列示，进行对比，进而观察各个报表项目数据的增减变动，以分析这些变动表示的经济含义。

例如，乐视网2013年、2014年的营业收入分别为236 124.47万元、681 893.86万元，可以得出2014年的营业收入比2013年的营业收入增长了445 769.39万元（681 893.86 − 236 124.47 = 445 769.39）。

（2）百分比变动比较。通过绝对数比较，分析人员可以观察到项目金额的变动情况和变动趋势，但是此方法的一个缺陷是绝对数变动难以反映不同规模分析对象之间的差异。

变动百分比的计算方法为：

变动百分比 =（分析项目金额 − 分析标准金额）÷ 分析标准金额 × 100%

例如，乐视网2013年、2014年的净利润分别为28 864.24万元、59 972.25万元，可以得出2014年的营业收入比2013年的营业收入增长了（59 972.25 − 28 864.24）÷ 28 864.24 × 100% ≈ 107.77%。

在百分比变动比较中，由于标准的一些变异，可能会导致以下特别情况。

第一，如果标准金额为负数，可能得到变动百分比为负，使得绝对值增长的指标，从百分比上升反映为下跌。

例如，乐视网的外币财务报表折算差额2013年为 −110.24万元、2014年为49.87万元。2013年到2014年的变动明显为整数。但是计算变动百分比［49.87 −（−110.24）］÷（−110.24）× 100% ≈ −145.24%为负数，说明该计算结果并不能真实反映该公司外币财务折算差额变动情况。

第二，如果标准金额为零，则变动百分比的计算没有意义。

例如，乐视网的应付股利，2013 年为 0 元，2014 年为 1 111.88 万元，由于计算时分母为零，变动百分比的计算没有意义。

第三，如果标准金额为很小的正数，则绝对数很小的变动就会导致较大的百分比变化，扭曲了指标变动的经济意义。在现实分析中如果出现相关情况，应当进行调整，或放弃比较分析法。

例如，乐视网的货币资金，2013 年为 60 821.81 万元，2007 年为 165.64 万元。计算变动百分比为（60 821.81 − 165.64）÷ 165.64 × 100% ≈ 36 619.28%，分母过小导致过大的百分比变化，则不能真实地反映货币资金的增长幅度和变动情况。

2. 按照比较标准分类

比较分析法按照比较标准的不同可以分为：与目标标准比较，与历史标准比较，与行业标准比较。在分析过程中可以综合使用多种标准，从不同角度进行比较，观察分析对象在行业内、国际市场上、历史上的地位和差距。

（二）比率分析法

比率分析法是指利用财务报表中两项相关数值的比率揭示企业财务状况和经营成果的一种分析方法。根据分析的目的和要求的不同，比率分析主要有以下两种。

1. 构成比率

构成比率又称结构比率，是某个经济指标的各个组成部分与总体的比率，反映部分与总体的关系。其计算公式为：

构成比率 = 某个组成部分数额 ÷ 总体数额 × 100%

利用构成比率，可以考察总体中某个部分的形成和安排是否合理，以便协调各项财务活动。例如，乐视网 2014 年的流动资产总计为 358 487.84 万元，货币资金为 49 985.02万元。计算货币资金占总的流动资产的构成比率为 49 985.02 ÷ 358 487.84 × 100% ≈ 13.94%，从这个计算中可以看出货币资金占整个流动资产的比率为 13.94%。

2. 相关比率

它是根据经济活动客观存在的相互依存、相互联系的关系，以某个项目和与其有关但又不同的项目加以对比所得的比率，反映有关经济活动的相互关系。如权益净利率 = 净利润/所有者权益，利润表中的净利润反映的是企业的经营成果，资产负债表中的所有者权益反映的是企业有多少自有资金，权益净利率反映了企业自有资金获得回报的高低。

比率分析法的优点是计算简便，计算结果容易判断，而且可以使某些指标在不同规模的企业之间进行比较，甚至也能在一定程度上超越行业间的差别进行比较。但采用这一方法时应注意：

第一，构建比率时应当注意分子分母的两个指标应当具有某种经济关系。

第二，要注意构建比率的两个指标是否来源于不同类型报表，来源于不同报表数据取值需要注意。

例如，销售净利润，销售净利润 = 净利润/销售收入，净利润、销售收入两个指标都来源于利润表，它们的取值可以都选择期末值。

例如，存货周转率（次数），存货周转次数 = 销售成本/存货平均余额，存货来自资产负债表，销售成本来自利润表，计算存货数据时一般采用资产负债表期初期末的平均数。例如，乐视网2014 年的销售成本为78 659. 57 万元，期初存货余额为1 912. 72 万元，期末存货余额为5 744. 54 万元。存货平均余额 = （1 912. 72 +5 744. 54） ÷2 = 3 828. 63（万元），存货周转次数 =78 659. 57 ÷3 828. 63≈20. 55。

（三）因素分析法

因素分析法也称因素替换法、连环替代法，它是用来确定几个相互联系的因素对分析对象——综合财务指标或经济指标的影响程度的一种分析方法。采用这种方法的出发点在于，当有若干因素对分析对象发生影响作用时，假定其他各个因素都无变化，按顺序确定每一个因素单独变化所产生的影响。该方法一般可以分为以下四个步骤：

（1）确定分析对象，运用比较分析法，将分析对象与选择的标准进行比较，求出差异数。

（2）确定分析对象的影响因素。

（3）确定分析对象与其影响因素之间的数量关系，建立函数关系式。

（4）按照一定顺序依次替换各个影响因素，计算各个因素对分析对象的影响程度。

下面举例说明因素分析法的具体运用。

例：设某一经济指标 M 是由相互联系的 A、B、C 三个因素组成，标准指标和实际指标的公式是：

$$\text{标准指标 } M_1 = A_1 \times B_1 \times C_1$$

$$\text{实际指标 } M_2 = A_2 \times B_2 \times C_2$$

该指标实际脱离标准的差异（$P_2 - P_1$），可能同时是上列三个因素变动的影响。在测定各个因素的变动对指标 M 的影响程度时可顺序计算如下。

①将标准指标中的 A_1 用实际值 A_2 替换，计算得出：$M_3 = A_2 \times B_1 \times C_1$，则 $M_3 - M_1$ 即为第一个因素 A 影响程度。

②将第二个因素 B_1 使用实际值 B_2 替换，同时使用变动后的 A_2，计算得出：$M_4 =$

$A_2 \times B_2 \times C_1$，则 $M_4 - M_3$ 即为第二个因素 B 的影响程度。

③将第三个因素 C_1 使用实际值 C_2 替换，同时使用变动后的 A_2、B_2，计算得出：$M_2 = A_2 \times B_2 \times C_2$，则 $M_2 - M_4$ 即为第三个因素 C 的影响程度。

下面分别进行二因素分析和三因素分析举例。

（1）二因素分析。

某公司商品甲销售状况如表 1－1 所示。

表 1－1　　某公司商品甲销售状况

	销售量（万件）	销售价格（元/件）	销售收入（万元）
第一年	100	300	30 000
第二年	300	200	60 000

求：①第二年销售收入与第一年销售收入相比的变动情况。

第二年销售收入 60 000 万元相对第一年销售收入 30 000 万元增加了 30 000 万元。

②销售量变动和销售价格变动对销售收入的影响程度。

解答：

根据上表可得出：

a. 销售收入 $Y = Q \times P$：

第一年销售收入 $Y_1 = Q_1 \times P_1 = 100 \times 300 = 30\ 000$（万元）

第二年销售收入 $Y_2 = Q_2 \times P_2 = 300 \times 200 = 60\ 000$（万元）

第二年销售收入与第一年销售收入相比变动 $60\ 000 - 30\ 000 = 30\ 000$（万元）

b. 销售量变动对销售收入的影响：

销售量变动后的收入为 $Y_3 = Q_2 \times P_1 = 300 \times 300 = 90\ 000$（万元）

将销售量变动前后的收入对比：$Y_3 - Y_1 = 90\ 000 - 30\ 000 = 60\ 000$（万元）

即由于销售量从 100 万件变为 300 万件，销售收入增加了 60 000 万元。

c. 销售价格变动对销售收入的影响：

$Y_2 = Q_2 \times P_2 = 300 \times 200 = 60\ 000$（万元）（销售量由于第一步已经从 100 万件变为了 300 万件，销售价格从 300 元/件变为 200 元/件）

将销售价格变动前后的收入对比：$Y_2 - Y_3 = 60\ 000 - 90\ 000 = -30\ 000$（万元）

即由于销售价格从 300 元/件变为 200 元/件，销售收入减少了 30 000 万元。

（2）三因素分析。

乐视网 2012 年和 2013 年营业收入净利润率、资产周转率、权益乘数和权益净利率的数据如表 1－2 所示。

表 1-2 **乐视网权益净利率因素分析数据**

项目＼年度	2012	2013
营业收入净利润率	16%	10%
资产周转率	0.5	0.6
权益乘数	2.28	2.41
权益净利率	18.24%	14.46%

①根据上表可得出：

2012 年权益净利率：16% ×0.5 ×2.28 =18.24%

2013 年权益净利率：10% ×0.6 ×2.41 =14.46%

2013 年权益净利率与 2012 年权益净利率相比变动：14.46% -18.24% = -3.78%

②在此基础上，按照三因素法计算每次替换后的结果：

2012 年权益净利率：16% ×0.5 ×2.28 =18.24%

替换第一因素：10% ×0.5 ×2.28 =11.4%

替换第二因素：10% ×0.6 ×2.28 =13.68%

替换第三因素（即实际指标体系）：10% ×0.6 ×2.41 =14.46%

③然后，确定各因素对权益净利率的影响程度：

营业收入对权益净利率的影响：11.4% -18.24% = -6.84%

资产周转率对权益净利率的影响：13.68% -11.4% =2.28%

权益乘数对权益净利率的影响：14.46% -13.68% =0.78%

④最后检验分析结果：-6.84% +2.28% +0.78% = -3.78%。

（四）趋势分析法

趋势分析法又叫比较分析法、水平分析法，它是通过对财务报表中各类相关数字进行分析比较，尤其是将一个时期的财务报表和另一个或几个时期的财务报表相比较，以判断一个公司的财务状况和经营业绩的演变趋势及其在同行业中地位变化等情况。

不同时期财务指标的比较，可以计算成动态比率指标，依据采用的基期不同，所计算的动态指标比率可以有两种：定比动态比率和环比动态比率，其计算公式为：

定比动态比率 = 分析期数额 ÷ 固定期数额 ×100%

环比动态比率 = 分析期数额 ÷ 前期数额 ×100%

例如，乐视网 2012 年、2013 年、2014 年营业收入分别为 116 730.71 万元、236 124.47万元、681 893.86 万元，以 2012 年为基期。

（1）计算 2013 年、2014 年的营业收入定比动态比率。

2013 年定比动态比率：236 124. 47 ÷116 730. 71 ×100% ≈202. 28%

2014 年定比动态比率：681 893. 86 ÷116 730. 71 ×100% ≈584. 16%

（2）计算 2013 年、2014 年的营业收入环比动态比率。

2013 年环比动态比率：236 124. 47 ÷116 730. 71 ×100% ≈202. 28%

2014 年环比动态比率：681 893. 86 ÷236 124. 47 ×100% ≈288. 79%

从上述计算中可以看出乐视网公司 2012—2014 年的营业收入趋势发展较好，定比、环比增长速度都较快。

在定比动态比率中，所有期间的项目都与一个固定期间的项目进行比较，计算比率观察每期之间比率的差异；环比动态比率是每期项目均与上期项目进行比较，然后观察每期比率之间的差异。定比动态比率，可以明确指标的变动速度；环比动态比率，可以观察指标总体的变动趋势。所以在实际应用中，应当结合两种方法综合考察相关财务指标的趋势。

第二章　综合案例资料——乐视网

本章学习重点

了解乐视网公司账务处理的相关规定。

第一节　公司基本情况

一、公司概况

乐视网信息技术（北京）股份有限公司前身为北京乐视星空信息技术有限公司，2004年11月经北京市工商行政管理局批准，在北京市成立。公司初始注册资本为人民币5 000万元，其中，贾跃亭（自然人）出资4 500万元，占公司注册资本的90%，2010年8月公司经中国证监会批准首次向社会公众发行人民币普通股2 500万股，并在深圳证券交易所挂牌上市交易。

法定代表人、公司控股股东、公司实际控制人：贾跃亭。

公司主要业务：提供网络视频服务、网络终端设备及视频平台增值服务。

公司经营范围：互联网信息服务（含发布网络广告）；第二类增值电信业务中的信息服务业务（不含固定网电话信息服务和互联网信息服务）；制作、发行动画片、专题、电视综艺，不得制作时政新闻及同类专题、专栏等广播电视节目（广播电视节目及电视剧制作许可证有效期至2016年1月24日）；计算机软、硬件的开发；计算机系统服务；销售计算机软、硬件及辅助设备、服装、鞋帽、皮革制品、针纺织品、日用品、玩具、文化用品、体育用品、家用电器、珠宝首饰、小轿车、汽车配件。

公司有12家子公司：乐视致新电子科技（天津）有限公司、乐视网（津）信息技术有限公司、东阳市花儿影视文化有限公司、乐视网信息技术（香港）有限公司、乐视体育文化产业发展（北京）有限公司、乐视云计算有限公司、乐视新媒体文化（天津）有限公司、北京乐视流媒体广告有限公司、乐视网（上海）信息技术有限公司、乐视网文化发展（北京）有限公司、乐视财富（北京）信息技术有限公司、乐视电子商务（北京）有限公司。

二、公司现状

（一）主要业务回顾

2014 年公司实现营业收入 681 893. 86 万元，较上年同期增长 188. 79%；归属于上市公司普通股股东的净利润为 36 402. 95 万元，较上年同期增长 42. 75%。广告业务收入取得了大幅度增长，实现广告收入 157 206. 18 万元，比上年同期增长 87. 38%。

2014 年度，互联网行业取得了突飞猛进的发展，产品与服务呈现出更为智能化、未来化的趋势，行业竞争愈发激烈。公司围绕年度经营计划，不断夯实并完善乐视生态，持续拓展和创新，进一步提升用户体验，开拓更为有效的营销模式，生态协同效应更为凸显，公司各主营业务实现了稳定、快速的增长。

公司网站的流量、覆盖人数等各项关键指标继续大幅提升，截至 2014 年 12 月 31 日，公司网站的日均 UV（独立访问用户）约 4 700 万，峰值接近 7 000 万；日均 PV（网站浏览量）2. 4 亿，峰值 3 亿，VV（访问次数）日均 2. 6 亿，峰值 3. 2 亿。乐视云视频开放平台 CDN 节点全球覆盖超过 400 个，物理带宽总储备约 6TB，成为全球最大的开放视频云计算平台。

2014 年，公司“乐视 TV · 超级电视”已完成 Max70、X60S、X50Air、S50Air、S40Air、S40AirL 全系产品线建设。经过一年多时间的经验累积和持续建设，乐视 TV 的研发、物流、客服等体系更趋完善，通过深度的互联网营销不断提升品牌价值，提前完成 2014 年 150 万台年度销量目标。

（二）主营业务分析

1. 主营业务介绍

公司主要从事基于整个网络视频行业的广告业务、终端业务、会员及发行业务以及其他业务。伴随着智能终端产品的推出，公司目前已成为唯一一家基于一云多屏构架、实现全终端覆盖的网络视频服务商。公司在领先的发展战略指引下，不断夯实“平台 + 内容 + 终端 + 应用”的全产业链架构，持续提升品牌知名度、扩大用户规模，推动各主营业务快速发展。

注：广告业务即视频平台广告发布业务；终端业务即公司销售的终端产品的收入，不包含缴纳的服务费；其他业务指的是目前收入相对较少、尚未形成规模的业务，如云视频平台业务、技术开发服务等。

2. 2014 年主营业务收入的结构（如表 2－1 所示）

表 2－1　　　　乐视网公司 2014 年主营业务收入结构

序号	项目名称	营业收入（万元）	占主营业务收入比例（%）	同比 2013 年增长（%）
1	终端业务收入	274 004.70	40.18	443.47
2	会员及发行业务收入	242 191.62	35.52	137.96
	其中：付费业务	152 594.97	22.38	288.22
	版权分销业务	70 459.20	10.33	12.78
	影视剧发行业务	19 137.45	2.81	—
3	广告业务收入	157 206.18	23.05	87.38
4	软件开发收入	8 491.36	1.25	25 942.32
	合计	681 893.86	100.00	188.79

三、行业分析

（1）互联网视频行业前景广阔，政策因素利于公司产业当前发展，互联网广泛渗透到我国经济社会的各个行业和领域。在经济领域，互联网与传统产业边界日益交融，衍生出新型业态与新的经济增长点。企业不同程度地通过互联网开展生产经营活动，推动了工业转型升级。中国信息通信研究院等专业机构分析指出，我国互联网行业仍保持高速增长态势，对转变经济发展方式、实施创新驱动战略、提高各行各业的全员劳动生产率发挥了关键作用。未来将通过加快宽带网络基础设施建设、促进业务创新发展、优化互联网行业管理、提升网络与信息安全保障能力等继续大力推动互联网企业持续健康发展。同时，国家已将文化产业定为支柱性产业，指明了文化体系建设方向与目标，并提出实施文化输出与走出去工程，完善相关政策措施，为文化产业提供较为有利的发展氛围。

随着基础网络设施建设的不断加强、宽带网络持续优化升级，互联网基础环境得到快速提升，支撑互联网视频行业的高速发展。国家对文化产业的战略定位与大力扶持为行业企业向更深层次的纵向发展和更广泛行业领域的横向发展奠定了基础，为互联网行业的发展提供了更为广阔的市场空间。

（2）市场规模和用户飞速增长，互联网视频行业产品化属性增强，迎来高速发展机遇期。随着互联网用户规模进一步扩大，移动互联网迅速崛起。近几年来，我国的 3G（第三代移动通信）网络进一步普及，4G（第四代移动通信）网络开始商用，无线网络快速发展，智能手机价格持续走低，移动互联网加速普及应用。据 CNNIC（中国互联网络信息中心）第 35 次互联网调查报告显示，截至 2014 年 12 月，我国手机网民规模达 5.57 亿，较 2013 年增加 5 672 万人。网民中使用手机上网的人群占比由 2013 年的 81.0% 提升至 85.8%。2014 年，中国网民的人均周上网时长达 26.1 小时，较 2013 年底增加了 1.1 个小时。网民对互联网应用使用广度和深度的提升，继续推动我国网民人均周上网时长的持续增长。根据艾瑞咨询统计显示，2014 年，中国在线视频市场规模为 239.7 亿元，同比增长 76.4%，高于 2013 年的 48.0%。未来几年预计仍将保持较快增长态势，2017 年预计将达 366.0 亿元。

随着近年来三网融合带动整个文化传媒产业链的发展，同时带动终端的变革，从传统电视单屏时代到 PC（个人电脑）端、OTT（Over The Top）机顶盒端、智能电视端、移动端多屏智能时代，丰富了消费者对内容传播媒介的选择空间。网络视频已深入人们生活，成为休闲娱乐的主要方式之一。网络视频因其便捷性与可选择性，不但为观众提供了更多元、更自由的选择方案，也为广告主提供了精准营销的渠道，推动了网络视频的蓬勃发展。网络视频的渗透率和黏性正不断上升，现有用户群体本身的高价值及其导向性将会带动网络视频向其他群体渗透和扩张。伴随着规模化运作与产业化升级，网络视频行业迎来了跨越式发展的战略机遇期。

四、公司未来发展规划及发展目标

（一）2015 年公司总体战略目标

公司所处的互联网视频行业，对创新和变革有着极高的要求，行业发展迅速、竞争激烈。近年来，公司着力打造“平台 + 内容 + 终端 + 应用”的“乐视生态系统”，以内容为基础，加强相关增值服务的开发及应用，在多屏领先技术优势与乐视生态的垂直产业链的整合布局支持下，通过 PC、Phone、Pad、TV 大屏等多屏终端为用户带来极致的体验。公司持续拓展产业链上下游及其周边，发布和实施各种重要战略，不断夯实和完善“乐视生态”，持续提升品牌知名度及用户规模，推动各主营业务快速发展。目前，公司逐步打造的乐视生态已具有较强的兼容性及延展性，生态各要素之间形成了紧密协同的运营机制，能创造出比单一经营要素独立运营更高的效率。公司未来将围绕“乐视生态”进行更为系统化的拓展，采用“内生 + 外延”结合的方式进一步提升乐视生态的竞争优势、增强公司的抗风险能力、拓展公司的成长空间。

2015 年，公司将通过进一步完善，实现生态型内容结构、生态型平台、生态型终端、生态型应用、生态型组织及生态型营销，从链条的生态化进化至节点的生态化，以达到最具规模和力量的协同效应。公司通过生态化协同以最大程度的获取并贴近用户，改变人们的互联网生活方式，实现打造高品质乐迷生活圈的目标，进而带动各主营业务收入快速增长。2015 年公司的整体营业收入有望突破 150 亿元，各主营业务增速力争达到 100%。

（二）公司 2015 年各业务领域经营目标

1. 平台

公司 2015 年将继续力争保持长视频第一的位置。

云视频平台方面，控股子公司“乐视云计算有限公司”于 2014 年在广电、电商、教育、媒体、动漫、智能家居等多个领域积累了 2 000 多家客户，并与海康威视、微软、唱吧、京东、沪江、UCloud、中金数据、新蓝网等开展了不同形式的服务合作。目前，将基于公司现有在云视频平台业务方面的优势，进一步加大对云视频业务的投入。2015 年，乐视云将全面支持 4K 和 H. 265，并提供包含云点播、云直播、CDN、视频营销、广告等深度解决方案，打造领先的云计算服务平台，继续保持行业第一。

电商平台方面，2015 年实现综合实力进入电商行业前五、垂直电商保持第一的目标。围绕乐视生态，根据乐迷需求，针对性地提升产品覆盖。与此同时，大力加强电商平台基础能力建设，继续整合全国最优质的售后服务资源，通过乐视生态的专业化培训为用户提供最为专业的指导和服务，实现大陆覆盖无盲点，并逐步探索开展海外业务。

2. 内容

2014 年，乐视网在版权、自制、体育、音乐、电影等领域汇聚了众多热门资源，为生态型内容运作奠定了稳固基础。基于乐视生态，内容的生命周期可以通过各种内容形式得以无限延长，受众基数得到递增，并在五屏终端上充分呈现，其运营价值将得到深度挖掘，形成“大制作、大生态、大影响”的连锁规模化商业效应。

2015 年，乐视将继续保持国产剧覆盖全行业第一的优势，达到上星电视剧覆盖率 80% 的目标，汇聚《百万新娘Ⅱ》《紫钗奇缘》《千金女贼》《极品新娘》《璀璨人生》《千金归来Ⅱ》等多部精彩剧集。其中，由公司旗下花儿影视出品、郑晓龙导演、孙俪等众多明星主演的古装历史大剧《芈月传》，由范冰冰挑梁的女性宫廷大剧《武媚娘传奇》，以及由起点中文网白金级作家月关作品改编的两部传奇大剧《锦衣夜行》和《回到明朝当王爷》，是乐视网 2015 年强档大剧的扛鼎之作。而《武媚娘传奇》一经开播就在乐视网以“破 2 亿”的收视率创下最高首播纪录，后续在视频播放覆盖人数、总有效播放时长、总浏览页面数三大核心数据排名中，乐视网依然长期保持全网领先位居行业第一。

3. 智能终端

2015年，公司将继续通过垂直整合，不断拓展智能终端产品，为用户提供极致服务。具体包括，继续丰富和完善超级电视产品线，推出新一代的智能电视，进一步普及真正意义上的智能大屏；打造跨终端的LetvUI系统，并进行持续更新及迭代运营，继续保持行业领先地位，真正让大屏生态系统成为用户的家庭娱乐中心；同时，围绕超级电视产品线，推出多种配件，支撑用户的极致体验需求；择机推出智能电视之外符合“品质生活”的全新智能产品。2015年，超级电视的销售量目标将要达到300万~400万台，保有量实现突破500万台。

4. 应用

移动端应用产品方面，公司将继续提升移动端流量，丰富优化移动端产品矩阵，不断提升移动端产品用户体验，实现用户量和行业排名的快速提升，以紧跟用户需求和市场趋势，促进乐视生态的进一步完善。

应用市场方面，进一步丰富应用数量，提升用户体验，支持更多开发者围绕大屏进行产品开发，并进行应用市场的商业化探索，继续保持行业第一的地位。此外，在众多新型技术应用等方面进行有效布局，实现在大屏核心应用领域的战略地位。

五、公司面临的重大风险

1. 并购重组盈利预测及整合风险

本公司以现金和发行股份相结合的方式购买花儿影视100%的股权，以发行股份的方式购买乐视新媒体99.50%的股权。花儿影视和乐视新媒体依法就本次发行股份及支付现金购买资产过户事宜履行工商变更登记手续，已经分别领取了重新核发的营业执照，标的资产过户手续已全部办理完成，相关股权已变更登记至乐视网名下，公司已持有花儿影视100%的股权和乐视新媒体100%的股权。此次并购重组仍存在以下风险：

（1）因未来市场环境的变化花儿影视可能出现实际经营成果与盈利预测存在一定差异的情况，交易存在盈利预测风险。

（2）交易双方能否通过整合既保证公司对花儿影视的控制力又保持花儿影视原有竞争优势并充分发挥本次交易的协同效应，具有不确定性，存在整合风险。

2. 规模扩张带来的管理风险

公司资产和经营规模持续扩大，使得公司组织结构和管理体系趋于复杂化，公司的经营决策、风险控制的难度增加，对公司经营管理团队的管理水平带来相当程度的挑战。如果公司在业务循环过程中不能对每个关键控制点进行有效控制，将对公司的高效运转及资产安全带来风险。

3. 网络自制内容合规风险

为实现公司与竞争对手差异化的内容策略，公司加大了网络剧、网络栏目等自制内容的投入，在为公司建立内容优势的同时，也使公司面临该项业务的合规风险。根据广电总局和国家互联网信息办公室联合发布的《关于进一步加强网络剧、微电影等网络视听节目管理的通知》规定，目前网络自制内容执行“自审制”，由视频网站运营商组建内容审核小组对自制内容进行审核，通过后方可播出。公司已建立了完善的内容质量控制体系，并严格按照监管部门的要求对视频内容进行审核。但如果监管部门对网络自制内容的审核标准发生变化，公司将对已上线的网络自制内容进行重审或下线，可能会对公司的经营造成一定的影响。

4. 行业监管政策从严风险

当前，我国网络视频行业采取行政许可管理制度，存在着对该行业进行多部门联合审查和分领域监管的机制，“多头管理”及“政出多门”导致的较低的管理效率一定程度影响着网络视频企业的运营和发展。传统的广电、出版、文化等区块划分与管理部门职责分配已经难以适应当前新媒体的发展，从而催生了对当前管理体制和部门设置进行潜在调整的可能性。若在调整后的管理体制下，相应部门出台的针对网络视频行业的监管政策中限制性条款增加、鼓励性条款减少，将会在一定程度上给公司业务的发展带来不利影响。

针对智能终端产品，比如互联网电视等，根据广电总局2011年发布的《持有互联网电视牌照机构运营管理要求》（广办发网字〔2011〕181号）（简称“181号文”）的明确要求，互联网电视行业存在牌照管制，目前包括7家集成播控牌照方和14家内容牌照方。内容提供方必须通过前述牌照方参与相关业务，因此乐视超级电视等终端产品业务的牌照风险依然存在。随着监管层对于“181号文”执行力度的加强，未来不排除广电总局将监管要求进一步扩大至超级电视或其他智能终端领域，对乐视网与牌照方的合作形式予以规范，从而导致公司面临潜在监管政策的风险。

5. 海外业务风险

为了抓住中国互联网品牌走向全球并取得领先优势的历史性机遇，经过半年时间的调研和论证，公司于2014年7月起正式开拓海外业务。互联网时代将是中国互联网企业在全球范围内引领变革的时代，且具有垂直整合能力的生态模式更优于传统分工模式，更易赢得市场和用户。但在开拓过程中，可能存在市场反应不确定、版权购买风险、竞争对手跟进等问题导致不能达到预期效果，对公司的未来发展战略和经营产生一定影响。

第二节 公司财务信息

本节主要展示乐视网公司的资产负债表、利润表、现金流量表和会计报表附注。

一、会计报表

（一）资产负债表（如表2-2所示）

表2-2 **乐视网公司2007—2014年资产负债表** 单位：万元

项目 \ 年度	2007	2008	2009	2010	2011	2012	2013	2014
货币资金	165.64	3 906.50	3 356.10	54 335.00	13 339.90	19 352.00	60 821.80	49 985.02
应收票据	0	0	0	0	92.99	486.76	5 436.34	1 133.73
应收账款	756.36	2 545.20	2 037.90	6 979.70	17 732.40	37 095.20	95 024.80	189 260.63
预付账款	60.27	1 138.70	940.26	5 421.20	30 143.40	24 677.50	4 661.33	29 871.83
其他应收款	105.58	914.94	216.14	264.83	535.73	925.41	3 314.85	7 583.94
存货	44.29	43.04	119.29	365.21	528.87	2 666.04	14 662.60	73 352.70
其他流动资产	0	0	0	0	4 000.00	3 937.72	2 300.00	7 300.00
流动资产合计	1 132.14	8 548.38	6 669.69	67 365.94	66 373.29	89 140.63	186 221.72	358 487.85
可供出售金融资产	0	0	0	0	0	0	2 000.00	2 000.00
长期股权投资	0	0	0	0	2 000.00	2 000.00	2 031.87	0
固定资产	247.22	1 212.00	8 049.60	14 060.00	16 559.70	17 868.70	17 945.60	34 301.51
在建工程	0	0	0	0	0	0	0	0
无形资产	5 054.40	5 047.20	8 850.30	21 436.00	88 605.10	175 112.00	264 151.00	333 854.19
开发支出	0	0	0	192.27	3 640.44	5 670.52	6 593.16	38 805.60
商誉	0	0	0	0	85.49	85.49	0	74 758.53
长期待摊费用	0	0	0	0	0	0	0	193.07
递延所得税资产	0	8.61	81.39	107.49	174.78	238.05	2 675.70	19 621.86
非流动资产合计	5 301.62	6 267.81	16 981.29	35 795.76	111 065.51	200 974.76	293 397.33	526 614.56
资产总计	6 433.76	14 816.19	23 650.98	103 161.70	177 438.80	290 115.39	502 032.05	885 102.41
短期借款	0	0	4 000.00	7 000.00	34 000.00	50 890.00	97 000.00	138 800.00
应付票据	0	0	0	0	0	0	2 250.00	2 000.00

续 表

项目 \ 年度	2007	2008	2009	2010	2011	2012	2013	2014
应付账款	122.13	34.43	473.12	1 510.20	23 710.90	32 745.20	78 218.30	160 528.96
预收账款	0.30	0	17.78	209.47	1 518.73	682.84	4 432.77	32 339.56
应付职工薪酬	48.02	23.41	24.16	95.58	394.01	515.49	294.82	300.91
应缴税费	134.78	460.53	430.45	418.01	4 123.06	8 619.57	15 562.40	40 975.76
应付利息	0	0	0	0	0	2 089.56	2 583.56	1 520.02
应付股利	0	0	0	0	0	0	0	1 111.88
其他应付款	166.93	30.69	4.84	62.65	1 361.36	2 182.81	1 270.72	2 734.97
一年内到期的非流动负债	0	0	0	0	0	12 732.70	29 102.20	40 114.82
其他流动负债	0	0	0	0	120.00	897.90	19 945.30	19 960.67
流动负债合计	472.16	549.06	4 950.35	9 295.91	65 228.06	111 356.07	250 660.07	440 387.56
长期借款	0	0	0	0	6 500.00	3 370.00	1 670.00	0
应付债券	0	0	0	0	0	39 559.20	39 861.10	0
长期应付款	0	0	0	0	0	7 701.34	1 888.72	8 187.38
其他非流动负债	0	0	0	0	0	785.66	0	101 556.87
非流动负债合计	0	0	0	0	6 500.00	51 416.20	43 419.82	110 367.44
负债合计	472.16	549.07	4 950.35	9 295.91	71 728.08	162 772.27	294 079.80	550 754.99
股本	5 000.00	5 952.40	7 500.00	10 000.00	22 000.00	41 800.00	79 846.60	84 119.01
资本公积	2 347.40	6 675.10	6 782.50	72 438.00	62 584.80	43 815.90	17 963.40	136 601.85
盈余公积	0	165.50	441.24	1 146.40	1 655.47	3 474.11	6 360.54	11 696.54
未分配利润	-1 399.20	1 460.60	3 976.90	10 282.00	19 384.70	35 379.50	55 904.00	84 336.04
外币报表折算差额	0	0	0	0	0	-10.30	0	0
归属于母公司股东权益合计	5 948.20	14 254.00	18 701.00	93 866.00	105 625.00	124 459.00	159 954.00	316 682.77
少数股东权益	13.39	13.48	0	0	85.71	2 883.57	47 998.60	17 664.57
股东权益合计	5 961.58	14 267.10	18 701.60	93 866.20	105 711.00	127 343.00	207 953.00	334 347.34
负债和股东权益总计	6 433.74	14 816.16	23 650.95	103 162.10	177 439.10	290 115.27	502 032.80	885 102.34

注：数据计算以万元为单位，四舍五入计算时允许存在一定的误差。

（二）利润表（如表2-3所示）

（三）现金流量表（如表2-4所示）

表 2－3 **乐视网公司 2007—2014 年利润表** 单位：万元

项目 \ 年度	2007	2008	2009	2010	2011	2012	2013	2014
一、营业收入	3 691.63	7 360.71	14 573.14	23 825.82	58 956.00	116 730.71	236 124.47	681 893.86
减：营业成本	1 182.81	1 485.01	4 955.10	8 021.49	27 509.07	68 424.68	166 868.40	582 813.35
营业税金及附加	121.82	299.14	644.83	1 015.99	2 995.18	4 513.28	2 592.20	5 684.89
销售费用	580.59	1 829.73	2 892.01	5 791.90	9 631.97	13 358.62	19 452.01	48 903.55
管理费用	291.68	564.74	875.46	1 160.29	3 050.87	5 778.50	8 998.83	17 545.47
财务费用	13.00	－83.00	51.00	371.00	139.00	4 224.00	11 630.00	16 791.55
资产减值损失	10.00	96.00	410.00	172.00	394.00	690.00	2 777.00	5 368.93
加：公允价值变动收益	0	0	0	0	0	0	0	0
投资收益	0	0	0	0	0	0	0.50	－135.51
其中：对联营企业和合营企业的投资收益	0	0	0	0	0	0	0	0.50
二、营业利润	1 492.00	3 169.00	4 742.00	7 293.00	16 136.00	19 741.00	23 671.00	4 786.65
加：营业外收入	0	0	34.00	200.00	289.00	3 110.00	1 069.00	2 755.64
减：营业外支出	24.00	1.00	7.00	9.00	1.00	50.00	100.00	252.37
其中：非流动资产处置损失	1.00	0	7.00	4.00	0	0	0	47.44
三、利润总额	1 468.00	3 168.00	4 770.00	7 484.00	16 424.00	22 801.00	24 640.00	7 289.91
减：所得税费用	0	142.00	322.00	474.00	3 337.00	3 805.00	1 402.00	－5 589.75
四、净利润	1 468.00	3 025.00	4 448.00	7 010.00	13 088.00	18 997.00	23 238.00	12 879.66
归属于母公司所有者的净利润	1 469.00	3 025.00	4 447.00	7 010.00	13 112.00	19 419.00	25 501.00	36 402.95
少数股东损益	－1.00	0	1.00	0	－24.00	－423.00	－2 263.00	－23 523.29
五、每股权益	0	0	0	0	0	0	0	0
基本每股收益	0.29	0.57	0.59	0.84	0.60	0.46	0.32	0.44
稀释每股收益		0.57	0.59	0.84	0.60	0.46	0.31	0.43

表 2－4 乐视网公司 2007—2014 年现金流量表 单位：万元

项目 \ 年度	2007	2008	2009	2010	2011	2012	2013	2014
一、经营活动产生的现金流量								
销售商品、提供劳务收到的现金	2 070.37	5 514.89	15 121.19	18 412.66	38 182.11	54 332.60	145 840.24	582 907.45
收到的税费返还	0	0	0	0	153.77	1 219.05	450.77	18.60
收到其他与经营活动有关的现金	357.90	84.31	886.38	990.81	2 373.13	10 922.18	14 642.69	13 913.77
经营活动现金流入小计	2 428.27	5 599.20	16 007.57	19 403.47	40 709.01	66 473.83	160 933.70	596 839.82
购买商品、接受劳务支付的现金	205.74	216.24	1 881.31	2 165.27	7 225.79	24 713.93	84 108.95	481 375.36
支付给职工以及为职工支付的现金	529.40	664.06	1 542.26	2 805.62	6 472.96	12 301.09	21 345.07	35 434.60
支付的各项税费	19.57	126.92	1 281.00	1 668.98	3 730.02	4 785.48	6 187.45	14 410.05
支付其他与经营活动有关的现金	727.65	2 942.52	2 962.69	6 215.10	8 589.77	14 053.34	31 707.09	42 201.53
经营活动现金流出小计	1 482.36	3 949.74	7 667.26	12 854.97	26 018.54	55 853.84	143 348.56	573 421.54
经营活动产生的现金流量净额	945.91	1 649.46	8 340.31	6 548.50	14 690.47	10 619.99	17 585.14	23 418.28
二、投资活动产生的现金流量								
收回投资收到的现金	0	0	0	0	5 000.00	1 000.00	700.00	7 654.89
取得投资收益收到的现金	0	0	0	0	750.00	150.00	301.00	35.54
处置固定资产、无形资产和其他长期资产收回的现金净额	0	0	0	190.00	0	0	0.75	0.27
处置子公司及其他营业单位收到的现金净额	0	0	0	0	0	0	0	0
收到其他与投资活动有关的现金					17.92		0	0
投资活动现金流入小计	0	0	0	190.00	5 767.92	1 150.00	1 001.75	7 690.70
购建固定资产、无形资产和其他长期资产支付的现金	497.04	3 188.59	12 817.70	26 538.14	81 185.22	77 525.32	90 683.14	127 386.98

续 表

年度 项目	2007	2008	2009	2010	2011	2012	2013	2014
投资支付的现金	0	0	0	0	11 000.00	0	0	8 950.61
取得子公司及其他营业单位支付的现金净额	0	0	0	0	0	0	0	23 920.48
支付其他与投资活动有关的现金	0	0	0	0	0	5.41	85.32	0.39
投资活动现金流出小计	497.04	3 188.59	12 817.70	26 538.14	92 185.22	77 530.73	90 768.46	160 258.46
投资活动产生的现金流量净额	-497.04	-3 188.59	-12 817.70	-26 348.14	-86 417.30	-76 380.73	-89 766.71	-152 567.76
三、筹资活动产生的现金流量								
吸收投资收到的现金	0	5 280.00	0	68 496.00	0	3 548.00	55 147.80	42 039.75
子公司吸收少数股东投资收到的现金	0	0	0	0	0	0	0	0
取得借款收到的现金	0	0	4 045.00	20 350.00	44 200.00	78 300.00	135 000.00	266 060.00
收到其他与筹资活动有关的现金	0	0	0	0	0	0	0	0
发行债券收到的现金	0	0	0	0	0	39 400.00	20 000.00	0
筹资活动现金流入小计	0	5 280.00	4 045.00	88 846.00	44 200.00	121 248.00	210 147.80	308 099.75
偿还债务支付的现金	300.00	0	45.00	17 350.00	10 700.00	43 840.00	84 645.03	173 840.66
分配股利、利润或偿付利息支付的现金	13.00	0	74.00	448.00	2769.00	5143.00	11 479.00	16179.47
子公司支付给少数股东的股利	0	0	0	0	0	0	0	0
支付其他与筹资活动有关的现金	0	0	0	269.00	0	483.00	2557.00	2 752.92
筹资活动现金流出小计	313.22	0	119.00	18 067.00	13 469.00	49 466.00	98 681.03	192 773.05
筹资活动产生的现金流量净额	-313.22	5 280.00	3 926.00	70 779.00	30 731.00	71 782.00	111 466.77	115 326.70
四、汇率变动对现金的影响	0	0	1.50	0	0	-9.38	-64.66	-14.16
五、现金及现金等价物净增加额	135.64	3 740.86	-550.38	50 979.21	-40 995.48	6 012.19	39 219.77	-13 836.95
加：期初现金及现金等价物余额	30.00	165.64	3 906.50	3 356.12	54 335.33	13 339.85	19 352.04	58 571.81
六、期末现金及现金等价物余额	165.64	3 906.50	3 356.12	54 335.33	13 339.85	19 352.04	58 571.81	44 734.86

注：数据计算以万元为单位，四舍五入计算时允许存在一定的误差。

二、财务报表附注

（一）合并财务报表范围

截至2014年12月31日，本公司合并财务报表范围内有12家子公司：乐视致新电子科技（天津）有限公司、乐视网（天津）信息技术有限公司、东阳市花儿影视文化有限公司、乐视网信息技术（香港）有限公司、乐视体育文化产业发展（北京）有限公司、乐视云计算有限公司、乐视新媒体文化（天津）有限公司、北京乐视流媒体广告有限公司、乐视网（上海）信息技术有限公司、乐视网文化发展（北京）有限公司、乐视财富（北京）信息技术有限公司、乐视电子商务（北京）有限公司。

（二）财务报表的编制基础

1. 编制基础

本公司以持续经营为基础，根据实际发生的交易和事项，按照企业会计准则及其应用指南和准则解释的规定进行确认和计量，在此基础上编制财务报表。

2. 持续经营

本公司对自报告期末起12个月内的持续经营能力进行了评估，未发现影响本公司持续经营能力的事项，本公司以持续经营为基础编制财务报表是合理的。

（三）重要会计政策及会计估计

本公司下列重要会计政策、会计估计根据企业会计准则制定。

1. 遵循企业会计准则的声明

本公司所编制的财务报表符合企业会计准则的要求，真实、完整地反映了公司的财务状况、经营成果、所有者权益变动和现金流量等有关信息。

2. 会计期间

本公司会计年度自公历1月1日起至12月31日止。

3. 营业周期

本公司正常营业周期为一年。

4. 记账本位币

本公司的记账本位币为人民币。

5. 同一控制下和非同一控制下企业合并的会计处理方法

（1）同一控制下的企业合并。本公司在企业合并中取得的资产和负债，在合并日按取得被合并方在最终控制方合并财务报表中的账面价值计量。其中，对于被合并方与本公司在企业合并前采用的会计政策不同的，基于重要性原则统一会计政策，即按照本公司的会计政策对被合并方资产、负债的账面价值进行调整。本公司在企业合并中取得的净资产账面价值与所支付对价的账面价值之间存在差额的，首先调整资本公积（资本溢价或股本溢价），资本公积（资本溢价或股本溢价）的余额不足冲减的，依次冲减盈余公积和未分配利润。

（2）非同一控制下的企业合并。本公司在企业合并中取得的被购买方各项可辨认资产和负债，在购买日按其公允价值计量。其中，对于被购买方与本公司在企业合并前采用的会计政策不同的，基于重要性原则统一会计政策，即按照本公司的会计政策对被购买方资产、负债的账面价值进行调整。本公司在购买日的合并成本大于企业合并中取得的被购买方可辨认资产、负债公允价值的差额，确认为商誉；如果合并成本小于企业合并中取得的被购买方可辨认资产、负债公允价值的差额，首先对合并成本以及在企业合并中取得的被购买方可辨认资产、负债的公允价值进行复核，经复核后合并成本仍小于取得的被购买方可辨认资产、负债公允价值的，其差额确认为合并当期损益。

6. 合并财务报表的编制方法

（1）合并范围的确定。合并财务报表的合并范围以控制为基础予以确定，不仅包括根据表决权（或类似表决权）本身或者结合其他安排确定的子公司，也包括基于一项或多项合同安排决定的结构化主体。

（2）合并财务报表的编制方法。本公司以自身和子公司的财务报表为基础，根据其他有关资料，编制合并财务报表。

本公司编制合并财务报表，将整个企业集团视为一个会计主体，依据相关企业会计准则的确认、计量和列报要求，按照统一的会计政策，反映企业集团整体财务状况、经营成果和现金流量。

7. 现金及现金等价物的确定标准

现金指企业库存现金及可以随时用于支付的存款。现金等价物指持有的期限短（一般是指从购买日起三个月内到期）、流动性强、易于转换为已知金额现金、价值变动风险很小的投资。

8. 外币业务

本公司外币交易初始确认时采用交易发生日的即期汇率或即期汇率的近似汇率折算为记账本位币。在资产负债表日，对于外币货币性项目，采用资产负债表日的即期汇率折算。因资产负债表日即期汇率与初始确认时或前一资产负债表日即期汇率不同而产生的汇兑差额，计入当期损益。

对企业境外经营财务报表进行折算前先调整境外经营的会计期间和会计政策，使之与企业会计期间和会计政策相一致，再根据调整后的会计政策及会计期间编制相应货币（记账本位币以外的货币）的财务报表，再按照以下方法对境外经营财务报表进行折算。

（1）资产负债表中的资产和负债项目，采用资产负债表日的即期汇率折算，所有者权益项目除“未分配利润”项目外，其他项目采用发生时的即期汇率折算。

（2）利润表中的收入和费用项目，采用交易发生日的即期汇率或即期汇率的近似汇率折算。

（3）产生的外币财务报表折算差额，在编制合并财务报表时，在合并资产负债表中所有者权益项目下单独列示“其他综合收益”。

（4）外币现金流量以及境外子公司的现金流量，采用现金流量发生日的即期汇率或即期汇率的近似汇率折算。汇率变动对现金的影响额应当作为调节项目，在现金流量表中单独列报。

9. 金融工具

（1）金融资产的分类。

①以公允价值计量且其变动计入当期损益的金融资产。包括交易性金融资产和直接指定为以公允价值计量且其变动计入当期损益的金融资产，前者主要是指本公司为了近期内出售而持有的股票、债券、基金以及不作为有效套期工具的衍生工具投资。这类资产在初始计量时按照取得时的公允价值作为初始确认金额，相关的交易费用在发生时计入当期损益。支付的价款中包含已宣告但尚未发放的现金股利或已到付息但尚未领取的债券利息，单独确认为应收项目。在持有期间取得利息或现金股利，确认为投资收益。资产负债表日，本公司将这类金融资产以公允价值计量且其变动计入当期损益。这类金融资产在处置时，其公允价值与初始入账金额之间的差额确认为投资收益，同时调整公允价值变动损益。

②持有至到期投资。主要是指到期日固定、回收金额固定或可确定，且本公司具有明确意图和能力持有至到期的国债、公司债券等。这类金融资产按照取得时的公允价值和相关交易费用之和作为初始确认金额。支付价款中包含的已到付息期但尚未发放的债券利息，单独确认为应收项目。持有至到期投资在持有期间按照摊余成本和实际利率计算确认利息收入，计入投资收益。处置持有至到期投资时，将所取得价款与该投资账面价值之间的差额计入投资收益。

③贷款和应收款项。金融企业按当前的市场条件发放的贷款，应按发放贷款的本金和相关交易费用之和作为初始确认金额。应收账款是指本公司销售商品或提供劳务形成的应收款项，应按从购货方应收的合同或协议价款作为初始确认金额。

④可供出售金融资产。主要是指本公司没有划分为以公允价值计量且其变动计入

当期损益的金融资产、持有至到期投资、贷款和应收款项的金融资产。可供出售金融资产按照取得该金融资产的公允价值和相关交易费用之和作为初始确认金额。支付的价款中包含的已到付息期但尚未领取的债券利息或已宣告但尚未发放的现金股利，单独确认为应收项目。

可供出售金融资产是外币货币性金融资产的，其形成的汇兑损益应当计入当期损益。采用实际利率法计算的可供出售债务工具投资的利息，计入当期损益；可供出售权益工具投资的现金股利，在被投资单位宣告发放股利时计入当期损益。资产负债表日，可供出售金融资产以公允价值计量，且其变动计入其他综合收益。处置可供出售金融资产时，将取得的价款与该金融资产账面价值之间差额计入投资收益；同时，将原计入所有者权益的公允价值变动累计额对应处置部分的金额转出，计入投资收益。

因持有意图或能力发生改变，使某项投资不再适合划分为持有至到期投资的，本公司将其重分类为可供出售金融资产，并以公允价值进行后续计量。

（2）金融负债的分类。

①以公允价值计量且其变动计入当期损益的金融负债，包括交易性金融负债和指定为以公允价值计量且其变动计入当期损益的金融负债；这类金融负债初始确认时以公允价值计量，相关交易费用直接计入当期损益，资产负债表日将公允价值变动计入当期损益。

②其他金融负债，是指以公允价值计量且其变动计入当期损益的金融负债以外的金融负债。

金融负债全部或部分终止确认的，将终止确认部分的账面价值与支付的对价（包括转出的非现金资产或承担的新金融负债）之间的差额，计入当期损益。

（3）金融资产减值测试方法及减值准备计提方法

①金融资产发生减值的客观证据：

a. 发行方或债务人发生严重财务困难；

b. 债务人违反了合同条款，如偿付利息或本金发生违约或逾期等；

c. 债权人出于经济或法律等方面的考虑，对发生财务困难的债务人作出让步；

d. 债务人可能倒闭或进行其他财务重组；

e. 因发行方发生重大财务困难，该金融资产无法在活跃市场继续交易；

f. 无法辨认一组金融资产中的某项资产的现金流量是否已经减少，但根据公开的数据对其进行总体评价后发现，该组金融资产自初始确认以来的预计未来现金流量确已减少且可计量；

g. 债务人经营所处的技术、市场、经济或法律环境等发生重大不利变化，使权益工具投资人可能无法收回投资成本；

h. 权益工具投资的公允价值发生严重或非暂时性下跌；

i. 其他表明金融资产发生减值的客观证据。

②金融资产的减值测试（不包括应收款项）。

a. 持有至到期投资减值测试。

持有至到期投资发生减值时，将该持有至到期投资的账面价值减记至预计未来现金流量（不包括尚未发生的未来信用损失）现值，减记的金额确认为资产减值损失，计入当期损益。

预计未来现金流量现值，按照该持有至到期投资的原实际利率折现确定，并考虑相关担保物的价值（取得和出售该担保物发生的费用予以扣除）。原实际利率是初始确认该持有至到期投资时计算确定的实际利率。对于浮动利率的持有至到期投资，在计算未来现金流量现值时可采用合同规定的现行实际利率作为折现率。

即使合同条款因债务方或金融资产发行方发生财务困难而重新商定或修改，在确认减值损失时，仍用条款修改前所计算的该金融资产的原实际利率计算。

对持有至到期投资确认减值损失后，如有客观证据表明该持有至到期投资价值已恢复，且客观上与确认该损失后发生的事项有关（如债务人的信用评级已提高等），原确认的减值损失予以转回，计入当期损益。

持有至到期投资发生减值后，利息收入按照确定减值损失时对未来现金流量进行折现采用的折现率作为利率计算确认。

b. 可供出售金融资产减值测试。

在资产负债表日本公司对可供出售金融资产的减值情况进行分析，判断该项金融资产公允价值是否持续下降。通常情况下，如果可供出售金融资产的期末公允价值相对于成本的下跌幅度已达到或超过50%，或者持续下跌时间已达到或超过12个月，在综合考虑各种相关因素后，预期这种下降趋势属于非暂时性的，可以认定该可供出售金融资产已发生减值，确认减值损失。可供出售金融资产发生减值的，在确认减值损失时，将原直接计入所有者权益的公允价值下降形成的累计损失一并转出，计入资产减值损失。

可供出售债务工具金融资产是否发生减值，可参照上述可供出售权益工具投资进行分析判断。

可供出售权益工具投资发生的减值损失，不得通过损益转回。

可供出售债务工具金融资产发生减值后，利息收入按照确定减值损失时对未来现金流量进行折现采用的折现率作为利率计算确认。

对于已确认减值损失的可供出售债务工具，在随后的会计期间公允价值已上升且客观上与确认原减值损失确认后发生的事项有关的，原确认的减值损失予以转回，计入当期损益。

（4）金融资产和金融负债公允价值的确定方法。

本公司以主要市场的价格计量相关资产或负债的公允价值，不存在主要市场的，本公司以最有利市场的价格计量相关资产或负债的公允价值。

主要市场，是指相关资产或负债交易量最大和交易活跃程度最高的市场；最有利市场，是指在考虑交易费用和运输费用后，能够以最高金额出售相关资产或者以最低金额转移相关负债的市场。本公司采用市场参与者在对该资产或负债定价时为实现其经济利益最大化所使用的假设。

10. 应收款项的减值测试方法及减值准备计提方法

在资产负债表日对应收款项的账面价值进行检查，有客观证据表明其发生减值的，计提减值准备。

（1）单项金额重大并单项计提坏账准备的应收款项。本公司将某项应收款项金额占全部应收账款金额 10.00% 以上的款项确定为单项金额重大，单独进行减值测试。有客观证据表明其发生了减值的，根据其未来现金流量现值低于其账面价值的差额，确认减值损失，并据此计提相应的坏账准备。

短期应收款项的预计未来现金流量与其现值相差很小的，在确定相关减值损失时，可不对其预计未来现金流量进行折现。

（2）按信用风险特征组合计提坏账准备的应收款项。对单项金额重大经单独测试未发生减值的应收款项会同单项金额不重大的应收款项，本公司以账龄作为信用风险特征组合，根据应收款项发生年度月份至报表截止日的期间划分账龄，以按账龄划分的各段应收款项实际损失率作为基础，结合现时情况来确定各账龄段应收款项组合计提坏账准备的比例，据此计算应计提的坏账准备（如表 2－5 所示）。

表 2－5　　各账龄段应收款项组合计提坏账准备的比例具体情况

账龄	应收账款计提比例（%）	其他应收款计提比例（%）
1 年以内	3	3
1～2 年	10	10
2～3 年	25	25
3～5 年	50	50
5 年以上	100	100

（3）单项金额不重大但单项计提坏账准备的应收款项。对单项金额不重大但已有客观证据表明其发生了减值的应收款项，按账龄分析法计提的坏账准备不能反映实际情况，本公司单独进行减值测试，根据其未来现金流量现值低于其账面价值的差额，

确认减值损失，并据此计提相应的坏账准备。

11. 存货

（1）存货的分类。存货是指本公司在日常活动中持有以备出售的产成品或商品、处在生产过程中的在产品、在生产过程或提供劳务过程中耗用的材料和物料等，包括原材料、委托代销商品、库存商品、周转材料等。

（2）发出存货的计价方法。本公司存货发出时采用移动加权平均法计价。

（3）存货的盘存制度。本公司存货采用永续盘存制，每年至少盘点一次，盘盈或盘亏金额计入当年年度损益。

（4）存货跌价准备的计提方法。资产负债表日按成本与可变现净值孰低计量，存货成本高于其可变现净值的，计提存货跌价准备，计入当期损益。在确定存货的可变现净值时，以取得的可靠证据为基础，并且考虑持有存货的目的、资产负债表日后事项的影响等因素。

①产成品、商品和用于出售的材料等直接用于出售的存货，在正常生产经营过程中，以该存货的估计售价减去估计的销售费用和相关税费后的金额确定其可变现净值。为执行销售合同或者劳务合同而持有的存货，以合同价格作为其可变现净值的计量基础；如果持有存货的数量多于销售合同订购数量，超出部分的存货可变现净值以一般销售价格为计量基础。用于出售的材料等，以市场价格作为其可变现净值的计量基础。

②需要经过加工的材料存货，在正常生产经营过程中，以所生产的产成品的估计售价减去至完工时估计将要发生的成本、估计的销售费用和相关税费后的金额确定其可变现净值。如果用其生产的产成品的可变现净值高于成本，则该材料按成本计量；如果材料价格的下降表明产成品的可变现净值低于成本，则该材料按可变现净值计量，按其差额计提存货跌价准备。

③存货跌价准备一般按单个存货项目计提；对于数量繁多、单价较低的存货，按存货类别计提。

④资产负债表日如果以前减记存货价值的影响因素已经消失，则减记的金额予以恢复，并在原已计提的存货跌价准备的金额内转回，转回的金额计入当期损益。

（5）周转材料的摊销方法：

①低值易耗品摊销方法：在领用时采用一次转销法。

②包装物的摊销方法：在领用时采用一次转销法。

12. 长期股权投资

本公司长期股权投资包括对被投资单位实施控制、重大影响的权益性投资，以及对合营企业的权益性投资。本公司能够对被投资单位施加重大影响的，为本公司的联营企业。

（1）确定对被投资单位具有共同控制、重大影响的依据。

共同控制，是指按照相关约定对某项安排所共有的控制，并且该安排的相关活动必须经过分享控制权的参与方一致同意后才能决策。

重大影响，是指投资方对被投资单位的财务和经营政策有参与决策的权力，但并不能够控制或者与其他方一起共同控制这些政策的制定。

当本公司直接或通过子公司间接拥有被投资单位20%（含20%）以上但低于50%的表决权股份时，一般认为对被投资单位具有重大影响，除非有明确证据表明该种情况下不能参与被投资单位的生产经营决策而不形成重大影响。

（2）初始投资成本确定。

① 企业合并形成的长期股权投资，按照下列规定确定其投资成本。

a. 同一控制下的企业合并，合并方以支付现金、转让非现金资产或承担债务方式作为合并对价的，在合并日按照被合并方所有者权益在最终控制方合并财务报表中的账面价值的份额作为长期股权投资的初始投资成本。长期股权投资初始投资成本与支付的现金、转让的非现金资产以及所承担债务账面价值之间的差额，调整资本公积；资本公积不足冲减的，调整留存收益。

b. 同一控制下的企业合并，合并方以发行权益性证券作为合并对价的，在合并日按照被合并方所有者权益在最终控制方合并财务报表中的账面价值的份额作为长期股权投资的初始投资成本。按照发行权益性证券的面值总额作为股本，长期股权投资初始投资成本与所发行股份面值总额之间的差额，调整资本公积；资本公积不足冲减的，调整留存收益。

c. 非同一控制下的企业合并，以购买日为取得对被购买方的控制权而付出的资产、发生或承担的负债以及发行的权益性证券的公允价值确定为合并成本，作为长期股权投资的初始投资成本。合并方为企业合并发生的审计、法律服务、评估咨询等中介费用以及其他相关管理费用，于发生时计入当期损益。

② 除企业合并形成的长期股权投资以外，其他方式取得的长期股权投资，按照下列规定确定其投资成本。

a. 以支付现金取得的长期股权投资，按照实际支付的购买价款作为投资成本。初始投资成本包括与取得长期股权投资直接相关的费用、税金及其他必要支出。

b. 以发行权益性证券取得的长期股权投资，按照发行权益性证券的公允价值作为初始投资成本。

c. 通过非货币性资产交换取得的长期股权投资，如果该项交换具有商业实质且换入资产或换出资产的公允价值能可靠计量，则以换出资产的公允价值和相关税费作为初始投资成本，换出资产的公允价值与账面价值之间的差额计入当期损益；若非货币资产交换不同时具备上述两个条件，则按换出资产的账面价值和相关税费作为初始投资成本。

d. 通过债务重组取得的长期股权投资，按取得的股权的公允价值作为初始投资成本，初始投资成本与债权账面价值之间的差额计入当期损益。

（3）后续计量及损益确认方法。本公司能够对被投资单位实施控制的长期股权投资采用成本法核算；对联营企业和合营企业的长期股权投资采用权益法核算。

①成本法。采用成本法核算的长期股权投资，追加或收回投资时调整长期股权投资的成本；被投资单位宣告分派的现金股利或利润，确认为当期投资收益。

②权益法。按照权益法核算的长期股权投资，一般会计处理为：

本公司长期股权投资的投资成本大于投资时应享有被投资单位可辨认净资产公允价值份额的，不调整长期股权投资的初始投资成本；长期股权投资的初始投资成本小于投资时应享有被投资单位可辨认净资产公允价值份额的，其差额计入当期损益，同时调整长期股权投资的成本。

本公司按照应享有或应分担的被投资单位实现的净损益和其他综合收益的份额，分别确认投资收益和其他综合收益，同时调整长期股权投资的账面价值；本公司按照被投资单位宣告分派的利润或现金股利计算应享有的部分，相应减少长期股权投资的账面价值；被投资单位除净损益、其他综合收益和利润分配以外所有者权益的其他变动，调整长期股权投资的账面价值并计入所有者权益。在确认应享有被投资单位净损益的份额时，以取得投资时被投资单位可辨认净资产的公允价值为基础，对被投资单位的净利润进行调整后确认。被投资单位采用的会计政策及会计期间与本公司不一致的，应按照本公司的会计政策及会计期间对被投资单位的财务报表进行调整，并据以确认投资收益和其他综合收益等。本公司与联营企业及合营企业之间发生的未实现内部交易损益按照享有的比例计算归属于本公司的部分予以抵消，在此基础上确认投资损益。本公司与被投资单位发生的未实现内部交易损失属于资产减值损失的，应全额确认。

因追加投资等原因能够对被投资单位施加重大影响或实施共同控制但不构成控制的，按照原持有的股权投资的公允价值加上新增投资成本之和，作为改按权益法核算的初始投资成本。原持有的股权投资分类为可供出售金融资产的，其公允价值与账面价值之间的差额，以及原计入其他综合收益的累计公允价值变动应当转入改按权益法核算的当期损益。

13. 固定资产

固定资产是指为生产商品、提供劳务、出租或经营管理而持有的使用寿命超过一年的单位价值较高的有形资产。

（1）确认条件。固定资产在同时满足下列条件时，按取得时的实际成本予以确认：

①与该固定资产有关的经济利益很可能流入企业。

②该固定资产的成本能够可靠地计量。

固定资产发生的后续支出，符合固定资产确认条件的计入固定资产成本；不符合固定资产确认条件的在发生时计入当期损益。

（2）各类固定资产的折旧方法。本公司从固定资产达到预定可使用状态的次月起按年限平均法计提折旧，按固定资产的类别、估计的经济使用年限和预计的净残值率分别确定折旧年限和年折旧率（如表 2－6 所示）。

表 2－6　　2014 年乐视网公司固定资产折旧情况

类别	折旧方法	折旧年限（年）	残值率（%）	年折旧率（%）
房屋及建筑物	年限平均	20	5	4.75
运输设备	年限平均	5	5	19
电子及其他设备	年限平均	5	5	19
办公家具	年限平均	5	5	19

对于已经计提减值准备的固定资产，在计提折旧时扣除已计提的固定资产减值准备。

（3）融资租入固定资产的认定依据、计价方法和折旧方法。本公司在租入的固定资产实质上转移了与资产有关的全部风险和报酬时确认该项固定资产的租赁为融资租赁。融资租赁取得的固定资产的成本，按租赁开始日租赁资产公允价值与最低租赁付款额现值两者中较低者确定。融资租入的固定资产采用与自有固定资产相一致的折旧政策计提租赁资产折旧。能够合理确定租赁期届满时将会取得租赁资产所有权的，在租赁资产使用年限内计提折旧；无法合理确定租赁期届满时能够取得租赁资产所有权的，在租赁期与租赁资产使用寿命两者中较短的期间内计提折旧。

14. 在建工程

在建工程项目按建造该项资产达到预定可使用状态前所发生的全部支出，作为固定资产的入账价值。包括建筑费用、机器设备原价、其他为使在建工程达到预定可使用状态所发生的必要支出以及在资产达到预定可使用状态之前为该项目专门借款所发生的借款费用及占用的一般借款发生的借款费用。本公司在工程安装或建设完成达到预定可使用状态时将在建工程转入固定资产。所建造的已达到预定可使用状态，但尚未办理竣工决算的固定资产，自达到预定可使用状态之日起，根据工程预算、造价或者工程实际成本等，按估计的价值转入固定资产，并按本公司固定资产折旧政策计提固定资产的折旧，待办理竣工决算后，再按实际成本调整原来的暂估价值，但不调整原已计提的折旧额。

15. 借款费用

（1）借款费用资本化的确认原则和资本化期间。本公司发生的可直接归属于符合资本化条件的资产的购建或生产的借款费用在同时满足下列条件时予以资本化计入相关资产成本。

①资产支出已经发生；

②借款费用已经发生；

③为使资产达到预定可使用状态所必要的购建或者生产活动已经开始。

其他的借款利息、折价或溢价和汇兑差额，计入发生当期的损益。

符合资本化条件的资产在购建或者生产过程中发生非正常中断，且中断时间连续超过 3 个月的，暂停借款费用的资本化。

当购建或者生产符合资本化条件的资产达到预定可使用或者可销售状态时，停止其借款费用的资本化；以后发生的借款费用于发生当期确认为费用。

（2）借款费用资本化率以及资本化金额的计算方法。

为购建或者生产符合资本化条件的资产而借入专门借款的，以专门借款当期实际发生的利息费用，减去将尚未动用的借款资金存入银行取得的利息收入或者进行暂时性投资取得的投资收益后的金额，确定为专门借款利息费用的资本化金额。

购建或者生产符合资本化条件的资产占用了一般借款的，一般借款应予资本化的利息金额按累计资产支出超过专门借款部分的资产支出加权平均数乘以所占用一般借款的资本化率，计算确定一般借款应予资本化的利息金额。资本化率根据一般借款加权平均利率计算确定。

16. 无形资产

（1）无形资产的计价方法。本公司的无形资产包括影视版权、系统软件和非专利技术等，以实际成本进行初始计量。

（2）无形资产使用寿命及摊销。

①使用寿命有限的无形资产的使用寿命估计情况（如表 2－7 所示）。

表 2－7　　2014 年乐视网公司无形资产的使用寿命估计情况

序号	项目	预计使用寿命
1	影视版权	授权期限或 10 年
2	系统软件	合同受益年限或 10 年
3	非专利技术	合同受益年限或 10 年

每年年度终了，公司对使用寿命有限的无形资产的使用寿命及摊销方法进行复核。经复核，本期末无形资产的使用寿命及摊销方法与以前估计未有不同。

②无法预见无形资产为企业带来经济利益期限的，视为使用寿命不确定的无形资产。对于使用寿命不确定的无形资产，公司在每年年度终了对使用寿命不确定的无形资产的使用寿命进行复核，如果重新复核后仍为不确定的，于资产负债表日进行减值测试。

③无形资产的摊销。对于使用寿命有限的无形资产，本公司在取得时判定其使用寿命，在使用寿命内采用直线法系统合理摊销，摊销金额按受益项目计入当期损益。具体应摊销金额为其成本扣除预计残值后的金额。已计提减值准备的无形资产，还应扣除已计提的无形资产减值准备累计金额，残值为零。但下列情况除外：有第三方承诺在无形资产使用寿命结束时购买该无形资产或可以根据活跃市场得到预计残值信息，并且该市场在无形资产使用寿命结束时很可能存在。

对使用寿命不确定的无形资产，不予摊销。每年年度终了对使用寿命不确定的无形资产的使用寿命进行复核，如果有证据表明无形资产的使用寿命是有限的，估计其使用寿命并在预计使用年限内系统合理摊销。

（3）划分内部研究开发项目的研究阶段和开发阶段具体标准。

①本公司将为进一步开发活动进行的资料及相关方面的准备活动作为研究阶段，无形资产研究阶段的支出在发生时计入当期损益。

②在本公司已完成研究阶段的工作后再进行的开发活动作为开发阶段。

（4）开发阶段支出资本化的具体条件。开发阶段的支出同时满足下列条件时，才能确认为无形资产。

①完成该无形资产以使其能够使用或出售在技术上具有可行性；

②具有完成该无形资产并使用或出售的意图；

③无形资产存在产生经济利益的方式；

④有能力完成该无形资产的开发，有能力使用或出售该无形资产；

⑤归属于该无形资产开发阶段的支出能够可靠地计量。

17. 长期资产减值

（1）长期股权投资减值测试方法及会计处理方法。本公司在资产负债表日对长期股权投资进行逐项检查，根据被投资单位经营政策、法律环境、市场需求、行业及盈利能力等的各种变化判断长期股权投资是否存在减值迹象。当长期股权投资可收回金额低于账面价值时，将可收回金额低于长期股权投资账面价值的差额作为长期股权投资减值准备予以计提。资产减值损失一经确认，在以后会计期间不再转回。

（2）固定资产的减值测试方法及会计处理方法。本公司在资产负债表日对各项固定资产进行判断，当存在减值迹象，估计可收回金额低于其账面价值时，账面价值减记至可收回金额，减记的金额确认为资产减值损失，计入当期损益，同时计提相应的资产减值准备。资产减值损失一经确认，在以后会计期间不再转回。当存在下列迹象的，按固定资产单项项目全额计提减值准备。

① 长期闲置不用，在可预见的未来不会再使用，且已无转让价值的固定资产；

② 由于技术进步等原因，已不可使用的固定资产；

③ 虽然固定资产尚可使用，但使用后产生大量不合格品的固定资产；

④ 已遭毁损，以至于不再具有使用价值和转让价值的固定资产；

⑤ 其他实质上已经不能再给公司带来经济利益的固定资产。

（3）在建工程减值测试方法及会计处理方法。本公司于资产负债表日对在建工程进行全面检查，如果有证据表明在建工程已经发生了减值，估计可收回金额低于其账面价值时，账面价值减记至可收回金额，减记的金额确认为资产减值损失，计入当期损益，同时计提相应的资产减值准备。资产减值损失一经确认，在以后会计期间不再转回。存在下列一项或若干项情况的，对在建工程进行减值测试。

① 长期停建并且预计在未来 3 年内不会重新开工的在建工程；

② 所建项目无论在性能上，还是在技术上已经落后，并且给企业带来的经济利益具有很大的不确定性；

③ 其他足以证明在建工程已经发生减值的情形。

（4）无形资产减值测试方法及会计处理方法。当无形资产的可收回金额低于其账面价值时，将资产的账面价值减记至可收回金额，减记的金额确认为资产减值损失，计入当期损益，同时计提相应的无形资产减值准备。无形资产减值损失一经确认，在以后会计期间不再转回。存在下列一项或多项以下情况的，对无形资产进行减值测试。

① 该无形资产已被其他新技术等所替代，使其为企业创造经济利益的能力受到重大不利影响；

② 该无形资产的市价在当期大幅下跌，并在剩余年限内可能不会回升；

③ 其他足以表明该无形资产的账面价值已超过可收回金额的情况。

（5）商誉减值测试。企业合并形成的商誉，至少在每年年度终了进行减值测试。本公司在对包含商誉的相关资产组或者资产组组合进行减值测试时，如与商誉相关的资产组或者资产组组合存在减值迹象的，按以下步骤处理。

首先对不包含商誉的资产组或者资产组组合进行减值测试，计算可收回金额，并与相关资产账面价值比较，确认相应的减值损失；然后再对包含商誉的资产组或者资产组组合进行减值测试，比较这些相关资产组或者资产组组合的账面价值（包括所分摊的商誉的账面价值部分）与其可收回金额，如相关资产组或者资产组组合的可收回金额低于其账面价值的，就其差额确认减值损失。减值损失金额首先抵减分摊至资产组或者资产组组合中商誉的账面价值；再根据资产组或者资产组组合中除商誉之外的其他各项资产的账面价值所占比重，按比例抵减其他各项资产的账面价值。

18. 长期待摊费用

长期待摊费用是指公司已经发生但应由本期和以后各期负担的分摊期限在一年以上（不含一年）的各项费用。长期待摊费用按实际支出入账，在项目受益期内平均摊销。

19. 职工薪酬

职工薪酬，是指本公司为获得职工提供的服务或解除劳动关系而给予的各种形式的报酬或补偿。职工薪酬包括短期薪酬、离职后福利、辞退福利和其他长期职工福利。本公司提供给职工配偶、子女、受赡养人、已故员工遗属及其他受益人等的福利，也属于职工薪酬。

（1）短期薪酬的确认和计量。

①职工基本薪酬（工资、奖金、津贴、补贴）。本公司在职工为其提供服务的会计期间，将实际发生的短期薪酬确认为负债，并按照会计准则要求计入当期损益或相关资产成本。

②职工福利费。本公司发生的职工福利费，在实际发生时根据实际发生额计入当期损益或相关资产成本。职工福利费为非货币性福利的，按照公允价值计量。

③医疗保险费、工伤保险费、生育保险费等社会保险费和住房公积金，本公司为职工缴纳的医疗保险费、工伤保险费、生育保险费等社会保险费和住房公积金，以及按规定提取的工会经费和职工教育经费，在职工为其提供服务的会计期间，根据规定的计提基础和计提比例计算确定相应的职工薪酬金额，并确认相应负债，计入当期损益或相关资产成本。

④短期带薪缺勤。本公司在职工提供服务从而增加了其未来享有的带薪缺勤权利时，确认与累积带薪缺勤相关的职工薪酬，并以累积未行使权利而增加的预期支付金额计量。本公司在职工实际发生缺勤的会计期间确认与非累积带薪缺勤相关的职工薪酬。

⑤短期利润分享计划。利润分享计划同时满足下列条件的，本公司确认相关的应付职工薪酬：

a. 企业因过去事项导致现在具有支付职工薪酬的法定义务或推定义务；

b. 因利润分享计划所产生的应付职工薪酬义务金额能够可靠估计。

（2）离职后福利的确认和计量。

①设定提存计划。本公司在职工为其提供服务的会计期间，将根据设定提存计划计算的应缴存金额确认为负债，并计入当期损益或相关资产成本。

根据设定提存计划，预期不会在职工提供相关服务的年度报告期结束后十二个月内支付全部应缴存金额的，本公司参照相应的折现率（根据资产负债表日与设定受益计划义务期限和币种相匹配的国债或活跃市场上的高质量公司债券的市场收益率确定），将全部应缴存金额以折现后的金额计量应付职工薪酬。

②设定受益计划：

a. 确定设定受益计划义务的现值和当期服务成本。根据预期累计福利单位法，采用无偏且相互一致的精算假设对有关人口统计变量和财务变量等做出估计，计量设定受益计划所产生的义务，并确定相关义务的归属期间。本公司按照相应的折现率（根据资产负债表日与设定受益计划义务期限和币种相匹配的国债或活跃市场上的高质量公司债券的市场收益率确定）将设定受益计划所产生的义务予以折现，以确定设定受益计划义务的现值和当期服务成本。

b. 确认设定受益计划净负债或净资产。设定受益计划存在资产的，本公司将设定受益计划义务现值减去设定受益计划资产公允价值所形成的赤字或盈余确认为一项设定受益计划净负债或净资产。设定受益计划存在盈余的，本公司以设定受益计划的盈余和资产上限两项的孰低者计量设定受益计划净资产。

c. 确定应计入资产成本或当期损益的金额。服务成本，包括当期服务成本、过去服务成本和结算利得或损失。其中，除了会计准则要求或允许计入资产成本的当期服务成本之外，其他服务成本均计入当期损益。设定受益计划净负债或净资产的利息净额，包括计划资产的利息收益、设定受益计划义务的利息费用以及资产上限影响的利息，均计入当期损益。

d. 确定应计入其他综合收益的金额。重新计量设定受益计划净负债或净资产所产生的变动，包括：精算利得或损失，即由于精算假设和经验调整导致之前所计量的设定受益计划义务现值的增加或减少；计划资产回报，扣除包括在设定受益计划净负债或净资产的利息净额中的金额；资产上限影响的变动，扣除包括在设定受益计划净负债或净资产的利息净额中的金额。

上述重新计量设定受益计划净负债或净资产所产生的变动直接计入其他综合收益，并且在后续会计期间不允许转回至损益，但本公司可以在权益范围内转移这些在其他综合收益中确认的金额。

（3）辞退福利的确认和计量。本公司向职工提供辞退福利的，在下列两者中确认辞退福利产生的职工薪酬负债，并计入当期损益：

①企业不能单方面撤回因解除劳动关系计划或裁减建议所提供的辞退福利时；

②企业确认与涉及支付辞退福利的重组相关的成本或费用时。

辞退福利预期在年度报告期结束后十二个月内不能完全支付的，参照相应的折现率（根据资产负债表日与设定受益计划义务期限和币种相匹配的国债或活跃市场上的高质量公司债券的市场收益率确定）将辞退福利金额予以折现，以折现后的金额计量应付职工薪酬。

（4）其他长期职工福利的确认和计量。

①符合设定提存计划条件的。本公司向职工提供的其他长期职工福利，符合设定提存计划条件的，将全部应缴存金额以折现后的金额计量应付职工薪酬。

②符合设定受益计划条件的。在报告期末，本公司将其他长期职工福利产生的职工薪酬成本确认为下列组成部分：

a. 服务成本；

b. 其他长期职工福利净负债或净资产的利息净额；

c. 重新计量其他长期职工福利净负债或净资产所产生的变动。

为简化相关会计处理，上述项目的总净额计入当期损益或相关资产成本。

20. 预计负债

（1）预计负债的确认标准。如果与或有事项相关的义务同时符合以下条件，本公司将其确认为预计负债：

①该义务是本公司承担的现时义务；

②该义务的履行很可能导致经济利益流出本公司；

③该义务的金额能够可靠地计量。

（2）预计负债的计量方法。预计负债按照履行相关现时义务所需支出的最佳估计数进行初始计量，并综合考虑与或有事项有关的风险、不确定性和货币时间价值等因素。每个资产负债表日对预计负债的账面价值进行复核。有确凿证据表明该账面价值不能反映当前最佳估计数的，按照当前最佳估计数对该账面价值进行调整。

21. 股份支付的种类

本公司股份支付包括以现金结算的股份支付和以权益结算的股份支付。

22. 收入确认原则和计量方法

（1）销售商品收入。公司已将商品所有权上的主要风险和报酬转移给购买方；公司既没有保留与所有权相联系的继续管理权，也没有对已售出的商品实施有效控制；收入的金额能够可靠地计量；相关的经济利益很可能流入企业；相关的已发生或将发生的成本能够可靠地计量时，确认商品销售收入实现。

（2）提供劳务收入。在资产负债表日提供劳务交易的结果能够可靠估计的，采用完工百分比法确认提供劳务收入。提供劳务交易的完工进度，依据已经发生的成本占估计总成本的比例确定。

提供劳务交易的结果能够可靠估计是指同时满足：①收入的金额能够可靠地计量；②相关的经济利益很可能流入企业；③交易的完工程度能够可靠地确定；④交易中已发生和将发生的成本能够可靠地计量。

本公司按照已收或应收的合同或协议价款确定提供劳务收入总额，但已收或应收的合同或协议价款不公允的除外。资产负债表日按照提供劳务收入总额乘以完工进度扣除以前会计期间累计已确认提供劳务收入后的金额，确认当期提供劳务收入；同时，按照提供劳务估计总成本乘以完工进度扣除以前会计期间累计已确认劳务成本后的金额，结转当期劳务成本。

在资产负债表日提供劳务交易结果不能够可靠估计的，分别下列情况处理：已经发生的劳务成本预计能够得到补偿的，按照已经发生的劳务成本金额确认提供劳务收入，并按相同金额结转劳务成本。

已经发生的劳务成本预计不能够得到补偿的，将已经发生的劳务成本计入当期损益，不确认提供劳务收入。

（3）让渡资产使用权收入。与交易相关的经济利益很可能流入企业，收入的金额能够可靠地计量时，分下列情况确定让渡资产使用权收入金额。

① 利息收入金额，按照他人使用本企业货币资金的时间和实际利率计算确定。

② 使用费收入金额，按照有关合同或协议约定的收费时间和方法计算确定。

（4）本公司具体收入确认原则。

①广告业务。确认依据：依据与广告代理公司或者广告客户签订的销售合同约定的广告投放金额及广告发布进度确认收入。

②终端业务。确认依据：根据当月实际销售的播放机、电视机数量和销售单价确认当月销售收入。

③会员及发行业务。

a. 网络付费服务收入。确认依据：根据当月实际销售的服务价格确认当月服务收入。

b. 网络视频版权分销收入。确认依据：依据版权分销合同的约定，在给予对方授权，且收取授权费或取得收取授权费的权利后确认收入。

c. 影视剧发行收入：

（a）首轮转让播放权。确认依据：首轮在电视剧完成摄制并经电影电视行政主管部门审查通过取得《电视剧发行许可证》，电视剧拷贝、播映带和其他载体首次转移给购货方、相关经济利益很可能流入本公司时确认。

（b）多次转让播放权。确认依据：自合同约定播放权起始年度一次性确认。

（c）其他方式。确认依据：电视剧完成摄制前采取全部或部分卖断，或者承诺给予影片首（播）映权等方式，预售影片发行权或其他权利采取预收款项方式，待电视剧完成摄制并按合同约定提供给预付款客户使用时，确认销售收入实现。

④其他业务。确认依据：在满足相关收入确认条件时予以确认。

23. 政府补助

（1）与资产相关的政府补助判断依据及会计处理方法。与资产相关的政府补助确认的标准：本公司从政府取得的、用于购建或以其他方式形成长期资产的补助，确认为与资产相关的政府补助。与资产相关的政府补助，确认为递延收益，并在相关资产使用寿命内平均分配，计入当期损益。但是，以名义金额计量的政府补助，直接计入当期损益。

（2）与收益相关的政府补助判断依据及会计处理方法。与收益相关的政府补助确认的标准：本公司将从政府取得的各种奖励、定额补贴、财政贴息、拨付的研发经费（不包括购建固定资产）等不与资产相关的政府补助之外的政府补助，确认为与收益相关的政府补助。

与收益相关的政府补助，分别按下列情况处理：

① 用于补偿公司以后期间的相关费用或损失的，确认为递延收益，并在确认相关费用的期间，计入当期损益；

② 用于补偿公司已发生的相关费用或损失的，计入当期损益。

24. 递延所得税资产和递延所得税负债

本公司根据资产与负债在资产负债表日的账面价值与计税基础之间的暂时性差异，采用资产负债表债务法将应纳税暂时性差异或可抵扣暂时性差异对所得税的影响额确认和计量递延所得税负债或递延所得税资产。本公司不对递延所得税资产和递延所得税负债进行折现。

（1）递延所得税资产的确认。

①对于可抵扣暂时性差异、能够结转以后年度的可抵扣亏损和税款抵减，本公司以很可能取得用来抵扣可抵扣暂时性差异、可抵扣亏损和税款抵减的未来应纳税所得额为限，确认由此产生的递延所得税资产。同时，具有下列特征的交易中因资产或负债的初始确认所产生的递延所得税资产不予确认。

a. 该项交易不是企业合并；

b. 交易发生时既不影响会计利润也不影响应纳税所得额（或可抵扣亏损）。

②本公司对与子公司、联营公司及合营企业投资相关的可抵扣暂时性差异，同时满足下列两项条件的，确认相应的递延所得税资产。

a. 暂时性差异在可预见的未来很可能转回；

b. 未来很可能获得用来抵扣可抵扣暂时性差异的应纳税所得额；

c. 本公司对于能够结转以后年度的可抵扣亏损和税款抵减，以很可能获得用来抵扣可抵扣亏损和税款抵减的未来应纳税所得额为限，确认相应的递延所得税资产。

③在资产负债表日，本公司对递延所得税资产的账面价值进行复核。如果未来期间很可能无法获得足够的应纳税所得额用以抵扣递延所得税资产的利益，减记递延所得税资产的账面价值。在很可能获得足够的应纳税所得额时，减记的金额予以转回。

（2）递延所得税负债的确认。本公司所有应纳税暂时性差异均按预计转回期间的所得税税率计量对所得税的影响，并将该影响额确认为递延所得税负债，但下列情况的除外。

①因下列交易或事项中产生的应纳税暂时性差异对所得税的影响不确认为递延所得税负债：

a. 商誉的初始确认；

b. 具有以下特征的交易中产生的资产或负债的初始确认：该交易不是企业合并，并且交易发生时既不影响会计利润也不影响应纳税所得额或可抵扣亏损。

②本公司对与子公司、合营企业及联营企业投资相关的应纳税暂时性差异，其对所得税的影响额一般确认为递延所得税负债，但同时满足以下两项条件的除外。

a. 本公司能够控制暂时性差异转回的时间；

b. 该暂时性差异在可预见的未来很可能不会转回。

（3）特定交易或事项所涉及的递延所得税负债或资产的确认。

①与企业合并相关的递延所得税负债或资产。非同一控制下企业合并产生的应纳税暂时性差异或可抵扣暂时性差异，在确认递延所得税负债或递延所得税资产的同时，相关的递延所得税费用（或收益），通常调整企业合并中所确认的商誉。

②直接计入所有者权益的项目。与直接计入所有者权益的交易或者事项相关的当期所得税和递延所得税，计入所有者权益。暂时性差异对所得税的影响计入所有者权益的交易或事项包括：可供出售金融资产公允价值变动等形成的其他综合收益、会计政策变更采用追溯调整法或对前期（重要）会计差错更正差异追溯重述法调整期初留存收益、同时包含负债成分及权益成分的混合金融工具在初始确认时计入所有者权益等。

③可弥补亏损和税款抵减。

a. 本公司自身经营产生的可弥补亏损以及税款抵减。可抵扣亏损是指按照税法规定计算确定的准予用以后年度的应纳税所得额弥补的亏损。对于按照税法规定可以结转以后年度的未弥补亏损（可抵扣亏损）和税款抵减，视同可抵扣暂时性差异处理。

在预计可利用可弥补亏损或税款抵减的未来期间内很可能取得足够的应纳税所得额时，以很可能取得的应纳税所得额为限，确认相应的递延所得税资产，同时减少当期利润表中的所得税费用。

b. 因企业合并而形成的可弥补的被合并企业的未弥补亏损。在企业合并中，本公司取得被购买方的可抵扣暂时性差异，在购买日不符合递延所得税资产确认条件的，不予以确认。购买日后 12 个月内，如取得新的或进一步的信息表明购买日的相关情况已经存在，预期被购买方在购买日可抵扣暂时性差异带来的经济利益能够实现的，确认相关的递延所得税资产，同时减少商誉，商誉不足冲减的，差额部分确认为当期损益；除上述情况以外，确认与企业合并相关的递延所得税资产，计入当期损益。

④合并抵消形成的暂时性差异。本公司在编制合并财务报表时，因抵消未实现内部销售损益导致合并资产负债表中资产、负债的账面价值与其在所属纳税主体的计税基础之间产生暂时性差异的，在合并资产负债表中确认递延所得税资产或递延所得税负债，同时调整合并利润表中的所得税费用，但与直接计入所有者权益的交易或事项及企业合并相关的递延所得税除外。

⑤以权益结算的股份支付。如果税法规定与股份支付相关的支出允许税前扣除，在按照会计准则规定确认成本费用的期间内，本公司根据会计期末取得信息估计可税前扣除的金额计算确定其计税基础及由此产生的暂时性差异，符合确认条件的情况下确认相关的递延所得税。其中预计未来期间可税前扣除的金额超过按照会计准则规定确认的与股份支付相关的成本费用，超过部分的所得税影响应直接计入所有者权益。

25. 经营租赁和融资租赁

如果租赁条款在实质上将与租赁资产所有权有关的全部风险和报酬转移给承租人，该租赁为融资租赁，其他租赁则为经营租赁。

（1）经营租赁。

①本公司作为经营租赁承租人时，将经营租赁的租金支出，在租赁期内各个期间按照直线法或根据租赁资产的使用量计入当期损益。出租人提供免租期的，本公司将租金总额在不扣除免租期的整个租赁期内，按直线法或其他合理的方法进行分摊，免租期内确认租金费用及相应的负债。出租人承担了承租人某些费用的，本公司按该费用从租金费用总额中扣除后的租金费用余额在租赁期内进行分摊。

初始直接费用，计入当期损益。如协议约定或有租金的在实际发生时计入当期损益。

②本公司作为经营租赁出租人时，采用直线法将收到的租金在租赁期内确认为收益。出租人提供免租期的，出租人将租金总额在不扣除免租期的整个租赁期内，按直线法或其他合理的方法进行分配，免租期内出租人也确认租金收入。承担了承租人某

些费用的，本公司按该费用自租金收入总额中扣除后的租金收入余额在租赁期内进行分配。

初始直接费用，计入当期损益。金额较大的予以资本化，在整个经营租赁期内按照与确认租金收入相同的基础分期计入当期损益。如协议约定或有租金的在实际发生时计入当期收益。

（2）融资租赁。

①本公司作为融资租赁承租人时，在租赁期开始日，将租赁开始日租赁资产公允价值与最低租赁付款额现值两者中较低者作为租入资产的入账价值，将最低租赁付款额作为长期应付款的入账价值，其差额作为未确认融资费用。在租赁期内各个期间采用实际利率法进行分摊，确认为当期融资费用，计入财务费用。

发生的初始直接费用，计入租入资产价值。

在计提融资租赁资产折旧时，本公司采用与自有应折旧资产相一致的折旧政策，折旧期间以租赁合同而定。如果能够合理确定租赁期届满时本公司将会取得租赁资产所有权，以租赁期开始日租赁资产的寿命作为折旧期间；如果无法合理确定租赁期届满后本公司是否能够取得租赁资产的所有权，以租赁期与租赁资产寿命两者中较短者作为折旧期间。

②本公司作为融资租赁出租人时，于租赁期开始日将租赁开始日最低租赁应收款额与初始直接费用之和作为应收融资租赁款的入账价值，计入资产负债表的长期应收款，同时记录未担保余值；将最低租赁应收款额、初始直接费用及未担保余值之和与其现值之和的差额作为未实现融资收益，在租赁期内各个期间采用实际利率法确认为租赁收入，计入其他业务收入。

26. 重要会计政策和会计估计的变更

（1）重要会计政策变更。2014 年 1 月至 7 月，财政部发布了《企业会计准则第 2 号——长期股权投资》（修订）、《企业会计准则第 9 号——职工薪酬》（修订）、《企业会计准则第 30 号——财务报表列报》（修订）、《企业会计准则第 33 号——合并财务报表》（修订）、《企业会计准则第 37 号——金融工具列报》（修订）、《企业会计准则第 39 号——公允价值计量》《企业会计准则第 40 号——合营安排》《企业会计准则第 41 号——在其他主体中权益的披露》8 项会计准则。除《企业会计准则第 37 号——金融工具列报》（修订）在 2014 年年度及以后期间的财务报告中使用外，上述其他会计准则于 2014 年 7 月 1 日起施行。

此次会计政策变更已经公司董事会批准。本公司按照《企业会计准则第 30 号——财务报表列报》（修订）等 8 项会计准则的相关规定在 2014 年 7 月 1 日（首次执行日）已对本公司财务报表重新列报，并对财务报表的比较数据进行了追溯调整。本次执行前述会计准则主要涉及以下追溯调整事项。

根据《企业会计准则第 2 号——长期股权投资》（修订）规定，对下列事项进行追溯调整：本公司对原长期股权投资准则下按成本法核算的对浙江强视传媒股份有限公司长期股权投资 2 000 万元（对被投资单位不具有控制、共同控制或重大影响，并且在活跃市场中没有报价、公允价值不能可靠计量的权益性投资），调整至可供出售金融资产 2 000 万元，并对公允价值变动进行追溯调整。

（2）重要会计估计变更。本报告期内，本公司无重大会计估计变更。

（四）税项

1. 主要税种及税率（如表 2－8 所示）

表 2－8　　乐视网公司 2014 年主要税种及税率

税种	计税依据	税率
增值税	产品、原材料及应税服务销售收入	注 1
营业税	按应税项目	3%
城市维护建设税	应交流转税额	7%
教育费附加	应交流转税额	3%
地方教育费附加	应交流转税额	2%
文化事业建设费	视频平台广告发布收入	3%
企业所得税	应纳税所得额	注 2

注 1：增值税应税收入中产品、原材料配件销售收入适用税率为 17%，视频平台广告发布收入、网络视频版权分销收入、影视发行收入、电信业务收入适用税率 6%。

注 2：本公司及子公司存在不同企业所得税税率的情况有 15.00%、16.50%、25.00% 三种（如表 2－9 所示）。

表 2－9　　乐视网公司及子公司 2014 年企业所得税税率情况

纳税主体名称	所得税税率
乐视网信息技术（北京）股份有限公司	15%
西藏乐视网信息技术有限公司	15%
乐视网信息技术（香港）有限公司	16.5%
除上述企业外的其他纳税主体	25%

2. 税收优惠

公司于 2008 年通过高新技术企业认证。2014 年，本公司申报高新技术企业的复审，并于 2014 年 10 月 30 日经北京市科学技术委员会、北京市财政局、北京市国家税务局和北京市地方税务局批准取得编号为 GR201411001113 的高新技术企业证书，有效期为三年。按照《企业所得税法》等相关法规规定，本公司在有效期内享受国家高新技术企业15%的所得税税率。

西藏乐视网信息技术有限公司于2013年12月13日与西藏拉萨经济技术开发区经济发展局签订入驻协议，享受国家级西藏拉萨经济开发区招商引资所得税税率15%的优惠政策。

第三节 互联网金融行业数据对比

互联网行业上市公司共有21家，本节统计同行业数据为下列18家公司：乐视网、人民网、游族网络、拓维信息、三六五网、顺网科技、掌趣科技、天神娱乐、中青宝、生意宝、京天利、海虹控股、昆仑万维、北纬通信、上海钢联、暴风科技、腾信股份、焦点科技。

本节将乐视网数据与同行业同期数据进行对比，使用数据均为2014年年末数据，结果数据处理得到以下结果。

一、乐视网公司资产负债表主要项目同行业排名（如表2－10所示）

表2－10　　乐视网公司资产负债表主要项目同行业排名

项目	同行业排名	项目	同行业排名
流动资产：		流动负债：	
货币资金	9	短期借款	1
应收票据	2	应付票据	3
应收账款	1	应付账款	1
预付款项	3	预收款项	1
其他应收款	3	应付职工薪酬	14
存货	1	应缴税费	1
其他流动资产	7	应付利息	2
流动资产合计	1	应付股利	1
非流动资产：		其他应付款	7
可供出售金融资产	9	其他流动负债	2
固定资产原值	1	流动负债合计	1
累计折旧	7	非流动负债：	
固定资产净值	1	长期应付款	1
固定资产减值准备		其他非流动负债	1

续 表

项目	同行业排名	项目	同行业排名
固定资产净额	1	非流动负债合计	1
无形资产	1	负债合计	1
开发支出	1	所有者权益：	
商誉	2	实收资本（或股本）	3
长期待摊费用	10	资本公积	2
递延所得税资产	1	盈余公积	2
其他非流动资产	3	未分配利润	1
非流动资产合计	1	所有者权益合计	2
资产总计	1	负债和所有者权益总计	1

二、乐视网公司利润表主要项目同行业排名（如表 2－11 所示）

表 2－11　　乐视网公司利润表主要项目同行业排名

项目	同行业排名
一、营业收入	2
减：营业成本	2
营业税金及附加	1
销售费用	2
管理费用	4
财务费用	1
资产减值损失	1
加：公允价值变动收益	3
投资收益	10
其中：对联营企业和合营企业的投资收益	4
二、营业利润	10
加：营业外收入	4
减：营业外支出	2
其中：非流动资产处置损失	1
三、利润总额	10
减：所得税费用	14
四、净利润	9

三、乐视网公司现金流量表主要项目同行业排名（如表 2－12 所示）

表 2－12　　乐视网公司现金流量表主要项目同行业排名

2014 年	同行业排名
一、经营活动产生的现金流量	
销售商品、提供劳务收到的现金	2
经营活动现金流入小计	2
购买商品、接受劳务支付的现金	2
支付给职工以及为职工支付的现金	4
支付的各项税费	1
经营活动现金流出小计	2
经营活动产生的现金流量净额	8
二、投资活动产生的现金流量	
取得投资收益收到的现金	14
处置固定资产、无形资产和其他长期资产	2
投资活动现金流入小计	15
购建固定资产、无形资产和其他长期资产支付的现金	18
投资支付的现金	9
投资活动现金流出小计	4
投资活动产生的现金流量净额	18
三、筹资活动产生的现金流量	
吸收投资收到的现金	4
取得借款收到的现金	3
筹资活动现金流入小计	9
偿还债务支付的现金	18
分配股利、利润或偿付利息支付的现金	2
筹资活动现金流出小计	1
筹资活动产生的现金流量净额	1

四、乐视网公司偿债能力主要指标同行业排名（如表2－13所示）

表2－13　　乐视网公司偿债能力主要指标同行业排名

短期偿债能力主要指标	同行业排名
流动比率	18
速动比率	17
现金比率	17
现金流量比率	14
长期偿债能力主要指标	同行业排名
资产负债率	2
权益乘数	2
产权比率	2
现金流量债务比	14
利息保障倍数	11
现金流量利息保障倍数	15

五、乐视网公司营运能力主要指标同行业排名（如表2－14所示）

表2－14　　乐视网公司营运能力主要指标同行业排名

营运能力主要指标	同行业排名
应收账款周转率	13
存货周转率	10
流动资产周转率	3
固定资产周转率	4
总资产周转率	4

六、乐视网公司获利能力主要指标同行业排名（如表2－15所示）

表2－15　　乐视网公司获利能力主要指标同行业排名

获利能力主要指标	同行业排名
销售净利率	17
资产净利率	16

续　表

获利能力主要指标	同行业排名
权益净利率	14
销售毛利率	1
每股收益	15
成本费用利润率	17

七、乐视网公司发展能力主要指标同行业排名（如表2－16所示）

表2－16　　　　乐视网公司发展能力主要指标同行业排名

发展能力主要指标	同行业排名
主营业务收入增长率	2
净利润增长率	13
总资产增长率	8
所有者权益增长率	6
经营现金净流量增长率	7

八、乐视网公司杜邦分析法主要指标同行业排名（如表2－17所示）

表2－17　　　　乐视网公司杜邦分析主要指标同行业排名

杜邦分析法指标	同行业排名
净资产收益率	15
总资产收益率	13
权益乘数	1
营业净利润率	15
总资产周转率	4

第三章　资产负债表分析

本章学习重点

1. 资产负债表的结构和内容；
2. 资产负债表基本阅读技巧；
3. 资产负债表的各个项目的分析；
4. 资产负债表结构分析。

第一节　资产负债表的基本内容

一、资产负债表的含义

资产负债表是反映企业在某一特定日期（如月末、季末、年末）全部资产、负债和所有者权益情况的会计报表，是企业经营活动的静态体现，根据“资产 = 负债 + 所有者权益”这一平衡公式，依照一定的分类标准和一定的次序，将某一特定日期的资产、负债、所有者权益的具体项目予以适当的排列编制而成。它表明权益在某一特定日期所拥有或控制的经济资源、所承担的现有义务和所有者对净资产的要求权。它是一张揭示企业在一定时点财务状况的静态报表。资产负债表利用会计平衡原则，将合乎会计原则的“资产、负债、股东权益”交易科目分为“资产”和“负债及股东权益”两大区块，在经过分录、转账、分类账、试算、调整等会计程序后，以特定日期的静态企业情况为基准，浓缩成一张报表。其报表功用除了企业内部除错、经营方向、防止弊端外，也可让所有阅读者于最短时间了解企业经营状况。可以看出，资产负债表是财务分析中非常重要的财务报表，分析该报表能整体了解该企业的财务状况。

二、资产负债表的结构

资产负债表是根据“资产 = 负债 + 所有者权益”的会计恒等式来设计的，并依照一定的分类标准和次序，把企业在特定日期的资产、负债和所有者权益等会计要素予以适当的排列编制而成。目前，国际上资产负债表通常有两种格式，即报告式和账户式。我国财务会计制度规定，资产负债表的结构采用账户式结构，这种资产负债表的结构特征具体表现为：

(1) 资产负债表分为左右两方，左侧为资产，右侧为负债和所有者权益，资产总额等于负债加所有者权益合计数。

(2) 左侧资产内部各个项目按照各项资产的流动性的大小或变现能力的强弱进行排列。流动性越大、变现能力越强的资产项目越往前排；反之，越往后排。例如，流动资产、长期投资、固定资产、无形资产及其他资产等。其中，流动资产内部各个项目也是按照流动性的大小来进行排列。

(3) 右侧负债和所有者权益两项按照权益的顺序进行排列。负债是第一顺序的权益，具有优先清偿的特征，所以列于所有者权益之前；而所有者权益在企业正常生产经营情况下无须清偿，属于剩余权益，列于负债之后。

(4) 右侧负债内部各个项目按照每个项目偿债的紧迫性而依次排列，由近至远，偿还期越近的项目越往前排列；反之，越往后排列。依此顺序，先是流动负债，后为长期负债。

(5) 所有者权益内部各个项目按照各项目的稳定程度而依次排列。稳定性程度越强的项目越往前排列；反之，越往后排列。例如，实收资本（股本）、资本公积、盈余公积、未分配利润。

我国资产负债表这种结构的设计，充分反映了企业生产经营和财务状况的基本情况。

三、资产负债表的格式

企业的资产负债表一般采用账户式结构。账户式资产负债表分左右两方，左方为资产项目，大体按资产的流动性大小排列，流动性强的资产如“货币资金”“交易性金融资产”等排在前面，流动性弱的资产如“长期股权投资”“固定资产”等排在后面。右方为负债及所有者权益项目，一般按要求清偿时间的先后顺序排列，“短期借款”“应付票据”“应付账款”等需要在一年以内或者长于一年的一个正常营业周期内偿还的流动负债排在前面，“长期借款”等在一年以上才需偿还的非流动负债排在中间，在企业清算之前不需要偿还的所有者权益项目排在后面。

账户式资产负债表中的资产各项目的合计等于负债和所有者权益各项目的合计，即资产负债表左方和右方平衡。通过账户式资产负债表，可以反映资产、负债、所有者权益之间的内在关系，即“资产 = 负债 + 所有者权益”。

四、资产负债表编制原理

资产负债表的编制原理是“资产 = 负债 + 所有者权益”会计恒等式。它既是一张平衡报表，反映资产总计（左方）与负债及所有者权益总计（右方）相等；又是一张静态报表，反映企业在某一时点的财务状况，如月末或年末。通过在资产负债表上设立“年初数”和“期末数”栏，也能反映出企业财务状况的变动情况。

资产负债表的编制，最根本的目标就是应如实反映企业在资产负债表日所拥有的资源、所承担的负债以及所有者所拥有的权益。因此，资产负债表应当按照资产、负债和所有者权益三大类别分类编制。

资产和负债应当按照流动性分别分为流动资产和非流动资产、流动负债和非流动负债列示。流动性，通常按资产的变现或耗用时间长短或者负债的偿还时间长短来确定。按照财务报表列报准则的规定，应先列报流动性强的资产或负债，再列报流动性弱的资产或负债。

五、编制方法

会计报表的编制，主要是通过对日常会计核算记录的数据加以归集、整理，使之成为有用的财务信息。企业资产负债表各项目数据的来源，主要通过以下几种方式取得。

（1）根据总账科目余额直接填列。资产负债表大部分项目的填列都是根据有关总账账户的余额直接填列，如“应收票据”项目，根据“应收票据”总账科目的期末余额直接填列；“短期借款”项目，根据“短期借款”总账科目的期末余额直接填列。“交易性金融资产”“工程物资”“递延所得税资产”“短期借款”“交易性金融负债”“应付票据”“应付职工薪酬”“应缴税费”“递延所得税负债”“预计负债”“实收资本”“资本公积”“盈余公积”等，都在此项之内。

（2）根据总账科目余额计算填列。如“货币资金”项目，根据“库存现金”“银行存款”“其他货币资金”科目的期末余额合计数计算填列。

（3）根据明细科目余额计算填列。如“应收账款”项目，应根据“应收账款”“预收账款”两个科目所属的有关明细科目的期末借方余额扣除计提的减值准备后计算填列；“应付账款”项目，根据“应付账款”“预付账款”科目所属相关明细科目的期末贷方余额计算填列。

（4）根据总账科目和明细科目余额分析计算填列。如“长期借款”项目，根据“长期借款”总账科目期末余额，扣除“长期借款”科目所属明细科目中反映的、将于一年内到期的长期借款部分，分析计算填列。

（5）根据科目余额减去其备抵项目后的净额填列。如“存货”项目，根据“存货”科目的期末余额，减去“存货跌价准备”备抵科目余额后的净额填列；又如，“无形资产”项目，根据“无形资产”科目的期末余额，减去“无形资产减值准备”

与“累计摊销”备抵科目余额后的净额填列。

资产负债表的“年初数”栏内各项数字，根据上年年末资产负债表“期末数”栏内各项数字填列，“期末数”栏内各项数字根据会计期末各总账账户及所属明细账户的余额填列。如果当年度资产负债表规定的各个项目的名称和内容同上年度不相一致，则按编报当年的口径对上年年末资产负债表各项目的名称和数字进行调整，填入本表“年初数”栏内。

六、分析资产负债表的意义

资产负债表必须定期对外公布和报送外部与企业有经济利害关系的各个集团（包括股票持有者，长、短期债权人，政府有关机构）。当资产负债表列有上期期末数时，称为“比较资产负债表”，它通过前后期资产负债的比较，可以反映企业财务变动状况。根据股权有密切联系的几个独立企业的资产负债表汇总编制的资产负债表，称为“合并资产负债表”。它可以综合反映本企业以及与其股权上有联系的企业的全部财务状况。

（1）反映企业资产的构成及其状况，分析企业在某一日期所拥有的经济资源及其分布情况。可以揭示公司的资产及其分布结构。

（2）可以反映企业某一日期的负债总额及其结构，揭示公司的资产来源及其构成。

（3）可以反映企业所有者权益的情况，了解企业现有投资者在企业投资总额中所占的份额。

（4）可据以解释、评价和预测企业的短期偿债能力。

（5）可据以解释、评价和预测企业的长期偿债能力和资本结构。

（6）可据以解释、评价和预测企业的财务弹性。

（7）可据以解释、评价和预测企业的绩效，帮助管理部门做出合理的经营决策。

（8）有助于评价公司的盈利能力。

七、资产负债表分析的局限性

（1）资产负债表的信息包含了许多估计数。例如，坏账准备、固定资产累计折旧和无形资产摊销，分别基于对坏账百分比、固定资产使用年限和无形资产摊销期限等因素的估计。此外，诸如预提修理费用，或有负债等均需估计。估计的数据难免主观，从而影响信息的可靠性。

（2）理解资产负债表的含义必须依靠报表阅读者的判断。资产负债表有助于解释、评价和预测企业的长、短期偿债能力和经营绩效，然而此表本身并不直接披露这些信息，而要靠报表使用者自己加以判断。各家企业所采用的会计政策可能完全不同，所产生的信息当然有所区别，简单地根据报表数据评价和预测偿债能力以及经营绩效，并据以评判优劣，难免有失偏颇。所以，要理解资产负债表的含义并做出正确的评价，并不能仅仅局限于资产负债表信息本身，而要借助其他相关信息。

(3) 资产负债表是以原始成本为报告基础的，它不反映资产、负债和所有者权益的现行市场价值。

因而表中信息虽有客观、可核实之优点，然而，由于通货膨胀的影响，账面上的原始成本与编表日的现时价值已相去甚远。例如，10 年前购入的房屋，价格已涨了好几倍，甚至几十倍，但报表上仍以 10 年前购入的成本扣除累计折旧后的净额呈报，难免不符合实际，削弱对报表使用者的作用。又如账面上已资不抵债的企业，在清算时，有可能不仅债权人能收回全部债权，而且所有者在分配剩余财产时还能有所收获等。此类事例在实际工作中并不少见。

许多会计实务操作培训人员纷纷指出原始成本信息在通货膨胀时期的种种缺陷，提出用重置成本、可变现净值、清算价值等计量属性取代原始成本，或者用一般物价指数调整原始成本会计信息作为原始成本信息的补充，以提高会计信息的决策有用性。

(4) 货币计量是会计的一大特点，会计信息主要是能用货币表述的信息，因此，资产负债表难免遗漏许多无法用货币计量的重要经济资源和义务的信息。

如企业的人力资源（包括人数、知识结构和工作态度），固定资产在全行业的先进程度，企业所承担的社会责任（如退休金和职工家属的医疗费支出）等。诸如此类的信息对决策均具有影响力，然而因无法数量化，或至少无法用货币计量，现行实务并不将其作为资产和负债纳入资产负债表。

八、资产负债表的基本内容

（一）资产负债表主表（如表 3-1 所示）

表 3-1　　资产负债表的基本内容

资产	期末数	年初数	负债和所有者权益	期末数	年初数
流动资产：			流动负债：		
货币资金			短期借款		
交易性金融资产			应付票据		
应收票据			应付账款		
应收账款			预收款项		

续 表

资产	期末数	年初数	负债和所有者权益	期末数	年初数
其他应收款			应付职工薪酬		
存货			应交税金		
流动资产合计			流动负债合计		
非流动资产：			非流动负债：		
可供出售金融资产			长期借款		
持有至到期投资			应付债券		
长期股权投资			长期应付款		
长期应收款			预计负债		
投资性房地产			非流动负债合计		
固定资产			负债合计		
在建工程			所有者权益：		
无形资产			实收资本（股本）		
开发支出			资本公积		
商誉			盈余公积		
长期待摊费用			未分配利润		
非流动资产合计			所有者权益合计		
资产总计			负债和所有者权益总计		

通过资产负债表中的数据计算可以生成反映企业财务状况的重要指标，这些指标对于了解掌握企业的发展状况具有重要意义，有助于报表使用者做出相关决策。比如，利用流动资产合计和流动负债合计可以计算生成流动比率，利用速动资产与流动负债合计可以计算生成速动比率，利用资产总额和负债总额可以计算生成资产负债率，利用负债总额与所有者权益总额可以计算出产权比率等，反映企业短期和长期偿债能力。再如，资产负债表的期末、期初数据变动可以反映企业财务状况的变动趋势，利用期初、期末固定资产总额可以计算分析企业固定资产投资的扩张程度；利用期初、期末所有者权益总额可以计算分析资本保值增值率等。

（二）资产负债表附表

资产负债表的附表包括资产减值准备明细表、股东权益增减变动表和应缴增值税明细表。对于施工企业，由于其不属于应缴增值税企业范畴，故将应缴增值税明细表省略。

1. 资产减值准备明细表

该表是反映企业各项资产减值准备的增减变动情况的报表。每年年度终了，企业应当对各项资产进行全面检查，并根据谨慎性原则的要求，合理地预计各项资产可能发生的损失，对可能发生的各项资产损失计提减值准备。在资产负债表中，企业的各项资产是以其账面价值列示的，即扣除了减值部分。为了全面反映企业各项资产的减值情况，要求企业编制资产减值准备明细表。

资产减值准备明细表的各项目应根据坏账准备、存货跌价准备、可供出售金融资产减值准备、持有至到期投资减值准备、长期股权投资减值准备、固定资产减值准备、工程物资减值准备、在建工程减值准备、生产性生物资产减值准备、油气资产减值准备、无形资产减值准备、商誉减值准备及其他不属于以上各项资产减值准备等账户的记录分析填列。

资产减值准备明细表主要应结合资产负债表进行阅读，应当关注以下内容。

（1）具体来讲，首先应估算每一资产减值准备的期初、期末余额和相应余额的比重；

（2）其次应结合相应资产的存续时间长短和市场价格变化趋势判断是否提足，从而反映其利润质量；

（3）最后可根据每一资产减值准备的本年增加数、本年转回数判断企业相应资产的价值变化，如本年增加较多，表明资产的价值贬损严重，如本年转回数较多，表明资产的价值有所回升或前期存在秘密准备的情况。

2. 所有者权益（或股东权益）增减变动表

所有者权益（或股东权益）增减变动表是反映企业年末所有者权益（或股东权益）增减变动情况的报表。所有者权益（或股东权益）增减变动表各项目应根据“实收资本（或股本）”“资本公积”“盈余公积”“利润分配”账户的发生额分析填列。所有者权益（或股东权益）增减变动表的格式如表 3－2 所示。

表 3－2　　所有者权益（或股东权益）增减变动表

编制单位：　　　　年度　　　　金额单位：元

项目	本年金额						上年金额					
	实收资本（或股本）	资本公积	减：库存股	盈余公积	未分配利润	所有者权益合计	实收资本（或股本）	资本公积	减：库存股	盈余公积	未分配利润	所有者权益合计
一、上年年末余额												
加：会计政策变更												
前期差错更正												

续 表

项 目	本年金额						上年金额					
	实收资本（或股本）	资本公积	减：库存股	盈余公积	未分配利润	所有者权益合计	实收资本（或股本）	资本公积	减：库存股	盈余公积	未分配利润	所有者权益合计
二、本年年初余额												
三、本年增减变动金额（减少以“-”号填列）												
（一）净利润												
（二）其他综合收益												
上述（一）和（二）小计												
（三）所有者投入和减少资本												
1. 所有者投入资本												
2. 股份支付计入所有者权益的金额												
3. 其他												
（四）利润分配												
1. 提取盈余公积												
2. 对所有者（或股东）的分配												
3. 其他												
（五）所有者权益内部结转												
1. 资本公积转增资本（或股本）												
2. 盈余公积转增资本（或股本）												
3. 盈余公积弥补亏损												
4. 其他												
四、本年年末余额												

阅读所有者权益变动表应当关注以下内容：

（1）通过所有者权益增加变动表可以看出企业资产保值、增值的情况。

（2）如外部增资金额（实收资本或股本）大、比重大，表明企业扩展能力强、未来的投资潜力看好；

（3）如内部增值金额（留存收益）大、比重大，表明企业前期的“造血”机能好、未来的盈利能力也看好。

3. 应缴增值税明细表

该表是反映企业应缴增值税的形成过程及其缴纳情况的报表。适用增值税纳税申报的其他纳税企业，也应编制本表。通过该表可以了解企业期初未抵扣的数额、当期发生的销项税额、当期抵扣情况和未缴增值税数额，它能够为税务机关检查企业纳税情况提供依据。

应缴增值税明细表中，应缴增值税各项目的填列除了年初未抵扣数项目，反映企业年初尚未抵扣的增值税外，其余项目均根据应交税金——应缴增值税明细科目各对应专栏的记录填列。

应缴增值税明细表应结合资产负债表、利润表以及现金流量表进行阅读。应当关注以下内容：

（1）通过销项税款与主营业务收入的关系，可以看出企业向社会提供产品和劳务的类型；

（2）通过出口退税、出口抵减内销产品应纳税额与主营业务收入的关系，可以看出接受企业产品、劳务的顾客群体；

（3）通过减免税款和主营业务收入的关系可以看出企业所处的政策环境；

（4）通过已缴税额和主营业务收入的关系，结合存货的变化，可以判断企业的增值潜力和物资流转情况。

九、资产负债表基本阅读技巧

（一）资产负债表结构（如表3－3所示）

表3－3　　资产负债表的结构情况

资产	负债和所有者权益
流动资产：	流动负债：
非流动资产：	非流动负债：
长期投资	负债合计
固定资产	实收资本/股本
无形资产和其他资产	未分配利润
资产总计	负债和所有者权益总计

（二）资产负债表反映的财务管理内容（如表3-4所示）

表3-4 资产负债表反映的财务管理内容

资产	财务管理	核心
现金	现金流管理	资产管理的核心是通过资产的优化配置提高资产的营运效率
短期投资	证券价值管理	
应收账款	收款质量与客户信用政策管理	
存货	存货数量与周转效率管理	
长期投资	企业对外投资及证券投资	
固定资产	资本性投资管理	
负债及所有者权益	财务管理（融资）	核心
短期借款	银行信用	融资结构与所投资的各类资产之间的现金流规划
应付账款	商业信用	
长期负债	负债融资（资本结构）	
实收资本/股本	权益融资（资本结构	
未分配利润	股利分配（留存收益）	

（三）企业所采用的会计政策

如存在坏账准备，说明应收账款核算使用了备抵法；

如递延税款项目有金额表明企业的所得税会计政策采用的是纳税影响会计法，反之则是应付税款法；

如存在股权投资差额表明企业在“长期股权投资”核算中采用了“权益法”等。

（四）企业采用的组织形式

如“已归还投资”项目有金额表明该企业为中外合资经营企业；

如有“股本”项目表明该企业为股份有限公司，否则为有限责任公司或独资企业；

如存在“业主提款”项目，则表明该企业为独资私人企业。

（五）企业资产总的质量状况

（1）长期待摊费用以及递延税款借项等仅仅属于纯会计意义上的资产，如果所占金额大、比重大表明该企业的资产质量差；

（2）待处理流动资产净损失、待处理固定资产净损失、固定资产清理等项目的金额越大，则资产质量越差；

（3）有问题的资产、有争议的资产金额越大，则资产质量越差；

（4）各种跌价准备、减值准备项目的金额越大，则资产质量越差等。

（六）企业资产的变现能力能力质量

（1）流动资产在资产总额中的比重、速动资产在流动资产中的比重、现金类资产在速动资产中的比重分别反映了企业资产的长期、短期和即期变现能力；

（2）应收账款的账龄情况与回收情况及坏账损失的情况；

（3）存货的库龄及跌价损失的情况；

（4）其他应收款的回收情况等。

（七）企业资产的盈利能力质量

（1）长期投资的回收与投资效益情况；

（2）固定资产的净值、减值情况；

（3）在建工程的周期、减值情况；

（4）无形资产的使用、开发情况等。

（八）企业资产的结构

流动资产与固定资产的关系：流动资产反映了资产的变现能力，固定资产则反映了资产的盈利能力。

流动资产与固定资产是否保持合理的比例。

（九）企业的负债结构

流动负债与长期负债的关系：

（1）流动负债代表了企业短期的还债能力；会占用企业大量的流动资金；长期负债反映了企业长期的财务负担，增加了企业的财务风险。

（2）合理的比例。

（十）企业资产负债表的匹配程度

（1）通过流动资产和流动负债的数量关系可以判断企业资产负债的匹配性。如果流动资产大于流动负债，表明企业有不受流动负债影响的自由流动资金；如果流动资产小于流动负债，表明企业没有自由流动资金，生产经营活动必然受到偿还流动负债的短期压力。

（2）资产与负债的匹配方式：

①流动资产与流动负债的匹配情况；

②长期资产与长期负债的匹配情况。

（十一）企业资本的结构

（1）负债与所有者权益的关系；

（2）寻找最优的资本结构。

（十二）企业所处的市场环境

产品市场：如果应收款项远远大于预收款项表明产品市场是典型的买方市场；如果应收款项远远小于预收款项，表明产品市场是典型的卖方市场。

材料市场：如果应付款项远远大于预付款项，表明材料市场是典型的买方市场；如果应付款项远远小于预付款项，表明产品市场是典型的卖方市场。

（十三）企业资金占用状况

（1）应付账款＋预收账款是“我欠人”的关系；

（2）应收账款＋预付账款是“人欠我”的关系。

（十四）企业发展的稳定状况

总资产增减变动情况；净资产增减变动情况。

未分配利润、盈余公积、资本公积和实收资本是防止企业破产的四道防线，故企业的稳定性主要看所有者权益的具体构成。

第二节　资产负债表质量分析

资产负债表主要提供有关企业财务状况方面的信息，即某一特定日期关于企业资产、负债、所有者权益及其相互关系。资产负债表的作用包括：第一，可以提供某一日期资产的总额及其结构，表明企业拥有或控制的资源及其分布情况，使用者可以一目了然地从资产负债表上了解企业在某一特定日期所拥有的资产总量及其结构；第二，可以提供某一日期的负债总额及其结构，表明企业未来需要用多少资产或劳务清偿债务以及清偿时间；第三，可以反映所有者所拥有的权益，据以判断资本保值、增值的情况以及对负债的保障程度。

资产负债表质量分析就是对企业财务状况的质量进行分析，即指资产负债表上数据反映企业真实财务状况的程度，分析时可按按照资产、负债和所有者权益三大类分析。

本节对乐视网公司资产负债表质量分析使用的分析方法主要使用趋势分析方法。趋势分析是依据企业连续期间的会计报表，以某一年或某一期间的数据为基础，计算每期各项目的变动状况，观察该项目数据的变化趋势，揭示各期企业经济行为的性质和发展方向。

一、资产的质量分析

（一）资产的特征及确认条件

资产负债表中的资产反映由过去的交易、事项形成并由企业在某一特定日期所拥有或控制的、预期会给企业带来经济利益的资源。资产按照流动性分为流动资产和非流动资产。

1. 资产的特征

（1）资产应为企业拥有或者控制的资源。资产作为一项资源，应当由企业拥有或者控制，具体是指企业享有某项资源的所有权，或者虽然不享有某项资源的所有权，但该资源能被企业所控制。

企业享有资产的所有权，通常表明企业能够排他性地从资产中获取经济利益。一般而言，在判断资产是否存在时，所有权是考虑的首要因素。有些情况下，资产虽然不为企业所拥有，即企业并不享有其所有权，但企业控制了这些资产，同样表明企业能够从资产中获取经济利益，符合会计上对资产的定义。例如，某企业以融资租赁方式租入一项固定资产，尽管企业并不拥有其所有权，但是如果租赁合同规定的租赁期相当长，接近于该资产的使用寿命，表明企业控制了该资产的使用及其所能带来的经济利益，应当将其作为企业资产予以确认、计量和报告。

（2）资产预期会给企业带来经济利益。资产预期会给企业带来经济利益，是指资产直接或者间接导致现金和现金等价物流入企业的潜力。这种潜力可以来自企业日常的生产经营活动，也可以是非日常活动；带来经济利益的形式可以是现金或者现金等价物形式，也可以是能转化为现金或者现金等价物的形式，或者是可以减少现金或者现金等价物流出的形式。

资产预期能否会为企业带来经济利益是资产的重要特征。例如，企业采购的原材料、购置的固定资产等可以用于生产经营过程，制造商品或者提供劳务，对外出售后收回货款，货款即为企业所获得的经济利益。如果某一项目预期不能给企业带来经济利益，那么就不能将其确认为企业的资产。前期已经确认为资产的项目，如果不能再为企业带来经济利益，也不能再确认为企业的资产。例如，待处理财产损失以及某些财务挂账等，由于不符合资产定义，均不应当确认为资产。

(3) 资产是由企业过去的交易或者事项形成的。资产应当由企业过去的交易或者事项所形成，过去的交易或者事项包括购买、生产、建造行为或者其他交易或事项。换句话说，只有过去的交易或者事项才能产生资产，企业预期在未来发生的交易或者事项不形成资产。例如，企业有购买某存货的意愿或者计划，但是购买行为尚未发生，就不符合资产的定义，不能因此而确认存货资产。

2. 资产的确认条件

将一项资源确认为资产，需要符合资产的定义，还应同时满足以下两个条件。

(1) 与该资源有关的经济利益很可能流入企业。从资产的定义来看，能否带来经济利益是资产的一个本质特征，但在现实生活中，由于经济环境瞬息万变，与资源有关的经济利益能否流入企业或者能够流入多少实际上带有不确定性。因此，资产的确认还应与经济利益流入的不确定性程度的判断结合起来。如果根据编制财务报表时所取得的证据，与资源有关的经济利益很可能流入企业，那么就应当将其作为资产予以确认；反之，不能确认为资产。

(2) 该资源的成本或者价值能够可靠地计量。财务会计系统是一个确认、计量和报告的系统，其中可计量性是所有会计要素确认的重要前提，资产的确认也是如此。只有当有关资源的成本或者价值能够可靠地计量时，资产才能予以确认。在实务中，企业取得的许多资产都是发生了实际成本的，例如企业购买或者生产的存货，企业购置的厂房或者设备等，对于这些资产，只要实际发生的购买成本或者生产成本能够可靠计量，就视为符合了资产确认的可计量条件。在某些特定情况下，企业取得的资产没有发生实际成本或者发生的实际成本很小，例如企业持有的某些衍生金融工具形成的资产，对于这些资产，尽管它们没有实际成本或者发生的实际成本很小，但是如果其公允价值能够可靠计量的话，也被认为符合了资产可计量性的确认条件。

(二) 资产的具体项目分析

1. 流动资产项目分析

(1) 货币资金。“货币资金”项目：反映企业库存现金、银行结算户存款、外埠存款、银行汇票存款、银行本票存款、信用卡存款、信用证保证金存款等的合计数。该项目应根据“库存现金”“银行存款”“其他货币资金”科目的期末余额合计填列。

企业保持一定货币资金的动机主要有：交易动机、预防动机和投资动机。货币资金是企业流动性最强的资产，但也是企业获利能力最差的资产。其他货币资金越多，说明企业的支付能力和财务适应能力就越强。货币资金过多，会导致企业资金的闲置，影响企业资金的利用效果，反之，持有量太小，可能增加企业流动性风险。因此，企业应根据自身的实际情况确定一个合理的货币资金持有量。企业货币资金持有量的影响因素包括：

①企业规模——规模越大，所需的货币资金数量越大。

②所在行业特性——隶属不同行业的企业，日常的货币资金数额可能有较大的差距。例如，一般零售业与石油产品销售业，在相同的总资产规模条件下，不可能保持相似的货币资金规模。

③企业融资能力——融资能力越强，向金融机构借款也较方便。因此，企业就没有必要持有大量的货币资金。

④企业负债结构——负债中短期债务占较大比重时，就需要保持较高的货币资金数额。

此外，还需关注企业的银行存款和其他货币资金中有些不能随时用于支付的存款，例如，不能随时支取的一年期以上的定期存款、有特定用途的信用证存款、商业汇票存款等，它们必将减弱货币资金的流动性，对此，应关注会计报表附注中的列示说明，以正确评价货币资金的变现能力及其对应的短期偿债能力。

乐视网公司案例

1. 乐视网公司货币资金情况如表3－5所示。

表3－5　　2007—2014年货币资金情况　　单位：万元

项目＼年度	2007	2008	2009	2010	2011	2012	2013	2014
货币资金	165.64	3 906.50	3 356.12	54 335.33	13 339.85	19 352.04	60 821.80	49 985.02
环比增长（%）		2 258.43	－14.09	1 518.99	－75.45	45.07	214.29	－17.82

从表3－5可以看出企业货币资金绝对金额从2007年到2014年总体上有很大幅度增长，但是变动幅度太大，可能的原因是企业在这期间营业收入大幅提高，但是受市场的影响比较大或者应收账款比较多，收现能力相对下降。最近3年，2013年企业货币资金相比2012年有巨大增长，增长幅度达到214.29%，2014年相对2013年货币资金有所减少。

2. 乐视网公司货币资金具体变动情况如表3－6所示。

表3－6 **2013—2014年货币资金具体变动情况** 单位：元

项目 \ 年度	2014	2013	变动幅度（%）
库存现金	1 320 234.22	609 525.87	116.6
银行存款	446 028 361.41	585 108 579.42	－23.77
其他货币资金	52 501 560.66	22 500 000.00	133.34
合计	499 850 156.29	608 218 105.29	－17.82
其中：存放在境外的款项总额	33 548 431.46	640 351.07	5 139.07

其他货币资金系保函保证金和银行承兑汇票保证金，其中48 501 560.66元系保函保证金，4 000 000.00元系银行承兑汇票保证金，除此以外，期末货币资金中无其他因抵押、质押或冻结等对使用有限制、有潜在回收风险的款项。

期末货币资金较期初减少17.82%，主要由于公司经营规模增大，资产投入较大所致。

（2）交易性金融资产。“交易性金融资产”项目：反映企业以公允价值计量且其变动计入当期损益的金融资产，包括交易性金融资产和指定为以公允价值计量且其变动计入当期损益的金融资产。

交易性金融资产持有的目的是为了近期内出售获利，所以交易性金融资产应按照公允价值计价。分析时应关注划分为该类别的资产是否与上述目的相符；关注该资产在分析时的公允价值与报表上的数据是否一致。

（3）应收票据。“应收票据”反映企业期末持有的因销售商品、提供劳务等而收到的、未到收款期也未向银行贴现的应收票据的期末价值，该项目应根据“应收票据”科目的期末余额，减去“坏账准备”科目中有关应收票据计提的坏账准备期末余额后的金额填列。

“应收票据”指企业因销售商品、提供劳务而收到的商业汇票，包括商业承兑汇票和银行承兑汇票。商业汇票是商品经济高度发达的产物，作为一种结算手段和信用工具，其本身亦是一种有价证券。企业如果需要资金，可将持有的商业汇票背书后向银行或其他金融机构办理贴现，取得现金。分析时关注企业持有的票据类型，是商业承兑汇票还是银行承兑汇票，若是后者，则应收票据的质量是可靠的，但如果是商业承兑汇票，应关注企业债务人的信用状况，是否存在到期不能偿付的可能。

需要注意的问题：我国票据法规定，票据贴现具有追索权，即如果票据承兑人到期不能兑付，背书人负有连带的付款责任。因此，对企业而言，已贴现的商业汇票就是一种“或有负债”，应在会计报表附注中列示，若已贴现的应收汇票数额过大，也会对企业的财务状况产生较大影响。对于这种“或有负债”可通过“应收票据备查簿”进行确认和验证。

乐视网公司案例

1. 乐视网公司应收票据情况如表 3－7 所示。

表 3－7　2007—2014 年应收票据情况　单位：万元

项目＼年度	2007	2008	2009	2010	2011	2012	2013	2014
应收票据	0	0	0	0	92.99	486.76	5 436.34	1 133.73
环比增长（%）						423.45	1 016.8	－79.15

从上表可以看出企业应收票据从 2007 年到 2010 年没有，由于公司业务的扩张、销售收入增加，企业开始接受应收票据支付，2013 年企业应收票据相比 2012 年有巨大增长，增长 10 倍多，2014 年相对 2013 年应收票据有较大幅度下降。

2. 乐视网公司应收票据分类情况如表 3－8 所示。

表 3－8　2014 年应收票据具体分类情况　单位：元

项目＼年度	2014	2014 结构比（%）	2013
银行承兑票据	10 837 263.64	95.59	54 363 352.84
商业承兑票据	500 000.00	4.41	
合计	11 337 263.64	100	54 363 352.84

从上表可以看出企业应收票据中银行承兑票据占了绝大多数，由于银行承兑票据是由银行做担保相对商业承兑票据而言收款更有保障，应收票据预计收款质量较高。

3. 乐视网公司已背书或贴现应收票据情况如表 3－9 所示。

表 3－9　期末公司已背书或贴现且在资产负债表日尚未到期的应收票据　单位：元

种类	期末终止确认金额	期末未终止确认金额
银行承兑票据	334 764 181.00	
合计	334 764 181.00	

（4）应收账款及坏账准备。

①应收账款。在资产负债表中，“应收账款”项目反映企业因销售商品、提供劳务等而应向购买单位收取的各种款项，减去已计提的坏账准备后的净额。该项目应根据“应收账款”科目所属各明细科目的期末借方余额合计，减去“坏账准备”科目中有关应收账款计提的坏账准备期末余额后的金额填列。如“应收账款”科目所属明细科目期末有贷方余额，应在资产负债表“预收款项”项目内填列。

应收账款是企业为扩大销售规模而采用的一种赊销方式，应收账款是企业的一项债权，是企业的一项重要的资产。应收账款是一种商业信用。由于应收账款的增加，能够扩大企业的销售，增加企业的盈利，但同时也会增加企业的成本（如坏账成本、收账成本、资金占用成本等）。因此企业应收账款管理的目标，就是要在应收账款信用政策所增加的盈利和这种政策的成本之间作出权衡，以使企业的利润最大化或企业价值最大化。

应收账款是企业资产方一个非常大的风险点，因为只有最终能够转化为现金的应收账款才是有价值的，而那些预期将无法转化为现金的部分就是无价值的。过多的应收账款，一方面，由于对流动资金的大量占用，企业为了克服现金流量不足的压力，不得不增加有息负债的规模，从而使企业负担的财务费用迅速上升；另一方面，其坏账准备的计提将使企业负担的资产减值损失迅速上升，从而给企业业绩造成巨大的压力。因此，迅猛增加的应收账款往往预示着业绩风险。

应收账款的多少，实务中主要是通过比较分析、结构分析、比率分析来判断。

所谓比较分析，就是将应收账款的变化与销售收入的变化加以比较。一般说来，应收账款与销售收入规模存在一定的正相关，当企业放宽信用限制时，往往会刺激销售，但同时也增加了应收账款；而企业紧缩信用，在减少应收账款时又会影响销售。因此，如果应收账款的增长率明显大于销售收入的增长率，则说明应收账款过多。

所谓结构分析，就是将企业的应收账款占总资产的比例（即结构）与同行业其他企业的情况加以比较。一般来说，每一个行业都有其独特的资产结构。如果企业的应收账款占总资产的比例显著超过同行业的一般水平，则往往说明应收账款过多。

所谓比率分析，就是将企业的应收账款周转率与同行业其他企业的情况加以比较。应收账款周转率，是用一段时间内的（信用）销售额，除以同期内流通在外的应收账款平均余额。计算公式为：应收账款周转率 = 销售收入/应收账款平均余额。如果企业的应收账款周转率显著低于同行业的一般水平，则往往说明应收账款过多，周转过慢。

应收账款过多是企业面临的最严重的财务风险之一。

此外，在对应收账款的分析中，除了采用比较分析、结构分析和比率分析来判断应收账款是否过多之外，还应进行账龄分析和对象分析来进一步判断应收账款的风险。

应收账款的账龄，是指资产负债表中的应收账款从销售实现、产生应收账款之日起，至资产负债表日止所经历的时间，即应收账款停留在企业账簿上的时间，账龄越长，发生坏账的可能性就越大。在分析应收账款时，一定要仔细分析会计报表附注，了解应收账款的账龄情况。一般来说，1 年以内的应收账款在企业正常信用期限范围内；1 ~2 年的应收账款虽属逾期，但也属正常；2 ~3 年的应收账款风险较大；而3 年以上的应收账款通常回收的可能性极小。

由于交易对象的信用程度是应收账款风险性的根本来源，因此，在分析应收账款时，在对会计数字层面的趋势变化、结构、比率和账龄了解之后，一定还要仔细分析会计报表附注，了解是谁欠了企业的钱。在对应收账款对象进行分析时需要重点考虑的因素包括：

a. 债务人的区域性。由于区域经济发展水平、法制环境以及特定的经济状况等条件的差异，导致不同地区的企业信用状况会不同。

b. 债务人的财务实力。评价债务人的财务实力，需要了解债务人的财务状况。简单的方法是查阅债务人单位的资本实力和交易记录，用这种方法可以识别出一些皮包公司，或者，根本就是虚构的公司，以发现会计信息的失真之处。

c. 债务人的集中度。如果企业客户集中，由此形成的应收账款可能具有较大的风险。如果企业客户分散、众多，由此形成的应收账款风险小，但管理难度和成本都会增加。

分析应收账款时还要观察坏账计提方法是否在不同期间保持一致，计提比率是否恰当，是否有利用坏账调节利润的行为。

乐视网公司案例

1. 乐视网公司货币资金、应收票据、应收账款对比情况如表 3 – 10 所示。

表 3 – 10　　货币资金、应收票据、应收账款对比情况　　单位：万元

项目＼年度	2007	2008	2009	2010	2011	2012	2013	2014	2014 结构（%）
货币资金	165. 64	3 906. 50	3 356. 12	54 335. 33	13 339. 85	19 352. 04	60 821. 81	49 985. 02	20. 79
应收票据	0	0	0	0	92. 99	486. 76	5 436. 34	1 133. 73	0. 47
应收账款	756. 36	2 545. 20	2 037. 88	6 979. 74	17 732. 40	37 095. 20	95 024. 80	189 261. 00	78. 73
合计	922. 00	6 451. 70	5 394. 00	61 315. 07	31 165. 24	56 934. 00	161 282. 95	240 379. 75	100

总体上看，货币资金、应收票据、应收账款从2007 年到2014 年都在持续增长，货币资金、应收票据、应收账款情况三项总和可以大体看作企业的“收入”，2007 年到

2014 年合计数据增长幅度巨大，说明企业在这几年中得益于国家政策和行业发展公司自身发展非常快。“收入”结构中，应收票据占比很小，应收账款一直比货币资金多，说明企业销售主要以赊销为主，2014 年应收账款的比例高达 78.73%，应收账款占比偏高，公司需要注意应收账款的管理。

2. 乐视网公司应收账款与营业收入对比情况如表 3－11 所示。

表 3－11　　应收账款与营业收入对比情况　　单位：万元

项目＼年度	2007	2008	2009	2010	2011	2012	2013	2014
应收账款	756. 36	2 545. 20	2 037. 88	6 979. 74	17 732. 37	37 095. 18	95 024. 80	189 260. 63
营业收入	3 691. 63	7 360. 71	14 573. 14	23 825. 82	58 956. 00	116 730. 71	236 124. 47	681 893. 86
占比（%）	20. 49	34. 58	13. 98	29. 3	30. 08	31. 78	40. 24	27. 76

总体上看应收账款与营业收入都各自在持续增长，2007—2010 年应收账款与营业收入的占比主要在 30% 以内，2011—2013 年占比都超过 30%，2014 年有所回落，说明企业总体上应收账款增长速度高于营业收入增长速度。应收账款在营业收入的比重偏高，企业要注意收入的收现能力和应收账款的管理。

②坏账准备。

乐视网公司案例

1. 乐视网公司应收账款分类披露情况如表 3－12 所示。

表 3－12　　应收账款分类披露情况　　单位：元

类别	期末余额				
	账面余额		坏账准备		账面价值
	金额	比例（%）	金额	计提比例（%）	
单项金额重大并单独计提坏账准备的应收账款					
按信用风险特征组合计提坏账准备的应收账款	1 978 887 441. 18	100	86 281 098. 13	4. 36	1 892 606 343. 05
组合 1：账龄组合	1 978 887 441. 18	100	86 281 098. 13	4. 36	1 892 606 343. 05
组合 2：其他组合					
单项金额不重大但单独计提坏账准备的应收账款					
合计	1 978 887 441. 18	100	86 281 098. 13	4. 36	1 892 606 343. 05

2. 乐视网公司应收账款按账龄分析法计提坏账准备情况如表 3 – 13 所示。

表 3 – 13　　按账龄分析法计提坏账准备的应收账款　　单位：元

账龄	期末余额		
	应收账款	坏账准备	计提比例（%）
1 年以内	1 719 146 833. 12	51 559 003. 65	3
1 ~ 2 年	207 389 177. 76	20 738 917. 78	10
2 ~ 3 年	48 770 153. 84	12 192 538. 46	25
3 ~ 4 年	2 718 789. 45	1 359 394. 73	50
4 ~ 5 年	862 487. 01	431 243. 51	50
5 年以上	—	—	
合计	1 978 887 441. 18	86 281 098. 13	4. 36

3. 本期计提、收回或转回的坏账准备情况。

本期计提坏账准备金额 47 865 195. 67 元；本期无收回或转回的坏账准备。

4. 按欠款方归集的期末余额前五名的应收账款情况。

本报告期按欠款方归集的期末余额前五名应收账款汇总金额 459 859 289. 35 元，占应收账款期末余额合计数的比例 23. 24%，相应计提的坏账准备期末余额汇总金额 13 933 042. 94元。

（5）预付账款。预付账款项目反映期末持有的按照购货合同规定预付给供应单位的款项。如“预付账款”科目所属有关明细科目期末贷方余额，应在本表的“应付账款”项目内反映；如“应付账款”科目所属明细科目有借方余额的，也应包括在本项目内。

预付账款的存在对企业来说通常是不利的：一方面，这项资金被对方无偿占用，从资产的流动性来看，由于款项已经支付，除一些特殊情况外（如预收货款的企业未能按约定提供产品、预付保险单被提前注销等），在未来不会导致现金流入，即在这种债权收回时，流入的不是货币资金，而是存货，因此，该项目的变现性极差；另一方面，预付账款偏大通常说明企业购买的材料或产品处于供不应求，可能会面临提价，导致企业存在较大的压力。

一般来说，正常的预付账款的期限都应当在 3 个月以内。超过 3 个月对方仍未发货的话，预付账款的回收将存在一定的风险。如果预付账款的账龄超过一年，一般都属于非正常购货业务，应给予必要的关注。

乐视网公司案例

1. 乐视网公司预付账款情况如表 3－14 所示。

表 3－14　　2007—2014 年付账款情况　　单位：万元

项目＼年度	2007	2008	2009	2010	2011	2012	2013	2014
预付账款	60. 27	1 138. 66	940. 26	5 421. 18	30 143. 43	24 677. 47	4 661. 33	29 871. 83
环比增长（%）		1 789. 26	－17. 42	476. 56	456. 03	－18. 13	－81. 11	540. 84

上表的数据说明，乐视网的预付账款总体呈增长趋势，2007 年 60. 27 万元，2008 年却突然增加到 1 138. 66 万元，2013 年为 4 661. 33 万元，2014 年猛增至 29 871. 83 万元，企业预付账款不稳定，变动幅度较大，可能的原因是该企业对原材料的需求不稳定。

2. 乐视网公司预付款项按账龄列示如表 3－15 所示。

表 3－15　　2014 年预付款项按账龄列示情况　　单位：元

账龄	期末余额		期初余额	
	金额	比例（%）	金额	比例（%）
1 年以内	282 868 786. 54	94. 7	36 357 741. 35	78
1～2 年	12 346 139. 91	4. 13	9 567 246. 07	20. 52
2～3 年	2 845 996. 07	0. 95	88 350. 00	0. 19
3 年以上	657 350. 00	0. 22	600 000. 00	1. 29
合计	298 718 272. 52	100	46 613 337. 42	100

1 年以内预付款项占总预付款项绝大多数，说明企业对原材料或者所需物资能及时购买、到货。

3. 预付款项期末余额前五名单位情况。

期末余额前五名预付账款总计 72 483 158. 48 元，占预付账款期末余额 24. 26%。

前五名预付账款占总预付账款比重不是太高，说明企业购买原材料或者所需物资相对容易，企业的供货商集中度不高。

4. 乐视网公司预付账款、应付账款对比情况如表3－16所示。

表3－16　乐视网2007—2014年预付账款、应付账款对比情况　单位：万元

项目＼年度	2007	2008	2009	2010	2011	2012	2013	2014
①预付账款	60.27	1 138.66	940.26	5 421.18	30 143.43	24 677.47	27 074.29	29 871.83
②应付账款	122.13	34.43	473.12	1 510.17	23 710.90	32 745.20	78 218.30	160 529.00
①/②	0.493 5	33.072	1.987 4	3.589 8	1.271 3	0.753 6	0.346 1	0.186 1
②/①	2.026 4	0.030 2	0.503 2	0.278 6	0.786 6	1.326 9	2.889 0	5.373 90

5. 乐视网公司预付账款、应付账款对比情况如图3－1所示。

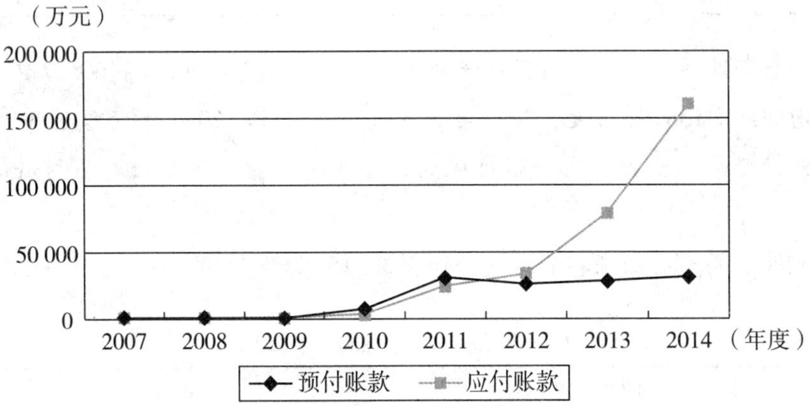

图3－1　乐视网2007—2014年预付账款、应付账款对比

预付账款与应付账款相比，如果前者远远小于后者，则企业在原材料竞争市场占有优势，相反则企业在原材料市场不占优势。

从2010年开始，企业涉足产出电视和微电影，由于版权争夺方面市场竞争激烈，企业议价能力较弱，导致当年企业预付账款的爆发式增长高达5 421.18万元远远高于2009年940.26万元。

总体看2008年到2011年预付账款每年都大于应付账款，说明企业在原材料市场不占优势，2012年至2014年，应付账款大于预付账款，而且差距愈来愈大，说明企业在原材料市场越来越占有优势。

（6）其他应收款。其他应收款项目反映企业除应收票据、应收账款和预付账款外的其他应收、暂付的款项，是企业主营业务以外的债权。其他应收款的期末余额，应当以扣减提取的坏账准备后的净额填列。其他应收款包括企业应收的各种赔款、存出保证金、备用金以及应向职工收取的各种垫付款项。一般的，如果企业生产经营活动

正常，其他应收款数额不应过大。

需要注意的问题：其他应收款既为“其他”，则与主营业务产生的债权比较其数额不应过大。如果数额不正常，可能存在关联方交易的情况（例如，拆借给母公司的资金等）。此外，其他应收款也有可能隐含企业的违规行为，如非法拆借资金、给个人的销售回扣、抽逃注册资金等，因而应警惕企业将该项目作为调整企业成本费用和利润的调节器。报告关联方其他应收款占比重较大的公司。

乐视网公司案例

1. 乐视网公司其他应收款、应付账款对比情况如表 3－17 所示。

表 3－17　　2007—2014 年其他应收款、应收账款对比情况　　单位：万元

年度 项目	2007	2008	2009	2010	2011	2012	2013	2014
其他应收款	105.58	914.94	216.14	264.83	535.73	925.41	3 314.85	7 583.94
应收账款	756.36	2 545.20	2 037.88	6 979.74	17 732.40	37 095.20	95 024.80	189 261.00
占比（%）	13.96	35.95	10.61	3.79	3.02	2.49	3.49	4.01

2007 年到 2014 年，其他应收款绝对金额一直增加，但与应收账款相比，比重越来越小，说明企业专注主营业务，企业其他应收账款总体问题不大。

2. 乐视网公司其他应收款分类情况如表 3－18 所示。

表 3－18　　2014 年其他应收款分类情况　　单位：元

类别	期末余额				
	账面余额		坏账准备		账面价值
	金额	比例（%）	金额	计提比例（%）	
单项金额重大并单独计提坏账准备的应收账款					
按信用风险特征组合计提坏账准备的应收账款	77 122 913.09	99.97	1 283 526.40	1.66	75 839 386.69
组合 1：账龄组合	13 975 293.48	18.12	1 283 526.40	9.18	12 691 767.08
组合 2：其他组合	63 147 619.61	81.85			63 147 619.61
单项金额不重大但单独计提坏账准备的应收账款	19 500.00	0.03	19 500.00	100	0
合计	77 142 413.09	100	1 303 026.40	1.69	75 839 386.69

坏账准备计提比例1.69%，说明其他应收账款回收概率较大，预期回收质量较高。

乐视网公司其他应收款按账龄分析法计提坏账准备情况如表3-19所示。

表3-19　按账龄分析法计提坏账准备的其他应收款情况　单位：元

账龄	期末余额		
	其他应收款	坏账准备	计提比例（%）
1年以内	4 342 208.74	130 266.26	3
1~2年	8 651 228.93	865 122.89	10
2~3年	811 162.61	202 790.65	25
3~4年	170 693.20	85 346.60	50
4~5年			
5年以上			
合计	13 975 293.48	1 283 526.40	9.18

乐视网公司其他应收款按其他方法计提坏账准备情况如表3-20所示。

表3-20　按其他方法计提坏账准备的其他应收款情况　单位：元

类别	期末余额		
	其他应收款	坏账准备	计提比例（%）
备用金及借款	32 996 251.81		
第三方支付平台	16 644 080.75		
股权激励	13 507 287.05		
合计	63 147 619.61		

3. 乐视网公司2014年计提、收回或转回的坏账准备情况。

本期计提坏账准备金额419 308.86元；本期无收回或转回的坏账准备。

4. 乐视网公司其他应收款按款项性质分类情况如表3-21所示。

表3-21　其他应收款按款项性质分类情况　单位：元

款项性质	期末账面余额	期初账面余额
往来款	27 502 080.53	14 065 087.89
备用金及借款	32 996 251.81	3 201 196.38
第三方账户	16 644 080.75	16 764 018.90
合计	77 142 413.09	34 030 303.17

5. 乐视网公司按欠款方归集的期末余额前五名的其他应收款情况如表3-22所示。

表3-22　　2014年欠款方前五名的其他应收款情况　　单位：元

单位名称	款项的性质	期末余额	账龄	占其他应收款期末余额合计数的比例（%）	坏账准备期末余额
第三方支付平台	往来款	16 644 080.75	1年以内	21.58	
股权激励	税款	13 507 287.05	1年以内	17.51	
浙江百诚网络科技发展有限公司	往来款	2 540 677.00	1年以内	3.29	
刘凯	备用金	1 518 312.22	1年以内	1.97	
宋陶	备用金	1 466 445.00	1年以内	1.9	
合计		35 676 802.02		46.25	

（7）存货。存货是指企业在日常活动中持有以备出售的产成品或商品、处在生产过程中的在产品、在生产过程或提供劳务过程中耗用的材料、物料等。“存货”项目反映企业期末在库、在途和在加工中的各项存货的可变现净值，包括各种材料、商品、在产品等。该项目应根据“材料采购”“在途物资”“原材料”“库存商品”“发出商品”“委托加工物资”“生产成本”等科目的期末余额合计，减去“存货跌价准备”科目期末余额后的金额填列。

存货区别于固定资产等非流动资产的最基本的特征是，企业持有存货的最终的目的是为了出售。企业保持适当的存货有利于保证原材料的供应以及满足销售。企业取得存货应按成本计量；发出存货应采用先进先出法、加权平均法或者个别计价法确定其成本，新准则规定不得采用后进先出法确定发出存货的成本；期末，存货应按成本与可变现净值孰低计量，存货成本低于其可变现净值的，应按成本计量；存货成本高于其可变现净值的，应按可变现净值计量，成本高于可变现净值的差额应确认为存货跌价损失。

通常表明存货的可变现净值低于成本的情况：

①该存货的市场价格持续下跌，并且在可预见的未来无回升的希望。

②企业使用该项原材料生产的产品的成本大于产品的销售价格。

③企业因产品更新换代，原有库存原材料已不适应新产品的需要，而该原材料的市场价格又低于其账面成本。

④因企业所提供的商品或劳务过时或消费者偏好改变而使市场的需求发生变化，导致市场价格逐渐下跌。

⑤其他足以证明该项存货实质上已经发生减值的情形。

存货存在下列情形之一的，通常表明存货的可变现净值为零。

①已霉烂变质的存货。

②已过期且无转让价值的存货。

③生产中已不再需要，并且已无使用价值和转让价值的存货。

④其他足以证明已无使用价值和转让价值的存货。

存货是企业一项非常重要的经济资源，通常占总资产的相当比重。存货过多，往往意味着存在商品积压，影响企业资金的周转，是企业面临的最严重的财务风险之一。过多的存货，一方面由于对流动资金的大量占用，企业为了克服现金流量不足的压力，不得不增加有息负债的规模，从而使企业负担的财务费用迅速上升；另一方面其跌价准备的计提将使企业负担的资产减值损失迅速上升，从而给企业业绩造成巨大的压力。因此，迅猛增加的存货往往预示着业绩风险。

对存货是否过多，实务中主要是通过比较分析、结构分析、比率分析来判断。

所谓比较分析，就是将存货的变化与营业收入的变化加以比较。一般来说，存货与营业收入规模存在一定的正相关。正常情况下，企业的营业收入规模越大，存货的规模越大；企业的营业收入规模越小，存货规模越小。因此，如果存货的增长率明显大于营业收入的增长率，则说明存货过多。

所谓结构分析，就是将企业的存货占总资产的比例（即结构）与同行业其他企业的情况加以比较。一般来说，每一个行业都有其独特的存货结构。如果企业的存货占总资产的比例显著超过同行业的一般水平，则往往说明存货过多。

乐视网公司案例

1. 乐视网公司存货情况如表 3－23 所示。

表 3－23　　2007—2014 年存货数据　　单位：万元

项目＼年度	2007	2008	2009	2010	2011	2012	2013	2014
存货	44.29	43.04	119.29	365.21	528.87	2 666.04	14 662.62	73 352.70
环比增长（%）		－2.82	177.16	206.15	44.81	404.10	449.98	400.27

而针对互联网行业来说，企业应该没有多少存货。但是乐视网并不是单纯的互联网行业，因为企业在2010 年开始进行产业调整，涉足电视生产与销售，2012 年到 2014 年企业存货大幅增加。

2. 存货分类。乐视网公司存货分类情况如表 3 – 24 所示。

表 3 – 24　　2007—2014 年存货数据　　单位：元

项目	账面余额	期末余额	账面价值
		跌价准备	
库存商品	409 404 042.71	4 850 053.09	404 553 989.62
原材料	128 946 910.23		128 946 910.23
委托代销商品	43 919 487.81		43 919 487.81
在产品	156 106 591.03		156 106 591.03
合计	738 377 031.78	4 850 053.09	733 526 978.69

3. 存货跌价准备。乐视网公司存货存货跌价准备情况如表 3 – 25 所示。

表 3 – 25　　2007—2014 年存货存货跌价准备情况　　单位：元

项目	期初余额	本期增加金额	本期减少金额	期末余额
		计提	转回或转销	
库存商品	3 197 169.89	4 850 053.09	3 197 169.89	4 850 053.09
原材料				
委托代销商品				
在产品				
合计	3 197 169.89	4 850 053.09	3 197 169.89	4 850 053.09

（8）其他流动资产。其他流动产项目反映企业不是很常用但也有涉及的资产，其流动性符合流动资产的定义。企业在正常活动经营下，其他流动资产的数额应该不是很大。

乐视网公司案例

乐视网公司其他流动资产情况如表 3 – 26 所示。

表 3 – 26　　2007—2014 年其他流动资产情况　　单位：万元

年度 项目	2007	2008	2009	2010	2011	2012	2013	2014
其他流动资产	0	0	0	0	4000.00	3937.72	2300.00	7300.00

2007—2010 年，乐视网没有其他流动资产，2013 年，企业的其他流动资产主要是

合作拍摄影视作品款项 2 300 万元，在 2014 年增加 5 000 万元是该公司购买了银行理财产品款项。

2. 非流动资产项目分析

（1）可供出售金融资产。可供出售金融资产反映企业持有的可供出售金融资产的价值，包括划分为可供出售的股票投资、债券投资等金融资产。期末数据反映企业可供出售金融资产的公允价值。可供出售金融资产的分析重点关注会计处理的准确性。

乐视网公司案例

1. 乐视网公司可供出售金融资产情况如表 3－27 所示。

表 3－27　　2007—2014 年可供出售金融资产　　单位：万元

项目＼年度	2007	2008	2009	2010	2011	2012	2013	2014
可供出售金融资产	0	0	0	0	0	0	2 000. 00	2 000. 00
环比增长（%）								0

2012 年以前乐视网并没有可供出售金融资产，2013 年公司持有按成本计量的被投资单位浙江强视传媒股份有限公司可供出售金融资产 2 000 万元，在被投资单位持股比例为 5. 26%。2014 年该项目保持不变。

2. 乐视网公司 2014 年可供出售金融资产情况如表 3－28 所示。

表 3－28　　2014 年可供出售金融资产情况　　单位：元

项目	期末余额			期初余额		
	账面余额	减值准备	账面价值	账面余额	减值准备	账面价值
可供出售权益工具						
按公允价值计量						
按成本计量	20 000 000. 00		20 000 000. 00	20 000 000. 00		20 000 000. 00
合计	20 000 000. 00		20 000 000. 00	20 000 000. 00		20 000 000. 00

（2）长期股权投资。长期股权投资项目反映企业期末持有的采用成本法和权益法核算的长期股权投资的实际价值。本项目应根据“长期股权投资”科目的期末余额扣减“长期股权投资减值准备”科目的期末余额填列。长期股权投资包括以下几个方面：

一是投资企业能够对被投资单位实施控制的权益性投资，即对子公司投资。

二是投资企业与其他合营方一同对被投资单位实施共同控制的权益性投资，即对合营企业投资。共同控制是指，按照合同约定对某项经济活动共有的控制。

三是投资企业对被投资单位具有重大影响的权益性投资，即对联营企业投资。

四是投资企业持有的对被投资单位不具有控制、共同控制或重大影响，并且在活跃市场中没有报价、公允价值不能可靠计量的权益性投资。

企业进行长期股权投资的目的在于保持被投资企业的控制权；通过多元化经营降低经营风险，稳定经营收益；或是为将来某些特定目的积累资金。任何投资活动必然含有风险，虽然投资者都有追求高收益的倾向，但同时又一般都希望避免风险，特别是一个理性的投资者。因此企业在进行投资活动时，不会只考虑收益率的高低，而会在考虑投资活动的期望收益的同时，还考虑其所含有的风险。风险与收益之间存在一定的关系。

风险和收益的基本关系是风险越大要求的收益率越高。各投资项目的风险大小是不同的，在投资收益率相同的情况下，人们都会选择风险小的投资，结果竞争使其风险增加，收益率下降。最终，高风险的项目必须有高收益，否则就没有人投资；低收益的项目必须风险很低，否则也没有人投资。风险和收益的这种联系，是市场竞争的结果。因此，理性的企业在投资上，必须在风险与收益之间进行权衡。

长期股权投资，包括股票投资和其他股权投资。对此分析应重点关注：

①应将长期股权投资与期末利润表中的“投资收益”的数额配比。长期股权投资是一种经济行为，期末应当获得投资收益。但有时企业为了全局战略计划，也可能连续几个会计期间的投资收益为负数，即被投资企业连续亏损。例如，某铜厂为了保障本企业生产原料的稳定供应，可以采取购买某矿山的绝对股份，即使矿山亏损，也要控制该矿山的经营不会转向（例如，改行经营旅游业）。

②关注长期股权投资核算方法的选择。长期股权投资的核算方法有权益法与成本法。《企业会计制度》规定，投资企业的对外投资占被投资企业 20% 以上的采用权益法；反之，采用成本法。采用权益法核算，投资企业的“长期股权投资”账面价值随被投资企业当期发生盈利或亏损上下浮动；而采用成本法，投资企业的“长期股权投资”账面价值不随被投资企业当期发生盈利或亏损上下浮动。个别企业正是利用成本法核算的这个“空间”，选择其他股权投资来转移企业的资产或将经营失误在此长期挂账。

③长期股权投资的减值准备。按照现行会计准则的规定，企业长期股权投资成本低于可收回金额的部分，应提取长期投资减值准备。因此，需要关注会计报表附注，了解计提长期投资减值准备的会计政策。

高质量的长期股权投资，应该表现为：①投资的结构与方向体现或者增强企业的核心竞争力，并与企业的战略发展相符；②投资收益的确认导致适量的现金流入量；③投资收益与企业所承担的风险相符；④外部投资环境有利于企业的整体发展。

乐视网公司案例

1. 乐视网公司2007—2014年长期股权投资绝对额情况如表3－29所示。

表3－29　　2007—2014年长期股权投资绝对额　　单位：万元

项目＼年度	2007	2008	2009	2010	2011	2012	2013	2014
长期股权投资	0	0	0	0	2 000.00	2 000.00	31.87	0
环比增长（%）						0	－98.41	－100

从上表可以看出，2007年到2010年，乐视网没有长期股权投资，2011年长期股权投资金额为2 000万元，2013年收回该投资，并对北京易联伟达科技有限公司投资318 733.87元，2014年企业收回对北京易联伟达科技有限公司的投资。

2. 乐视网公司2014年长期股权投资情况如表3－30所示。

表3－30　　2014年长期股权投资情况　　单位：万元

被投资单位	期初余额	本期增减变动			期末余额
		追加投资	减少投资	权益法下确认的投资损益	
联营企业					
北京易联伟达科技有限公司	318 733.87		238 038.46	－80 695.41	
合计	318 733.87		238 038.46	－80 695.41	

2014年企业收回对北京易联伟达科技有限公司的投资238 038.46元，亏损80 695.41元，亏损幅度25.32%，由于投资总额不大，对当前利润影响也有限。

（3）固定资产、在建工程。固定资产是指为生产商品提供劳务、出租或经营管理而持有的，使用寿命超过一个会计年度的有形资产。“固定资产”项目反映企业期末持有的固定资产的实际价值。该项目应根据“固定资产”科目的期末余额，减去“累计折旧”和“固定资产减值准备”科目期末余额后的金额填列。

与固定资产相关的项目有“在建工程”“工程物资”“固定资产清理”等项目，这些项目反映企业持有的相应资产的期末价值。这些项目应分别根据“在建工程”“工程物资”“固定资产清理”科目的期末余额填列。其中，固定资产清理发生的净损失，以“-”号填列。

固定资产是企业赖以生存的物质基础，是企业产生效益的源泉，关系到企业的运营与发展。企业科学管理和正确核算固定资产，有利于促进企业正确评估固定资产的整体情况，提高资产使用效率，降低生产成本，保护固定资产的安全完整，实现资产的保值增值，增强企业的综合竞争实力。固定资产具有以下三个特征：第一，固定资产是为生产商品、提供劳务、出租或经营管理而持有；第二，固定资产使用寿命超过一个会计年度；第三，固定资产为有形资产。

固定资产来源主要有外购和自行建造两类：①企业外购固定资产的成本，包括购买价款、相关税费 、使固定资产达到预定可使用状态前所发生的可归属于该项资产的运输费、装卸费、安装费和专业人员服务费等。外购固定资产是否达到预定可使用状态，需要根据具体情况进行分析判断；②企业自行建造固定资产的成本，由建造该项资产达到预定可使用状态前所发生的必要支出构成。包括工程用物资成本、人工成本、交纳的相关税费、应予资本化的借款费用以及应分摊的间接费用等。

固定资产投资可行性分析可采用投资项目评估分析方法。投资项目评估选择方法主要是折现现金流量法。根据折现现金流量法的基本思想，某一投资项目的价值等于其净现值，而一个投资项目的净现值（Net Present Value，NPV）是项目的净现金流量的现值与初始现金流出量之差。用公式表示为：

$$\text{项目价值} = NPV = \sum_{t=1}^{n} \frac{CF_t}{(1+k)^t} - ICO$$

NPV 应用于拒绝—接受决策时的决策标准为：如果净现值大于 0，则接受该项目；如果净现值小于 0，则拒绝该项目。NPV 应用于排序决策时的决策标准为：净现值大的项目优于净现值小的项目。

企业的固定资产是企业从事长期发展的物质基础，代表着企业的技术装备水平。因此，固定资产的质量评价，主要取决于该资产所能够推动的企业经营活动状况。高质量的固定资产，应当表现为：①技术装备水平较高，其生产能力与存货的市场份额所需要的生产能力相匹配，并能够将符合市场质量需要的产品推向市场，并获得利润；②周转速度适当，资产的闲置率不高；③结构合理，符合行业特征。

判断技术装备水平高低的财务指标主要是固定资产综合成新率。固定资产的综合成新率 =（固定资产原值 - 累计折旧）/固定资产原值。一般情况下，设备、厂房越新，技术装备水平越高；设备、厂房越旧，技术装备水平越低。因此，如果企业的综合成新率明显地低于同行业的平均水平，则往往说明企业的技术装备水平相对较低。

判断周转速度快慢的财务指标主要是固定资产周转率。固定资产周转率 = 营业收入/固定资产平均余额。如果企业的固定资产周转率明显地低于同行业的平均水平，则说明固定资产的周转速度较慢，资产的闲置率较高。

判断结构是否合理的财务指标主要是固定资产占总资产的比重。固定资产占总资产的比重 = 固定资产/总资产。一般来说，每一个行业的企业都有其独特的固定资产结构。例如金融类企业，盈利模式为吸存放贷，主要的盈利性资产是贷款、债券投资，固定资产是其非生息性资产，所以，对于银行来说，固定资产所占比重应当尽量低；制造业企业的固定资产通常为厂房、机器设备、运输工具等，固定资产是企业的生产设施，但同时企业资产的相当部分也会以存货和应收款项的形式存在，因此固定资产所占总资产比重适中；而如果是电力企业，由于其主要盈利资产是电厂机组，固定资产占总资产的比重则非常高。因此，判断固定资产结构是否合理总是将企业的固定资产占总资产的比重与同业的一般水平加以比较。如果企业的固定资产占总资产的比重明显超过同行业的一般水平，则往往说明固定资产过多，企业大量的资金砸在了厂房、设备里。统计数据显示，固定资产占资产总额的比重，商品流通业较低，为 30% 左右，工业较高，为 40% 左右。而饭店服务业为 50% 左右，航天制造业为 60% 左右。

此外，固定资产核算方式的选择对于反映企业的财务状况和经营成果具有直接的影响，因此也是分析者重点关注的领域。我国现行会计准则规定：企业可以采用年限平均法、工作量法、双倍余额递减法和年数总和法计提折旧。同时，采用不同的折旧方法，对企业的利润及纳税会产生影响：采用年限平均法计提折旧，各期的折旧额相等，而采用加速折旧法，在固定资产使用的前期折旧额大，使计入成本费用中的折旧费提高，相应降低了这段时期企业的利润。利润的下降，一方面会影响作为资产所有者应得的收益，另一方面使这一时期的所得税减少，从而推迟了企业应交的所得税。

在资产负债表中，可收回金额的计量结果表明，固定资产的可收回金额低于其账面价值的，应当将固定资产的账面价值减记至可收回金额，减记的金额确认为资产减值损失，计入当期损益，同时计提相应的固定资产减值准备。固定资产减值损失一经确认，在以后会计期间不得转回。因此，分析者必须认真阅读会计报表附注，了解企业折旧的计算方法、可收回金额的确定依据、固定资产减值准备的计提方法以及它们的变化，从而判断企业业绩的变化，究竟是实际经营状况发生的变化，还是固定资产核算方式的变化引起的。

乐视网公司案例

1. 乐视网公司2007—2014年固定资产情况如表3-31所示。

表3-31　　2007—2014年固定资产情况　　单位：万元

年度	2007	2008	2009	2010	2011	2012	2013	2014
固定资产	247.22	1 211.98	8 049.57	14 060	16 559.66	17 868.70	17 945.6	34 301.5
环比增长（%）		390.24	564.17	74.66	17.78	7.91	0.43	91.14
资产总计	6 433.75	14 816.10	23 650.90	103 162.00	177 438.70	290 115.00	502 033.00	885 102.00
占比（%）	3.84	8.18	34.035	13.63	9.33	6.16	3.57	3.88
在建工程	0	0	0	0	0	0	0	0

2. 乐视网公司2007—2014年固定资产变动情况如图3-2所示。

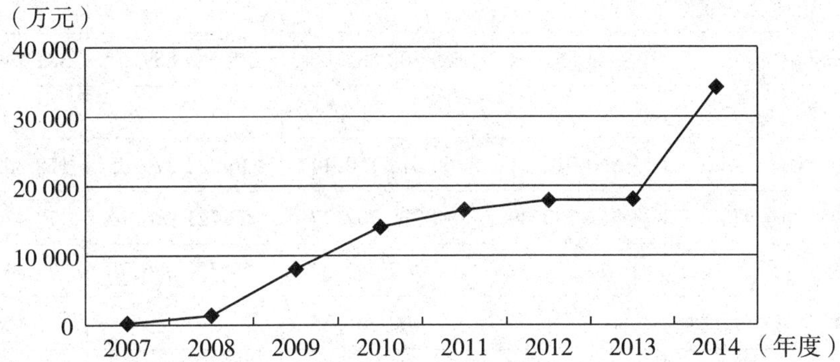

图3-2　乐视网公司2007—2014年固定资产变动

2007年以来，乐视网的固定资产绝对金额一直增加，2010—2013年明显放缓，说明企业可能在转变企业发展战略。

乐视网主要业务是提供网络视频服务、网络终端设备及视频平台增值服务，是典型的互联网企业，对固定资产需求量相对传统行业而言不高，在建工程2007年到2014年一直都是零状态更加证明了这一点。2014年乐视网公司主要固定资产有运输设备、电子设备及其他、融资租赁设备，具体结构如表3-32所示。

3. 乐视网公司2014年固定资产结构情况如表3-32所示。

表3-32　　2014年固定资产结构情况

类别	金额（万元）	比重（%）
运输设备	3 393 545.94	0.99
电子设备及其他	160 998 286.53	46.94
融资租赁设备	178 623 252.63	52.07
合计	343 015 085.10	100

①固定资产明细情况如表3－33所示。

表3－33　　2014年固定资产明细情况　　单位：元

项目	运输设备	电子设备及其他	融资租赁设备	合计
一、账面原值：				
1. 期初余额	10 384 851.04	108 287 783.72	179 087 184.61	297 759 819.37
2. 本期增加金额		250 730 959.29	176 560 544.06	427 291 503.35
（1）购置		250 567 468.04	176 560 544.06	427 128 012.10
（2）企业合并增加		163 491.25		163 491.25
3. 本期减少金额		193 710 111.95	150 096 869.06	343 806 981.01
（1）处置或报废		193 710 111.95	150 096 869.06	343 806 981.01
（2）企业合并减少				
4. 期末余额	10 384 851.04	165 308 631.06	205 550 859.61	381 244 341.71
二、累计折旧				
1. 期初余额	5 569 012.61	66 512 150.14	46 222 379.05	118 303 541.80
2. 本期增加金额	1 422 292.49	18 325 737.17	57 721 996.76	77 470 026.42
（1）计提	1 422 292.49	18 217 155.32	57 721 996.76	77 361 444.57
（2）企业合并增加		108 581.85		108 581.85
3. 本期减少金额		80 527 542.78	77 016 768.83	157 544 311.61
（1）处置或报废		80 527 542.78	77 016 768.83	157 544 311.61
4. 期末余额	6 991 305.10	4 310 344.53	26 927 606.98	38 229 256.61
三、减值准备				
1. 期初余额				
2. 本期增加金额				
（1）计提				
3. 本期减少金额				
（1）处置或报废				
4. 期末余额				
四、账面价值				
1. 期末账面价值	3 393 545.94	160 998 286.53	178 623 252.63	343 015 085.10
2. 期初账面价值	4 815 838.43	41 775 633.58	132 864 805.56	179 456 277.57

②本公司无暂时闲置的固定资产情况。

③通过融资租赁租入的固定资产情况如表 3－34 所示。

表 3－34　　2014 年融资租赁租入的固定资产情况　　单位：元

项目	账面原值	累计折旧	减值准备	账面价值
电子设备	205 550 859.61	26 927 606.98		178 623 252.63
合计	205 550 859.61	26 927 606.98		178 623 252.63

④本公司无通过经营租赁租出的固定资产。

⑤本公司无未办妥产权证书的固定资产。

（4）无形资产。无形资产，是指企业拥有或者控制的没有实物形态的可辨认非货币性资产。本项目根据“无形资产”科目的期末余额，扣减“累计摊销”和“无形资产减值准备”科目的余额后填列。

无形资产主要包括专利权、非专利技术、商标权、著作权、土地使用权、特许权等。商誉的存在无法与企业自身分离，不具有可辨认性，不应确认为无形资产。无形资产的确认条件包括：①与该无形资产有关的经济利益很可能流入企业；②该无形资产的成本能够可靠地计量。

无形资产项目反映企业期末持有的无形资产成本，它不具有实物形态，属于非货币资产，创造经济利益具有高度的不确定性。在分析企业无形资产质量时要注意判断企业无形资产的预计使用寿命期，影响企业无形资产使用寿命的因素有：①技术、工艺等方面的现阶段情况及对未来发展趋势的估计；②以该资产生产的产品或提供服务的市场需求情况；③现在或潜在的竞争者预期采取的行动；对影响企业无形资产的预计使用寿命期可能存在的各种经济因素应做出合理估计，并且应当有明确证据支持。

在分析企业无形资产质量时应注意以下信息：

①无形资产的期初和期末账面余额、累计摊销额及减值准备累计金额。

②使用寿命有限的无形资产，其使用寿命的估计情况；使用寿命不确定的无形资产，其使用寿命不确定的判断依据。

③无形资产的摊销方法。

④用于担保的无形资产账面价值、当期摊销额等情况。

⑤计入当期损益和确认为无形资产的研究开发支出金额。

⑥企业披露当期确认为费用的研究开发支出总额。

企业内部研究开发项目的支出，应当区分研究阶段支出与开发阶段支出：研究是指为获取并理解新的科学或技术知识而进行的独创性的有计划调查；开发是指在进行商业性生产或使用前，将研究成果或其他知识应用于某项计划或设计，以生产出新的或具有实质性改进的材料、装置、产品等。

企业内部研究开发项目研究阶段的支出，应当于发生时计入当期损益。

企业内部研究开发项目开发阶段的支出，同时满足下列条件的，才能确认为无形资产：①完成该无形资产以使其能够使用或出售在技术上具有可行性；②具有完成该无形资产并使用或出售的意图；③无形资产产生经济利益的方式，包括能够证明运用该无形资产生产的产品在市场或无形资产自身存在市场，无形资产将在内部使用的，应当证明其有用性；④有足够的技术、财务资源和其他资源支持，以完成该无形资产的开发，并有能力使用或出售该无形资产；⑤归属于该无形资产开发阶段的支出能够可靠地计量。

无形资产是商品经济高度发达的产物，看似无形，却如同一双看不见的手，给企业的生存和发展带来巨大影响。解读无形资产，首先应对其总额进行数量判断，即将无形资产与资产总额进行比较。随着知识经济和以电子信息技术为代表的高科技行业的迅速崛起，知识产权对高科技企业的发展起到决定性作用，企业的无形资产的比重也必将快速增长。一般而言，无形资产占资产总额的比重，传统行业（如商品流通企业、工业企业）较低，一般在10%以下，而高新技术企业较高，为30%左右，甚至更高；其次，还须对固定资产进行质量判断：

①无形资产的确认。与有形资产相比，无形资产性质特殊，无形资产能够给企业提供未来经济利益的大小具有较大的不确定性。这些无形资产的经济价值在很大程度上受企业外部因素的影响，其预期的获利能力不能准确地加以确定，无形资产的取得成本不能代表其经济价值，一项取得成本很高的无形资产可能给企业带来较小的经济利益，而取得成本较低的无形资产则可能给企业带来较大的利益。

②无形资产的摊销。无形资产摊销需要解决的问题是资产有效经济年限的确定。《企业会计制度》规定对无形资产的有效经济年限通过合同和有关法律来规范。而值得注意的是，“合同规定了受益年限，法律也规定了受益年限的，摊销年限不应超过受益年限和有效年限两者之中的较短者；如果合同没有规定受益年限，法律也没有规定受益年限的，摊销年限不应超过10年”。因此，企业对于无形资产摊销期间的确定，可以有一定选择的空间。由于判断无形资产受益年限的不同而各年的摊销费用也不同，进而会对企业利润及无形资产的摊余价值产生影响。如某企业从外部购买了一项专利权10万元，没有法律和合同规定。企业判断该无形资产收益年限为5~8年。若选定5年，每年摊销费用为2万元；若选定8年，则每年摊销费用为1.25万元。而事实上，企业对受益年限的选择在很大程度上是出于获得财务收益的目的。前种方法选定5年，

使企业利润减少，少缴纳了所得税，有利于企业资本保全。在分析时需要关注会计报表附注，分析企业无形资产的摊销政策，联系现金流量表补充资料中的“无形资产摊销”数额，检验其合理性。

③无形资产的减值准备。无形资产是一种技术性含量很高的特殊资源，它的价值确认存在着高风险。风险是对未来预期结果的不确定性程度，表现为由于高估无形资产背离价值的“泡沫”现象。当今世界新技术层出不穷，伴随新旧技术的更换，原有落伍的无形资产必然引发价值的贬值。对此应于会计期末，分析资产减值准备明细表中无形资产的减值情况。

乐视网公司案例

1. 乐视网公司2007—2014年无形资产情况如表3－35所示。

表3－35　2007—2014年无形资产情况　单位：万元

项目＼年度	2007	2008	2009	2010	2011	2012	2013	2014
无形资产	5 054. 39	5 047. 18	8 850. 30	21 436. 39	88 605. 11	175 111. 60	264 151. 40	333 854. 20
环比增长（%）		－0. 14	75. 35	142. 21	313. 34	97. 63	50. 85	26. 39

从上表可以看出，乐视网的无形资产一直增加，从2007年到2014年增加了328 799. 81万元，且无形资产的增长总体快速，特别是2009—2012年企业无形资产的增长幅度很大，对比同期固定资产增长缓慢情况，说明企业未来可能是以无形资产作为创造财富主要来源的高科技公司。

乐视网公司无形资产主要包括：系统软件、影视版权、非专利技术，其构成如表3－36、表3－37所示。

表3－36　2014年无形资产结构情况　单位：元

类型	金额	比重（%）
系统软件	229 226 861. 36	6. 87
影视版权	2 911 321 166. 30	87. 2
非专利技术	197 993 878. 40	5. 93
合计	3 338 541 906. 06	100

表 3-37　　**2014 年无形资产明细情况**　　单位：元

项目	系统软件	影视版权	非专利技术	合计
一、账面原值				
1. 期初余额	193 331 665.45	3 176 464 551.49	199 459 984.62	3 569 256 201.56
2. 本期增加金额	80 596 427.11	1 461 932 062.87	91 674 376.16	1 634 202 866.14
（1）购置	4 191 335.81	1 461 932 062.87	7 664 498.74	1 473 787 897.42
（2）内部研发	76 405 091.30		84 009 877.42	160 414 968.72
（3）企业合并增加				
3. 本期减少金额		273 453 787.13		273 453 787.13
（1）处置		273 453 787.13		273 453 787.13
4. 期末余额	273 928 092.56	4 364 942 827.23	291 134 360.78	4 930 005 280.57
二、累计摊销				
1. 期初余额	20 613 888.98	836 678 830.38	65 839 898.97	923 132 618.33
2. 本期增加金额	24 087 342.22	999 876 496.11	22 691 257.58	1 046 655 095.91
（1）计提	19 125 560.94	999 876 496.11	20 622 251.06	1 039 624 308.11
（2）内部研发	4 961 781.28		2 069 006.52	7 030 787.80
3. 本期减少金额		383 488 362.69		383 488 362.69
（1）处置		383 488 362.69		383 488 362.69
4. 期末余额	44 701 231.20	1 453 066 963.80	88 531 156.55	1 586 299 351.55
三、减值准备				
1. 期初余额			4 609 325.83	4 609 325.83
2. 本期增加金额		554 697.13		554 697.13
（1）计提		554 697.13		554 697.13
3. 本期减少金额				
（1）处置				
4. 期末余额		554 697.13	4 609 325.83	5 164 022.96
四、账面价值				
1. 期末账面价值	229 226 861.36	2 911 321 166.30	197 993 878.40	3 338 541 906.06
2. 期初账面价值	172 717 776.47	2 339 785 721.11	129 010 759.82	2 641 514 257.40

本期通过公司内部研发形成的无形资产占无形资产价值的比例为 4.80%。

三种无形资产中，影视版权占的比重最大，而且金额很高，因此，需要关注其为企业带来利润的情况。

乐视网公司固定资产、无形资产占非流动资产的比重情况如表3－38所示。

表3－38　　2007—2014年无形资产情况　　单位：万元

年度 项目	2007	2008	2009	2010	2011	2012	2013	2014
固定资产	247.22	1 211.98	8 049.57	14 059.65	16 559.66	17 868.72	17 945.63	34 301.51
无形资产	5 054.39	5 047.18	8 850.30	21 436.39	88 605.11	175 111.55	264 151.43	333 854.19
开发支出	0	0	0	192.27	3 640.44	5 670.52	6 593.16	38 805.60
①无形资产合计	5 054.39	5 047.18	8 850.30	21 628.66	92 245.55	180 782.07	270 744.59	372 659.79
②非流动资产	5 301.61	6 267.77	16 981.25	35 795.81	111 065.48	200 974.33	315 810.75	526 614.48
①/②	0.95	0.81	0.52	0.60	0.83	0.90	0.86	0.71
③总资产	6 433.75	14 816.12	23 650.93	103 162.11	177 438.71	290 114.95	502 032.50	885 102.32
①/③	0.79	0.34	0.37	0.21	0.52	0.62	0.54	0.42

从以上资料可以看出，无形资产占非流动资产比例非常高，而且占总资产的比重也比较大，说明企业是无形资产比重比较大的高科技行业。

2010年无形资产占总资产的比重为21%，2011年，乐视花7.06亿元购置版权使得无形资产合计高达9.22亿元，占总资产的比重达到52%；该年版权分销收入达到3.59亿元，占总收入59.50%，说明企业在无形资产投资上取得了很大成功。

2. 开发支出分析。乐视网公司开发支出变动情况如表3－39所示。

表3－39　　2014年开发支出变动情况　　单位：元

项目数	期初余额	本期增加金额	本期减少金额		期末余额
60个项目		内部开发支出	确认为无形资产	转入当期损益	
合计	65 931 646.89	482 539 370.55	160 414 968.72		388 056 048.72

（1）公司本期研究开发项目占本期研究开发项目支出总额的比例为59.90%。

（2）资本化开始时点、资本化的具体依据。公司研究开发活动分为七个阶段进行项目管理：预研、立项、需求计划、设计、实现、测试、发布结项。研发项目“设计”以及之前的环节，归属研究阶段，发生的研发支出直接费用计入当期损益。“设计”阶段完成，进入“实现”环节，方确认为开发阶段。开发阶段发生的支出，同时满足下列条件时才予以资本化，确认为无形资产，否则计入当期损益：

①完成该无形资产以使其能够使用或出售在技术上具有可行性；

②具有完成该无形资产并使用或出售的意图；

③无形资产产生经济利益方式，包括能够证明运用该无形资产生产的产品存在市场或无形资产自身存在市场；

④有足够的技术、财务资源和其他资源条件支持，以完成该无形资产的开发，并有能力使用或出售该无形资产；

⑤归属于该无形资产开发阶段的支出能够可靠计量。

企业最近几年开发支出非常大，涉及项目60个，说明企业非常注重无形资产的创新。2014年年初投入开发资金高达65 931 646.89元，本年新增482 539 370.55元，共计548 471 017.44元，本年研究成果转化为无形资产160 414 968.72元，占总资金29.25%，说明企业开发项目效果良好，预期未来企业核心竞争力会加强。

（5）商誉。商誉是买方对合并成本大于合并中取得的被购买方可辨认净资产公允价值份额的差额。商誉的存在无法与企业自身分离，不具有可辨认性，企业合并所形成的商誉，至少应当在每年年度终了进行减值测试，商誉项目反映以其成本扣除累计减值准备后的金额。

商誉是企业各种未入账的不可单独确认的无形资源的混合，是一种综合优势。商誉是和企业连为一体不可分的。它不能独立存在，具有附着性特征，与企业的有形资产和环境精密相关。它不能单独转让，出售，也不能以一项独立的资产作为投资。

乐视网公司案例

乐视网公司商誉情况如表3－40所示。

表3－40　2007—2014年商誉情况　单位：万元

项目＼年度	2007	2008	2009	2010	2011	2012	2013	2014
商誉	0	0	0	0	85.49	85.49	0	74 758.53

①商誉账面原值如表3－41所示。

表3－41　2014年商誉账面原值情况　单位：元

被投资单位名称或形成商誉的事项	期初余额	本期增加金额	本期减少金额	期末余额
		企业合并形成的	处置	
东阳市花儿影视文化有限公司		747 585 265.47		747 585 265.47
合计		747 585 265.47		747 585 265.47

②本报告期末，公司对商誉结合与其相关的资产组或者资产组组合进行减值测试，未发生减值，因此未计提减值准备。

在2011年和2012年有商誉数额，其数额是85.49不是很高。由于乐视公司从事于多方面的领域，成效也较好，关注该品牌的网民人数多，人气指数较高，为企业创造了间接性的经济利益。2014年，乐视网收购了东阳市花儿影视有限公司，花儿影视收购时支付的对价和可辨认净值的差额计入了商誉，因此企业合并导致2014年商誉增高到74 758.53万元。分析时要关注东阳市花儿影视文化有限公司对企业利润的贡献。

(6) 长期待摊费用、递延所得税资产。长期待摊费用，是指企业已经支出，其摊销期限在一年以上（不含一年）的各项费用，包括固定资产大修理支出、租入固定资产改良支出以及摊销期限在一年以上的其他待摊费用。

长期待摊费用同固定资产、无形资产相比，有其共性，都是跨越未来若干个会计期间，其价值逐步转销为未来各期的费用。但也有其特性，一般来说，长期待摊费用本身没有交换价值，不可转让。因为它是按照“权责发生制”和“划分收益性支出和资本性支出”核算原则而设立的一项“资产”，实质是费用的资本化，所以，该项目根本没有“变现性”，只是长期待摊费用的人为调控因素更大。若其数额较大，只会降低资产的质量。因此，分析企业资产的质量时必须将其加以剔除，并通过会计报表附注分析长期待摊费用的类别和摊销方法的合理性。

递延所得税资产是确认由可抵扣暂时性差异产生的递延所得税资产。递延税款借项以资产的形式存在于资产负债表上，但要构成现实的经济利益流入，必须要转回，即通过税务抵扣形成税收利益，否则，这部分资产便是虚构的。因此，递延借项能否转回，是风险分析的关键。

长期待摊费用、递延所得税资产在会计理论上是资产，但是由于它们占用了企业的资金，并不能直接产生经济效益，因此，在财务分析中要关注它们的金额大小，一般而言，它们的金额越大，资产质量越差。

乐视网公司案例

1. 乐视网公司长期待摊费用情况如表3－42、表3－43所示。

表3－42　乐视网2007—2014年长期待摊费用情况　单位：万元

项目＼年度	2007	2008	2009	2010	2011	2012	2013	2014
长期待摊费用	0	0	0	0	0	0	0	193.07

说明：乐视网2014年新增长期待摊费用193.07万元为本期经营租入固定资产改良支出余额。

表 3－43　　2014 年长期待摊费用情况　　单位：元

项目	期初余额	本期增加金额	本期摊销金额	期末余额
经营租入固定资产改良支出		2 213 917.52	283 234.52	1 930 683.00
合计		2 213 917.52	283 234.52	1 930 683.00

2. 乐视网公司递延所得税资产情况如表 3－44 至表 3－47 所示。

表 3－44　　2007—2014 年递延所得税资产　　单位：万元

项目＼年度	2007	2008	2009	2010	2011	2012	2013	2014
递延所得税资产	0	8.61	81.39	107.49	174.78	238.05	2 675.70	19 621.86
环比增长（%）			845.3	32.07	62.6	36.2	1 024.01	633.34

2008 年到 2014 年该公司递延所得税资产一直在增加，2013 年、2014 年的增长幅度很大。

表 3－45　　未经抵消的递延所得税资产　　单位：元

项目	期末余额		期初余额	
	可抵扣暂时性差异	递延所得税资产	可抵扣暂时性差异	递延所得税资产
坏账准备	87 566 926.40	14 776 335.61	37 954 892.68	5 958 117.11
存货跌价准备	4 850 053.09	1 212 513.27	3 197 169.89	799 292.47
无形资产减值准备	554 697.13	97 236.66	859 365.83	128 904.87
可弥补亏损	722 231 799.92	180 132 496.65	79 482 604.13	19 870 651.03
合计	815 203 476.54	196 218 582.19	121 494 032.53	26 756 965.48

表 3－46　　2014 年未确认递延所得税资产明细　　单位：元

项目	期末余额	期初余额
可抵扣暂时性差异	17 198.13	5 369.82
可抵扣亏损	429 850 427.68	414 620 839.06
合计	429 867 625.81	414 626 208.88

表 3-47　未确认递延所得税资产的可抵扣亏损将于以下年度到期情况　单位：元

年度	期末余额	期初余额
2014		
2015	428 676.12	428 676.12
2016	397 080 581.78	404 139 083.97
2017	1 394.51	1 394.51
2018	10 051 684.46	10 051 684.46
2019	22 288 090.81	
合计	429 850 427.68	414 620 839.06

二、负债的质量分析

（一）负债的特征及确认条件

负债是指企业过去的交易或者事项形成的，预期会导致经济利益流出企业的现时义务。

1. 负债的特征

（1）负债是企业承担的现时义务。负债必须是企业承担的现时义务，这是负债的一个基本特征。其中，现时义务是指企业在现行条件下已承担的义务。未来发生的交易或者事项形成的义务，不属于现时义务，不应当确认为负债。

这里所指的义务可以是法定义务，也可以是推定义务。其中法定义务是指具有约束力的合同或者法律法规规定的义务，通常必须依法执行。例如，企业购买原材料形成应付账款，企业向银行借入款项形成借款，企业按照税法规定应当交纳的税款等，均属于企业承担的法定义务，需要依法予以偿还。推定义务是指根据企业多年来的习惯做法、公开的承诺或者公开宣布的政策而导致企业将承担的责任，这些责任也使有关各方形成了企业将履行义务解脱责任的合理预期。

（2）负债预期会导致经济利益流出企业。预期会导致经济利益流出企业也是负债的一个本质特征，只有企业在履行义务时会导致经济利益流出企业的，才符合负债的定义，如果不会导致企业经济利益流出，就不符合负债的定义。在履行现时义务清偿负债时，导致经济利益流出企业的形式多种多样，例如用现金偿还或以实物资产形式偿还；以提供劳务形式偿还；以部分转移资产、部分提供劳务形式偿还。

（3）负债是由企业过去的交易或者事项形成的。负债应当由企业过去的交易或者事项所形成。换句话说，只有过去的交易或者事项才形成负债，企业将在未来发生的承诺、签订的合同等交易或者事项，不形成负债。

2. 负债的确认条件

将一项现时义务确认为负债，需要符合负债的定义，还应当同时满足以下两个条件。

（1）与该义务有关的经济利益很可能流出企业。从负债的定义来看，负债预期会导致经济利益流出企业，但是履行义务所需流出的经济利益带有不确定性，尤其是与推定义务相关的经济利益通常需要依赖于大量的估计。因此，负债的确认应当与经济利益流出的不确定性程度的判断结合起来。如果有确凿证据表明，与现时义务有关的经济利益很可能流出企业，就应当将其作为负债予以确认；反之，如果企业承担了现时义务，但是导致经济利益流出企业的可能性若已不复存在，就不符合负债的确认条件，不应将其作为负债予以确认。

（2）未来流出的经济利益的金额能够可靠地计量。负债的确认在考虑经济利益流出企业的同时，对于未来流出的经济利益的金额应当能够可靠计量。对于与法定义务有关的经济利益流出金额，通常可以根据合同或者法律规定的金额予以确定，考虑到经济利益流出的金额通常在未来期间，有时未来期间较长，有关金额的计量需要考虑货币时间价值等因素的影响。对于与推定义务有关的经济利益流出金额，企业应当根据履行相关义务所需支出的最佳估计数进行估计，并综合考虑有关货币时间价值、风险等因素的影响。

3. 负债分析中注意的问题

（1）流动负债与非流动负债的划分。流动负债的判断标准与流动资产的判断标准相类似。负债满足下列条件之一的，应当归类为流动负债：①预计在一个正常营业周期中清偿。②主要为交易目的而持有。③自资产负债表日起一年内到期应予以清偿。④企业无权自主地将清偿推迟至资产负债表日后一年以上。

值得注意的是，有些流动负债，如应付账款、应付职工薪酬等，属于企业正常营业周期中使用的营运资金的一部分。尽管这些经营性项目有时在资产负债表日后超过一年才到期清偿，但是它们仍应划分为流动负债。

（2）资产负债表日后事项对流动负债与非流动负债划分的影响。流动负债与非流动负债的划分是否正确，直接影响到对企业短期和长期偿债能力的判断。如果混淆了负债的类别，将歪曲企业的实际偿债能力，误导报表使用者的决策。对于资产负债表日后事项对流动负债与非流动负债划分的影响，需要特别加以考虑。

（二）负债的具体项目分析

1. 流动负债项目分析

（1）短期借款。“短期借款”项目反映企业向银行或其他金融机构等借入的期限在

1 年以下（含 1 年）的各种借款。该项目应根据“短期借款”科目的期末余额填列。

短期借款往往解决企业短期资金的需要，其数量取决于企业生产经营活动和业务活动对流动资金的需求、现有流动资金的沉淀和资金短缺的情况。企业在生产经营的过程中，保持一定数量的短期借款是必需的，但如果企业短期借款的数量过大，超过企业偿债能力，就会对企业的生存和发展产生不利的影响。

短期借款筹资的优点在于可以随企业的需要安排，便于灵活使用，取得程序较为简便。银行为了防范风险，对发放中长期贷款一般比较谨慎，利率也较高，这种情况下，短期借款就成为很多企业最为重要的财务资源通道。但短期借款最突出的缺点是短期内要归还，于是需要保证资产的流动性，以符合一定的流动比率、速动比率要求。

乐视网公司案例

乐视网公司短期借款情况如表 3－48、表 3－49 所示。

表 3－48　　2007—2014 年短期借款情况　　单位：万元

项目＼年度	2007	2008	2009	2010	2011	2012	2013	2014
短期借款	0	0	4 000. 00	7 000. 00	34 000. 00	50 890. 00	97 000. 00	138 800. 00
环比增长（%）				75	385. 71	49. 68	90. 61	43. 09

2007—2014 年，乐视网的短期借款整体呈上升趋势，绝对金额 2014 年达到 138 800 万元，短期借款的不断增加会加大企业的短期还债压力。因此需要注意企业是否有足够的现金来偿还债务。

表 3－49　　2014 年短期借款分类情况　　单位：元

项目	期末余额	期初余额	变动幅度（%）
抵押借款			
保证借款	1 318 000 000. 00	970 000 000. 00	35. 88
信用借款	70 000 000. 00		
质押借款			
合计	1 388 000 000. 00	970 000 000. 00	43. 09

说明：本期末无已逾期未偿还的短期借款。

（2）应付票据、应付账款。“应付票据”项目反映企业为了抵付货款等而开出、承兑的尚未到期付款的应付票据，包括银行承兑汇票和商业承兑汇票。该项目应根据

“应付票据”科目的期末余额填列。

票据是一种支付手段，反映企业进行延期结算的交易时的债权债务关系，属于商业信用。票据具有很强的法律属性，我国《中华人民共和国票据法》和中国人民银行颁布的《支付结算办法》《支付结算会计核算手续》《票据管理实施办法》《商业汇票承兑、贴现与再贴现管理暂行办法》等法律、规章对票据的开具、承兑、贴现、支付等问题都作出了详细的规定。票据支付在现实经济交易中应用广泛，是企业延期支付的自发性筹资的重要金融工具，但是应付票据的法律性决定了其到期必须归还，否则便要交付罚金，是典型的硬约束负债。

“应付账款”项目反映企业购买原材料、商品和接受劳务供应等而应付给供应单位的款项。该项目应根据“应付账款”科目所属各有关明细科目的期末贷方余额合计填列；如“应付账款”科目所属各明细科目期末有借方余额，应在资产负债表“预付款项”项目内填列。应付账款是一种自然融资行为，在合理的信用期内是无偿使用的，但超过信用期则说明企业的信用较差。在企业产销较为平稳的条件下，企业的应付账款的规模还应该与企业的营业收入保持一定的关系。

通过比较应付票据和应付账款占负债和所有者权益总额的比例，可以判断一个企业在购货环节的市场谈判力。一般来说，应付票据占负债和所有者权益总额的比例较高的企业，其购货环节的市场谈判力相对较低；应付账款占负债和所有者权益总额的比例较高的企业，其购货环节的市场谈判力相对较高。

这就是说，应付账款规模的适当扩大对企业是有好处的。一是与短期借款相比，应付账款是无须支付利息的负债，可以说是成本为零；二是与应付票据相比，应付账款的约束相对较软。然而，应付账款的还款期限一旦被拉长，则往往预示着财务风险。因此，必须防止出现的情况是：应付账款规模不正常增加的同时，应付账款平均付账期也不正常地延长。

乐视网公司案例

1. 乐视网公司应付票据情况如表 3－50、表 3－51 所示。

表 3－50　　2007—2014 年应付票据情况　　单位：万元

项目＼年度	2007	2008	2009	2010	2011	2012	2013	2014
应付票据	0	0	0	0	0	0	2 250.00	2 000.00
环比增长（%）								－11.11

应付票据占应付账款的比重明显很小，因此，应付账款是分析重点。2014 年，乐

视网的应付票据2 000 万元全部为银行承兑汇票。

表 3-51 2014 年应付票据种类 单位：元

种类	期末余额	期初余额
银行承兑汇票	20 000 000.00	22 500 000.00
商业承兑汇票		
合计	20 000 000.00	22 500 000.00

2. 乐视网公司应付票据情况如表 3-52、表 3-53、表 3-54 所示。

表 3-52 2007—2014 年应付账款情况 单位：万元

项目 \ 年度	2007	2008	2009	2010	2011	2012	2013	2014
应付账款	122.13	34.43	473.12	1 510.17	23 710.88	32 745.17	78 218.30	160 529.00
环比增长（%）		-71.81	1 274.15	219.19	1 470.08	38.10	138.87	105.23

由上表可以看出，2007—2014 年的应付账款总体呈上升趋势，2009 年开始应付账款总体上升非常快，可能的原因是随着营业收入的增加，原材料的采购也应该加大。

表 3-53 2014 年应付账款变动情况 单位：元

项目	期末余额	期初余额	变动幅度（%）
应付货款	842 473 525.36	378 717 744.06	122.45
应付版权款	762 816 036.13	403 465 233.54	89.07
合计	1 605 289 561.49	782 182 977.60	105.23

表 3-54 账龄超过 1 年的重要应付账款 单位：元

项目	期末余额	未偿还或结转的原因
欢瑞世纪影视传媒股份有限公司	47 100 000.00	尚未结算
乐视影业（北京）有限公司	26 200 000.00	尚未结算
西安奥金百影视有限公司	15 050 000.00	尚未结算
北京西影汉唐传媒有限公司	12 000 000.00	尚未结算
湖南芒果传媒有限公司	11 400 000.00	尚未结算
上海克顿影视有限责任公司	10 000 000.00	尚未结算
合计	121 750 000.00	

（3）预收款项。“预收款项”项目反映企业按照合同规定或交易双方之约定，而向购买单位或接受劳务单位在未发出商品或者提供劳务时预收的款项。一般包括预售的货款、预收购货定金等。该项目应根据“预收账款”科目所属各有关明细科目的期末贷方余额合计填列。如“预收账款”科目所属有关明细科目有借方余额的，应在资产负债表“应收账款”项目内填列；如“应收账款”科目所属明细科目有贷方余额的，也应包括在“预收款项”项目内。

预收款项，企业在收到这笔钱时，商品或劳务的销售合同尚未履行，在会计上因而不能作为收入入账，只能确认为一项负债。由于企业已经收到现金；预收款项的释放会带来企业收入的增加；本期的预收款项直接对应着以后期间的收入。因此，预收款项占负债和所有者权益总额比例越高的企业，其销售环境越好。

乐视网公司案例

1. 乐视网公司2007—2014年的预收账款情况如表3－55、表3－56、表3－57所示。

表3－55　　2007—2014年的预收账款情况　　单位：万元

年度 项目	2007	2008	2009	2010	2011	2012	2013	2014
预收款项	0.30	0	17.78	209.47	1 518.73	682.84	4 432.77	32 339.56
环比增长（%）		－100		1 078.12	625.03	－55.04	549.17	629.56

由上表可以看出，2007—2014年的预收款项总体在增长，2010年、2014年相对上年大幅度增加，2010年是由于企业转型其后公司业绩提升，2014年公司业务明显增加带来良好预收款项金额。预售款项主要来源于预收货款和预收版权款。

表3－56　　2014年预收款项列示　　单位：元

项目	期末余额	期初余额
预收货款	186 817 357.04	39 730 496.55
预收版权款	136 578 250.00	4 597 250.00
合计	323 395 607.04	44 327 746.55

表3－57　　2014年账龄超过1年的重要预收款项　　单位：元

项目	期末余额	未偿还或结转的原因
上海聚力传媒技术有限公司	3 525 200.00	未到结算期
合计	3 525 200.00	

2. 乐视网公司2007—2014年的应收账款、预收账款对比分析情况如表3－58所示。

表3－58　　2007—2014年的应收账款、预收账款对比分析情况　　单位：万元

报告期/年度	2007	2008	2009	2010	2011	2012	2013	2014
①应收账款	756.36	2 545.20	2 037.88	6 979.74	17 732.37	37 095.18	95 024.80	189 260.60
环比增长（%）		236.51	－19.93	242.5	154.05	109.19	156.16	99.17
②预收账款	0.30	0	17.78	209.47	1 518.73	682.84	4 432.77	32 339.6
环比增长（%）		－100		1 078.12	625.03	－55.04	549.17	629.56
①/②			114.616	33.321	11.675 79	54.324 85	21.436 89	5.852 286

应付账款与预收账款都是流动负债，短期需要清偿的债务，应付账款以货币资金清偿，而预收账款则以存货清偿。两者从2007年到2014年都在增长，最近几年，预收账款增长速度快于应收账款增长速度，但应付账款仍然远远大于预收账款，表明企业产品在激烈竞争。

（4）应缴税费。本科目核算企业按照税法规定计算应缴纳的各种税费，包括增值税、消费税、营业税、所得税、资源税、土地增值税、城市维护建设税、房产税、土地使用税、车船使用税、教育费附加、矿产资源补偿费等。

企业按规定应缴纳的保险保障基金、企业代扣代缴的个人所得税，也通过本科目核算。印花税、耕地占用税等，不在本科目核算。

财务分析时应关注应缴税费的具体内容和税率，同时和营业收入联系在一起分析。一般而言，对同一企业应缴税费的具体内容和税率相对固定，应缴税费越多反映该企业营业收入越多。

乐视网公司案例

乐视网公司2007—2014年的应缴税费情况如表3－59、表3－60所示。

表3－59　　2007—2014应缴税费情况　　单位：万元

项目＼年度	2007	2008	2009	2010	2011	2012	2013	2014
应缴税费	134.78	460.53	430.45	418.01	4 123.06	8 619.57	15 562.44	40 975.76
营业收入	3 691.63	7 360.71	14 573.14	23 825.82	58 956	116 730.71	236 124.47	681 893.86
占比（%）	3.65	6.27	2.96	1.76	7	7.39	6.6	6.01

表 3－60　　2014 年的应缴税费情况　　单位：元

项目	期末余额	期初余额
增值税	155 691 573.10	53 711 923.29
营业税	988 886.39	9 162 675.01
企业所得税	128 337 553.73	73 118 370.54
城市维护建设税	3 987 887.68	964 369.66
教育费附加	718 906.53	583 092.50
代扣代缴个人所得税	80 921 820.09	1 521 658.22
文化事业建设费	38 497 869.24	16 461 037.39
其他	613 134.46	101 318.08
合计	409 757 631.22	155 624 444.69

从表中可以看出，总体而言 2014 年企业的应缴税费 40 975.76 万元，是 2007 年 134.78 万元的 304 倍（40 975.76/134.78＝304），增长幅度大大超过营业收入的增长（681 893.86/3 691.63≈184）。但是应缴税费相对营业收入而言相对较小，大部分期间在 6%～7%，特别是最近三年，应缴税费占应缴税费的比率从 7.39% 持续减少到 6.01%，说明最近三年应缴税费的增长低于企业营业收入的增长，因此该表反映了该企业目前营业收入增长情况良好。

（5）应付利息。本科目核算企业按照合同约定应支付的利息，包括吸收存款、分期付息到期还本的长期借款、企业债券等应支付的利息。本科目期末贷方余额，反映企业按照合同约定应支付但尚未支付的利息。

乐视网公司案例

乐视网公司 2007—2014 年的应付利息情况如表 3－61、表 3－62 所示。

表 3－61　　2007—2014 年应付利息情况　　单位：万元

项目＼年度	2007	2008	2009	2010	2011	2012	2013	2014
应付利息	0	0	0	0	0	2 089.56	2 583.56	1 520.02

应付利息从 2007 年到 2011 年都为零，是因为这几年长期借款基本没有。2014 年

应付利息是偿还了部分企业债券利息的余额。

表 3-62　**2014 年应付利息具体情况**　单位：元

项目	期末余额	期初余额
企业债券利息	15 200 173.46	25 835 645.21
合计	15 200 173.46	25 835 645.21

（6）应付股利。本科目核算企业分配的现金股利或利润，期末贷方余额，反映企业尚未支付的现金股利或利润。企业董事会或类似机构通过的利润分配方案中拟分配的现金股利或利润，不应确认为负债，也不做账务处理，但应在附注中披露。

应付股利科目不核算企业分配的股票股利。

财务分析中企业应付股利多一般表示企业现金比较宽裕，企业重视对投资者的回报；应付股利少一般意味着企业需要资金满足投资或营运资金需求，如果企业长期没有应付股利或者长期分发股利很少说明该企业资金严重不足，企业经营比较困难。

乐视网公司案例

乐视网公司 2007—2014 年的应付股利情况如表 3-63 所示。

表 3-63　**2007—2014 年应付股利情况**　单位：万元

项目	期末余额	期初余额
普通股股利	11 118 812.41	
合计	11 118 812.41	

2014 年年末企业应付股利金额为 1111.88 万元。

（7）其他应付款。其他应付款项目反映企业除应付票据、应付账款、预收账款、应付职工薪酬、应付股利、应付利息、应缴税费、长期应付款等以外的其他各项应付、暂收的款项。通常其他应付款金额不应过大，且时间不宜过长。如果企业的其他应付款的数额巨大，且时间长，说明企业存在一定的问题，有可能隐含企业之间的非法资金拆解、转移营业收入等违规行为。同时，如果企业经常性地从股东处借入款项，还可能存在隐瞒两套账的违规行为。

乐视网公司案例

乐视网公司 2007—2014 年的其他应付款情况如表 3-64、表 3-65 所示。

表 3－64　　2007—2014 年其他应付款情况　　单位：万元

项目＼年度	2007	2008	2009	2010	2011	2012	2013	2014
①其他应付款	166.93	30.69	4.84	62.65	1 361.36	2 182.81	1 270.72	2 734.97
环比增长（%）		－81.62	－84.23	1 194.42	2 072.96	60.34	－41.79	115.23
②应付账款	122.13	34.43	473.12	1 510.17	23 710.88	32 745.17	78 218.30	160 529.00
环比增长（%）		－71.81	1 274.15	219.19	1 470.08	38.1	138.87	105.23
①/②	1.37	0.89	0.01	0.04	0.06	0.07	0.02	0.02

2007—2010 年的其他应付账款金额较小，2011 年后金额比较大，但其他应付款明显远远小于应付账款，说明其他应付账款总体问题不大。

从表中可以看出，其他应付款在 2007 年到 2014 年之间有增有减，且变动较大。但其所占的流动负债比例不大，所以属于正常现象。

表 3－65　　2014 年其他应付款按款项性质列示　　单位：元

项目	期末余额	期初余额
往来款	21 399 563.73	7 966 535.15
保证金及押金	5 722 870.27	4 671 585.61
其他	227 236.91	69 070.00
合计	27 349 670.91	12 707 190.76

（8）一年内到期的非流动负债。一年内到期的非流动负债是反映企业各种非流动负债在一年之内到期的金额，包括一年内到期的长期借款、长期应付款和应付债券。

乐视网公司案例

1. 乐视网公司 2007—2014 年一年内到期的非流动负债情况如表 3－66、表 3－67 所示。

表 3－66　　2007—2014 年一年内到期的非流动负债　　单位：万元

项目＼年度	2007	2008	2009	2010	2011	2012	2013	2014
一年内到期的非流动负债	0	0	0	0	0	12 732.71	29 102.19	40 114.82
环比增长（%）							128.56	37.84

表 3－67　　2014 年一年内到期的非流动负债具体情况　　单位：元

项目	期末余额	期初余额
一年内到期的长期借款	16 700 000.00	197 000 000.00
一年内到期的应付债券	285 000 000.00	
一年内到期的长期应付款	90 100 262.20	86 165 347.81
一年内到期的递延收益	9 347 908.80	7 856 581.63
合计	401 148 171.00	291 021 929.44

公司一年内到期的非流动负债最近几年增长较快，其主要构成是一年内到期的应付债券和一年内到期的长期应付款。

2. 乐视网公司 2014 年其他流动负债变动情况如表 3－68、表 3－69 所示。

表 3－68　　2014 年其他流动负债变动情况　　单位：元

项目	期末余额	期初余额
短期应付债券	199 606 666.61	199 453 333.34
合计	199 606 666.61	199 453 333.34

表 3－69　　2014 年短期应付债券的增减变动情况　　单位：元

债券名称	面值	发行日期	债券期限	发行金额	期初余额
南京银行 2 亿元短期债	200 000 000.00	2013/9/6	1 年	200 000 000.00	199 453 333.34
平安银行 2 亿元短期债	200 000 000.00	2014/6/27	1 年	200 000 000.00	
合计	400 000 000.00			400 000 000.00	199 453 333.34

债券名称	本期发行	按面值计提利息	溢折价摊销	本期偿还	期末余额
南京银行 2 亿元短期债		10 660 000.00	546 666.66	200 000 000	
平安银行 2 亿元短期债	200 000 000	7 116 666.69	406 666.61		199 606 666.61
合计	200 000 000	17 776 666.69	953 333.27	200 000 000	199 606 666.61

2. 非流动负债项目分析

（1）长期借款、应付债券。长期借款项目反映企业向银行或其他金融机构借入的期限在一年以上（不含一年）或超过一年的一个营业周期以上的各项借款。“长期借款”期末余额反映企业借入尚未偿还的长期借款的摊余成本。该项目应根据“长期借款”总账科目的期末余额扣除“长期借款”科目所属的明细科目中，将在一年内到期的长期借款部分分析计算填列。

应付债券项目反映企业为筹集长期资金而发行的债券本金和利息，期末余额反映企业尚未偿还的企业长期债券的摊余成本。

长期借款指期限在 1 年以上的借款。与期限在 1 年以内的短期借款相比，长期借款的利息率通常较高，除了需要支付较高的利息外，借款企业还将被银行收取其他费用，如实行周转信贷协定所收取的承诺费、要求借款企业在本银行中保持补偿余额所形成的间接费用等，这些费用都会增加长期借款的成本。因此，必须防止出现长期借款用于短期用途。

长期借款分析中除了要考虑其借款期限较长、借款利率较高造成负债成本较高的因素外，利息费用的处理更是需要重点研究的方面。借款费用的确认应当符合配比原则这一费用确认的基本原则。短期借款用于提供企业流动资金，因此，其借款费用应当与期间收入配比；长期借款用于专项长期资产购建期间，其借款费用的发生与长期资产的形成直接相关，因此需要资本化，而在长期资产达到预定可使用状态后，资本化程序终止，之后的借款费用直接计入期间费用。《企业会计准则》规定，长期借款的利息费用应当按照权责发生制原则的要求，按期预提计入所购建资产的成本或直接计入当期财务费用。

长期借款的规模应与非流动资产相适应。长期借款的目的是为了满足企业扩大再生产的需要。金融机构对于发放此项信贷有明确的用途和控制。因此长期借款规模应与非流动借款相适应。一般而言，长期借款应当以小于非流动资产的数额为上限，否则企业有转移资产用途的嫌疑。

乐视网公司案例

1. 乐视网公司 2007—2014 年长期借款情况如表 3－70、表 3－71 所示。

表 3－70　　2007—2014 年的长期借款情况　　单位：万元

项目＼年度	2007	2008	2009	2010	2011	2012	2013	2014
长期借款	0	0	0	0	6 500	3 370	1 670	0
环比增长（%）						－48.15	－50.45	－100

乐视网 2007 年到 2010 年的长期借款为零，也许是该企业为了减轻偿债压力，降低风险，以维护公司的良好信誉，也可能是公司当初规模较小，不需要借入大量资金。2001 年到 2014 年长期借款呈下降趋势，从 2011 年的 6 500 万元到 2013 年的 1 670 万元。

表3－71　　2014年长期借款分类　　单位：元

项目	期末余额	期初余额	利率区间
质押借款			
抵押借款			
保证借款		16 700 000.00	
合计		16 700 000.00	

2. 乐视网公司2007—2014年应付债券情况如表3－72、表3－73、表3－74所示。

表3－72　　2007—2014年应付债券情况　　单位：万元

项目＼年度	2007	2008	2009	2010	2011	2012	2013	2014
应付债券	0	0	0	0	0	39 559	39 861.10	0
环比增长（%）							0.76	－100

表3－73　　2014年应付债券具体情况　　单位：元

项目	期末余额	期初余额
债12乐视01		199 444 558.52
债12乐视02		199 165 930.42
合计		398 610 488.94

表3－74　　2014年应付债券的增减变动（不包括划分为金融负债的优先股、永续债等其他金融工具）　　单位：元

债券名称	面值	发行日期	债券期限	发行金额	期初余额
债券12乐视01	200 000 000.00	2012/5/8	2＋1年	200 000 000.00	199 444 558.52
债券12乐视02	200 000 000.00	2012/7/13	2＋1年	200 000 000.00	199 165 930.42
合计	400 000 000.00			400 000 000.00	398 610 488.94

债券名称	本期发行	按面值计提利息	溢折价摊销	本期偿还	期末余额
债券12乐视01		17 067 592.74	555 441.49	45 000 000.00	155 000 000.00
债券12乐视02		14 216 935.48	834 069.59	70 000 000.00	130 000 000.00
合计		31 284 528.22	1 389 511.08	115 000 000.00	285 000 000.00

注：上述债券于2015年到期，故期末余额计入一年内到期的非流动负债。

公司2012年发行的债券期限为3年，2015年到期，故在2014年，期末余额计入一年内到期的非流动负债，应付债券相应减至零。

（2）长期应付款。“长期应付款”项目反映企业除长期借款、应付债券外的其他各种长期应付款项，包括以分期付款方式购入固定资产和无形资产发生的应付账款、应付融资租入固定资产的租赁费等。该项目应根据“长期应付款”科目的期末余额，减去“未确认融资费用”科目期末余额后的金额填列。长期应付款中将于 1 年内到期的部分，在“一年内到期的非流动负债”项目反映。

长期应付款的分析与管理，重点在于融资租赁。融资租赁的作用是为资产的使用提供融资。这种融资方式在我国兴起的时间不算长，但发展很快，在制造业、航空业等使用高价值长期资产的行业已经得到了较为普遍的运用。由于租赁业务本身的复杂性，使得其会计确认和计量有很多难以从直观上理解的地方，而对于某些行业的财务报表而言，分析租赁会计处理与租赁协议的能力是至关重要的会计分析能力。分析者要判断企业是否使用了适当的租赁会计处理方法，就必须首先了解租赁会计处理，认真阅读租赁安排的细节，仔细预测与租赁有关的现金流，并透过租赁销售的法律形式看到交易的实质。

乐视网公司案例

1. 乐视网公司 2007—2014 年长期应付款情况如表 3－75、表 3－76 所示。

表 3－75　　2007—2014 年长期应付款情况　　单位：万元

项目＼年度	2007	2008	2009	2010	2011	2012	2013	2014
长期应付款	0	0	0	0	0	7 701. 34	1 888. 72	8 187. 38
环比增长（%）							－75. 48	333. 49

由上表可知，乐视网从 2007 年到 2011 年的长期应付款为 0，2012 年到 2014 年长期应付款先减后增，2014 年增加的长期应付款主要是设备售后回租融资租赁款。

表 3－76　　2014 年长期应付款按款项性质列示长期应付款

项目	期末余额	期初余额
设备售后回租融资租赁	60 051 607. 49	
融资租赁设备	25 836 034. 64	24 223 395. 00
未确认融资费用	－4 013 818. 45	－5 336 146. 08
合计	81 873 823. 68	18 887 248. 92

2. 乐视网公司2007—2014年其他非流动负债情况如表3-77、表3-78所示。

表3-77　**2007—2014年其他非流动负债**　单位：万元

年度 项目	2007	2008	2009	2010	2011	2012	2013	2014
其他非流动负债	0	0	0	0	0	785.66	0	101 556.90

2014年其他非流动负债是贾跃芳个人借款，金额为1 015 568 661.50元

表3-78　**2014年其他非流动负债变动情况**

项目	期末余额	期初余额
贾跃芳借款	1 015 568 661.50	
合计	1 015 568 661.50	

（3）预计负债、或有负债分析。“预计负债”项目反映企业预计负债的期末余额，包括对外提供担保、未决诉讼、未决仲裁、产品质量保证等很可能产生的负债。该项目应根据“预计负债”科目的期末余额填列。

或有事项的概念和分类

或有事项，是指过去的交易或者事项形成的，其结果须由某些未来事项的发生或不发生才能决定的不确定事项。

或有事项分为：①预计负债；②或有负债；③或有资产。

预计负债是与或有事项相关的义务，其确认要求同时满足以下三个条件：①该义务是企业承担的现时义务；②履行该义务很可能导致经济利益流出企业；③该义务的金额能够可靠地计量。

或有负债，是指过去的交易或者事项形成的潜在义务，其存在须通过未来不确定事项的发生或不发生予以证实；或过去的交易或者事项形成的现时义务，履行该义务不是很可能导致经济利益流出企业或该义务的金额不能可靠计量。

或有资产，是指过去的交易或者事项形成的潜在资产，其存在须通过未来不确定事项的发生或不发生予以证实。

企业应当确认预计负债，不应当确认或有负债和或有资产。

（三）预计负债的确认和计量

与或有事项相关的义务同时满足下列条件的，应当确认为预计负债：①该义务是

企业承担的现时义务；②履行该义务很可能导致经济利益流出企业；③该义务的金额能够可靠地计量。

（1）该义务是企业承担的现时义务，是指与或有事项相关的义务是在企业当前条件下已承担的义务。企业没有其他现时的选择，只能履行该现时义务，如法律要求企业履行、有关各方形成企业将履行现时义务的合理预期等。

（2）履行该义务很可能导致经济利益流出企业，是指履行与或有事项相关的现时义务时，导致经济利益流出企业的可能性超过50%但尚未达到基本确定的程度。履行或有事项相关义务导致经济利益流出企业的可能性，通常应当结合表3－79情况加以判断。

表3－79　　结果的可能性判断

结果的可能性	对应的概率区间
基本确定	大于95%但小于100%
很可能	大于50%但小于或等于95%
可能	大于5%但小于或等于50%
极小可能	大于0但小于或等于5%

（3）该义务的金额能够可靠地计量，是指与或有事项相关的现时义务的金额能够合理地估计。

三、所有者权益的质量分析

（一）所有者权益的来源构成及确认条件

所有者权益是指企业资产扣除负债后由所有者享有的剩余权益。公司的所有者权益又称为股东权益。所有者权益是所有者对企业资产的剩余索取权，它是企业资产中扣除债权人权益后应由所有者享有的部分，既可反映所有者投入资本的保值增值情况，又体现了保护债权人权益的理念。

1. 所有者权益的来源构成

所有者权益的来源包括所有者投入的资本、直接计入所有者权益的利得和损失、留存收益等，通常由实收资本（或股本）、资本公积（含资本溢价或股本溢价、其他资本公积）、盈余公积和未分配利润构成，商业银行等金融企业按照规定在税后利润中提取的一般风险准备，也构成所有者权益。

所有者投入的资本是指所有者投入企业的资本部分，它既包括构成企业注册资本或者股本部分的金额，也包括投入资本超过注册资本或者股本部分的金额，即资本溢价或者股本溢价，这部分投入资本在我国企业会计准则体系中被计入了资本公积，并在资产负债表中的资本公积项目下反映。

直接计入所有者权益的利得和损失，是指不应计入当期损益、会导致所有者权益发生增减变动的、与所有者投入资本或者向所有者分配利润无关的利得或者损失。其中，利得是指由企业非日常活动所形成的、会导致所有者权益增加的、与所有者投入资本无关的经济利益的流入，利得包括直接计入所有者权益的利得和直接计入当期利润的利得。损失是指由企业非日常活动所发生的、会导致所有者权益减少的、与向所有者分配利润无关的经济利益的流出，损失包括直接计入所有者权益的损失和直接计入当期利润的损失。直接计入所有者权益的利得和损失主要包括可供出售金融资产的公允价值变动额、现金流量套期中套期工具公允价值变动额（有效套期部分）等。

留存收益是企业历年实现的净利润留存于企业的部分，主要包括累计计提的盈余公积和未分配利润。

2. 所有者权益的确认条件

所有者权益的确认和计量主要取决于资产、负债、收入、费用等其他会计要素的确认和计量。所有者权益即为企业的净资产，是企业资产总额中扣除债权人权益后的净额，反映所有者（股东）财富的净增加额。通常企业收入增加时，会导致资产的增加，相应地会增加所有者权益；企业发生费用时，会导致负债增加，相应地会减少所有者权益。因此，企业日常经营的好坏和资产负债的质量直接决定着企业所有者权益的增减变化和资本的保值增值。

所有者权益反映的是企业所有者对企业资产的索取权，负债反映的是企业债权人对企业资产的索取权，而且通常债权人对企业资产的索取权要优先于所有者对企业资产的索取权，因此，所有者享有的是企业资产的剩余索取权，两者在性质上有本质区别，因此企业在会计确认、计量和报告中应当严格区分负债和所有者权益，以如实反映企业的财务状况，尤其是企业的偿债能力和产权比率等。在实务中，企业某些交易或者事项可能同时具有负债和所有者权益的特征，在这种情况下，企业应当将属于负债和所有者权益的部分分开核算和列报。例如，企业发行的可转换公司债券，企业应当将其中的负债部分和权益性工具部分进行分拆，分别确认负债和所有者权益。

（二）所有者权益的项目分析

企业资产形成的资金来源于两个：一是债权人，一是所有者。债权人对企业资产的要求权形成企业的负债，所有者对企业资产的要求权形成企业的所有者权益。因此所有者权益实质上是指所有者在企业资产中享有的经济利益，其金额为资产减去负债后的余额。它包括实收资本（或股本）、资本公积、盈余公积和未分配利润。

解读所有者权益，不仅可以反映企业资本来源，还揭示企业法定资本的构成，以及利润的分配、公积金的使用等情况，例如，实收资本和资本公积一般不能用于利润分配，盈余公积和未分配利润则是由企业在生产经营过程中所实现的利润留存在企业所形成的等。因此，所有者权益有助于向投资者、债权人等提供有关资本来源、净资产的增减变动、分配能力等与其决策有用的信息。

解读所有者权益项目可以从以下角度分析：

（1）总量判断。如前所述，资产总额代表了一个企业的生产经营规模，掌握一个企业的资产总额固然重要，但更要关注其净资产有多少。因为，净资产表明企业生产经营的最终结果。如果某企业资产总额 1 000 万元，而所有者权益总额不足 10 万元，说明企业的资产 99% 以上为债权人投入的，该企业处于破产清算的边缘。

（2）结构判断。即将该项目分为内外部两大类，然后进行期末与期初的配比。实收资本和资本公积来源于企业外部（投资人）的资本投入，而盈余公积和未分配利润则来源于企业内部（经营者）的资本增值，也称留存收益。外部所有者权益的增长，只能说明投资额的加大，代表了企业外延式扩大再生产能力；而内部所有者权益的持续增长，才意味着企业经营者的资本保值、增值能力，企业拥有充裕的自有资金和良好的偿债能力，代表了企业内涵式扩大再生产的能力。

解读所有者权益的详细情况可进一步通过项目分析来考察。

1. “实收资本（或股本）”项目反映企业各投资者实际投入的资本（或股本）总额

该项目应根据“实收资本”（或“股本”）科目的期末余额填列。

企业资本的来源及其运用受企业组织形式、相关法律的约束较多。分析实收资本的规模应注意的问题：

（1）实收资本的总额。众所周知，企业进行生产经营必须具备一定的物质基础。而报表上的实收资本揭示了一个企业生产经营的物质基础。一般来说，资本总额越大，企业的物质基础就越雄厚，经济实力就越强。

（2）实收资本项目与所有者权益总额配比。即用所有者权益总额除以实收资本数额，再除以企业开业的年数，得出净资产的年均增长率，据此对企业的成长性作出初步判断。

乐视网公司案例

乐视网公司 2007—2014 年股本变动情况如表 3－80、表 3－81 所示。

表 3－80　　2007—2014 年股本变动情况　　单位：万股

项目＼年度	2007	2008	2009	2010	2011	2012	2013	2014
股本	5 000.00	5 952.38	7 500.00	10 000.00	22 000.00	41 800.00	79 846.63	84 119.01
环比增长（%）		19.05	26	33.33	120	90	91.02	5.35

由上表可知，乐视网的股本 2007 年至 2014 年的股本都是呈上升趋势，而且在 2011 年的股本变动最大，因为 2010 年企业转型派发了 10 送 12 的股票股利。股本的快速增长本身代表了公司在高速成长。

表 3－81　　2014 年股本变动情况　　单位：股

		本次变动增减（+、-）					
	期初余额	发行新股	送股	公积金转股	其他	小计	期末余额
股份总数	798 466 298	42 723 765				42 723 765	841 190 063

注：本期非公开发行股份 42 723 765 股；其中向曹勇、白郁发行股份购买花儿影视 100% 股权，向乐视控股、红土创投发行股份购买乐视新媒体 99.5% 的股权，向北京鑫富恒通科技股份有限公司、上海大正投资有限公司发行股份募集配套资金，共计发行股份 38 699 337 股，已经华普天健会计师事务所（特殊普通合伙）出具的会验字〔2014〕1925 号验资报告验证；首期股票期权激励计划第二个行权期行权，新增 4 024 428 股。

2. “资本公积”项目反映企业收到投资者出资超过法定资本部分的资本或者资产

应根据“资本公积”科目的期末余额填列。资本公积的主要用途是转增资本（或股本）。

资本公积从形成来源上看，它不是企业实现的利润转化而来的，从本质上讲应属于投入资本范畴。分析资本公积的规模应注意的问题：

（1）资本公积的性质。资本公积尽管属于投入资本范畴，但它与实收资本又有所不同，实收资本一般是投资者投入的、为谋求价值增值的原始投资。因此，实收资本无论是在来源上，还是金额上，都有比较严格的限制。而资本公积在金额上则并没有严格的限制，而且在来源上也相对比较多样，它可以来源于投资者的额外投入，也可以来源于除投资者之外的其他企业或个人的投入，如接受捐赠的资产等。所以，资本公积不是明确地属于某一投资人的，而是属于所有投资人的。

（2）资本公积项目与实收资本项目或所有者权益总额配比。由于资本公积是所有者权益的有机组成部分，而且它通常会直接导致企业净资产的增加，因此，资本公积的信息对于投资者、债权人等会计信息使用者的决策十分重要。若前者数额过大，应进一步了解资本公积的构成。资本公积包括资本（或股本）溢价、接受现金捐赠、拨款转入、外币资本折算差额和其他资本公积、接受捐赠非现金资产准备和股权投资准备等。实际工作中，有的企业为了小集团的利益，在不具备法定资产评估条件的情况下，通过虚假评估来虚增净资产，以达到粉饰资产负债率和企业信用形象。

（3）资本公积的用途。根据我国《公司法》等法律的规定，资本公积的用途主要是用来转增资本（或股本）。资本公积从本质上讲属于投入资本的范畴，由于我国采用注册资本制度等原因导致了资本公积的产生，所以，将资本公积转增资本可以更好地反映投资者的权益。

资本公积转增资本虽然没有改变企业的所有者权益（净资产）总额，但是，资本公积转增资本可以改变企业投入资本的结构，体现企业稳健、持续发展的潜力，因为企业实收资本一般不会用于投资者的分配或者弥补亏损，即使是在企业破产的情况下，它也将被优先分配给债权人。对于股份有限公司而言，它会增加投资者持有的股份，从而增加公司股票的流通量，进而可以激活股价，提高股票的交易量和资本的流动性。

（4）资本公积转增资本的来源。为了避免虚增净资产，误导决策，就有必要分析资本公积转增资本的来源，考察其合理性。资本公积形成的来源按其用途主要包括两类：一类是可以直接用于转增资本的资本公积，它包括资本（或股本）溢价、接受现金捐赠、拨款转入、外币资本折算差额和其他资本公积等；另一类是不可以直接用于转增资本的资本公积，它包括接受捐赠非现金资产准备和股权投资准备等。

乐视网公司案例

乐视网公司2007—2014年资本公积变动情况如表3－82、表3－83所示。

表3－82　2007—2014年资本公积变动表　单位：万元

年度 项目	2007	2008	2009	2010	2011	2012	2013	2014
资本公积	2 347.43	6 675.05	6 782.46	72 438.17	62 584.79	43 815.87	17 963.36	136 601.9
环比增长（%）		184.36	1.61	968.02	－13.60	－29.99	－59.00	660.45

资本公积变动幅度较大，变动也很频繁是因为企业发展较快，增发了新股引入战略投资者和频繁地派发股票股利共同作用的结果。

表 3-83　　2014 年资本公积变动表　　单位：元

项目	期初余额	本期增加	本期减少	期末余额
资本溢价（股本溢价）	131 392 630. 56	1 209 325 374. 55	111 973 068. 12	1 228 744 936. 99
其他资本公积	48 241 007. 24	92 336 850. 75	3 304 267. 20	137 273 590. 79
合计	179 633 637. 80	1 301 662 225. 30	115 277 335. 32	1 366 018 527. 78

本期资本公积增加主要为非公开发行股票的股本溢价及联营企业的其他资本公积变动影响，本期资本公积减少为收购子公司少数股东股权所致。

留存收益是指企业从历年实现的利润中提取或形成的留存于企业的内部积累（包括盈余公积和未分配利润）。留存收益来源于企业在生产经营活动中所实现的净利润，它与实收资本和资本公积的区别在于，实收资本和资本公积来源于企业外部的资本投入，而留存收益则来源于企业内部的资本增值。

留存收益的目的是保证企业实现的净利润有一部分留存在企业，不全部分配给投资者，这样，一方面可以满足企业维持或扩大再生产经营活动的资金需要，保持或提高企业的获利能力；另一方面可以保证企业有足够的资金弥补以后年度可能出现的亏损，也保证企业有足够的资金用于偿还债务，保护债权人的权益。基于此，对于留存收益的提取和使用，除了企业的自主行为外，往往也有法律上的诸多规定和限制，例如我国法律规定企业必须根据净利润提取法定盈余公积。

3. “盈余公积”项目反映企业从净利润中提取的盈余公积的期末余额

主要包括法定盈余公积和任意盈余公积。应根据“盈余公积”科目的期末余额填列。主要用途有几方面：弥补亏损，转增股本和发放现金股利或利润。

盈余公积主要包括：法定盈余公积、任意盈余公积。法定盈余公积是指企业按照规定的比例从净利润中提取的盈余公积，例如，根据我国公司法的规定，有限责任公司和股份有限公司应按照净利润的 10% 提取法定盈余公积。对于非公司制企业而言，也可以按照超过净利润 10% 比例提取。任意盈余公积是指企业经股东大会或类似机构批准按照规定的比例从净利润中提取的盈余公积。它与法定盈余公积的区别在于其提取比例由企业自行决定，而法定盈余公积的提取比例则由国家有关法规决定。

分析盈余公积的规模应注意的问题：

（1）总量判断。由于盈余公积是企业净利润中形成的，主要用于满足企业维持或扩大再生产经营活动的资金需要。因此，一般而言，盈余公积应越多越好。

（2）盈余公积的期末与期初配比。若盈余公积的期末数额大大少于期初数额，则需进一步分析企业盈余公积用途的合理性：

①弥补亏损。根据企业会计制度和有关法规的规定，企业发生亏损，可以用发生亏损后五年内实现的税前利润来弥补，当发生的亏损在五年内仍不足弥补的，应使用随后所实现的所得税后利润弥补。通常，当企业发生的亏损在所得税后利润仍不足弥补的，可以用所提取的盈余公积来加以弥补，但是，用盈余公积弥补亏损应当由董事会提议、股东大会批准，或者由类似的机构批准。

②转增股本。当企业提取的盈余公积累积比较多时，可以将盈余公积转增股本，但是必须经股东大会或类似机构批准。而且用盈余公积转增股本后，留存的盈余公积不得少于注册资本的25%。

③发放现金股利或利润。在特殊情况下，当企业累积的盈余公积比较多，而未分配利润比较少时，为了维护企业形象，给投资者以合理的回报，对于符合规定条件的企业，也可以用盈余公积分派现金利润或股利。因为盈余公积从本质上讲，是由收益形成的，属于资本增值部分。

乐视网公司案例

乐视网公司2007—2014年盈余公积变动情况如表3－84、表3－85所示。

表3－84　　2007—2014年盈余公积情况　　单位：万元

项目＼年度	2007	2008	2009	2010	2011	2012	2013	2014
盈余公积	0	165.50	441.24	1 146.35	1 655.47	3 474.11	6 360.54	11 696.54
环比增长（%）			166.61	159.80	44.41	109.86	83.08	83.89

资本公积都大于0，而且增长较快，说明企业每年都有利润而且利润增长较快。

表3－85　　2014年盈余公积变动情况　　单位：元

项目	期初余额	本期增加	本期减少	期末余额
法定盈余公积	63 605 357.83	53 360 002.39		116 965 360.22
任意盈余公积				
合计	63 605 357.83	53 360 002.39		116 965 360.22

本期盈余公积增加为母公司按净利润10%的比例计提了法定盈余公积。

4．“未分配利润”项目反映企业尚未分配的利润

该项目应根据“本年利润”科目和“利润分配”科目的期末余额计算填列。未弥

补的亏损，在该项目内以“-”号填列。

未分配利润是企业实现的净利润经过弥补亏损、提取盈余公积和向投资者分配利润后留存在企业的、历年结存的利润。未分配利润通常用于留待以后年度向投资者进行分配。由于未分配利润相对于盈余公积而言，属于未确定用途的留存收益，所以，企业在使用未分配利润上有较大的自主权，受国家法律法规的限制比较少。

分析时应注意：未分配利润是一个变量，既可能是正数（未分配的利润），也可能是负数（未弥补的亏损），可将期末与期初配比，以观察其变动的曲线和发展的趋势。

乐视网公司案例

乐视网公司2007—2014年未分配利润情况如表3-86、表3-87所示。

表3-86　　2007—2014年未分配利润情况　　单位：万元

项目＼年度	2007	2008	2009	2010	2011	2012	2013	2014
未分配利润	-1 399.23	1 460.64	3 976.87	10 281.71	19 384.71	35 379.48	55 904	84 336
环比增长（%）			172.27	158.54	88.54	82.51	58.01	50.86

乐视网2007年的未分配利润为负，2008年起到2014年都为正，而且增长速度较快，反映企业积累的自由分配资金也较多。

表3-87　　2014年未分配利润具体情况　　单位：元

项　　目	本期金额	上期金额
调整前上期末未分配利润	559 040 213.83	353 794 761.11
调整期初未分配利润合计数（调增+，调减-）		
调整后期初未分配利润	559 040 213.83	353 794 761.11
加：本期归属于母公司所有者的净利润	364 029 509.12	255 009 694.82
减：提取法定盈余公积	53 360 002.39	28 864 242.10
提取任意盈余公积		
提取一般风险准备		
应付普通股股利	26 349 369.78	20 900 000.00
转作股本的普通股股利		
期末未分配利润	843 360 350.78	559 040 213.83

四、小结

1. 存在的问题

（1）收入迅速扩张，但是销售商品收到的现金 + 应收账款 + 应收票据的和略等于营业收入，说明企业可能没有进行舞弊行为。

（2）应收账款增加，收入带来的现金流同比减少，企业销售存在问题，收现能力较弱。

（3）企业债务膨胀，杠杆比率不断上升，能否持续融资是其继续经营的关键。

2. 建议

（1）对企业的建议：控制版税的成本，调节收入的结构。加强网站硬件和软件建设，提高用户体验，增加广告收入。我们认为，在版税不断提高的情况下，也许其他视频网站会更愿意跳过中间商直接向生产方采购，因此版权分销未来的盈利能力可能下降。

（2）对投资者的建议：密切关注企业的财务状况，虽然企业增速较快，但是市场竞争激烈，应收账款较多，可能会陷入财务困境的风险。

第三节　资产负债表结构分析

资产负债表结构包括多种，如资产结构、资本结构、所有者权益结构、负债结构等，其中最重要的是企业的资产结构和资本结构。

一、资产结构

资产结构是企业在某个时刻各项资产相互之间的搭配关系。企业如果希望持续稳定地盈利，其资金必须均衡配置在不同的资产项下。资产负债表中资产的排列顺序是按照流动性进行的，企业获利性较强的资产是长期资产，但是流动资产又是不可或缺的，两者相互配合才能产生较强的生产经营能力。再例如企业闲置的资金可以用于对外投资，通过观察长期投资（尤其是长期股权投资）的多少，一方面可以得出企业资金的利用水平，另一方面可以观察企业所在行业的发展能力。

1. 影响企业资产结构的因素

企业资产结构相互之间有较大差异，这主要是源于以下原因：

（1）企业内部管理水平。一般而言，企业内部管理水平高，则可以用较少的流动资产支撑较多的长期资产，提高资产周转率；相反，营运能力较低的企业会将企业有限的资源投放在流动资产上，从而造成较多的应收账款和存货等项目。

（2）企业规模。企业规模的大小也会对资产结构造成影响，一般而言，规模较大的企业具有更强的融资能力，如果其流动资金不足，它可以快速从银行等金融机构取得资金，从而自身在日常经营中就不必保有大量的流动资产，可以更多地将资金投放在固定资产等长期资产上，扩大自身的经营规模，取得更高水平的收益。反之，小规模企业因为融资困难，为了应对可能发生的财务风险，必须持有较多的流动资产以降低相应的风险水平。

（3）企业的资本结构。企业取得资金的方式有多种，从资金取得期限上可以分为长期资金和短期资金，后者主要是企业 1 年内到期的流动负债。如果企业资金较多地来自于流动负债，那么为了降低财务风险。就不得不保持较大规模的流动资产，以便及时清偿债务；如果企业资金更多地来自于长期负债和股权融资，就可以将更多的资金投放到长期资产上，但是如果长期负债在到期的最后一年会成为流动负债，此时企业为了偿债，会持有较多的流动资产。

（4）行业因素。行业因素对企业资产结构有较大的影响，不同行业的企业资产结构之间会有较大的不同。对于制造业企业，其核心生产能力来源于产品的生产和销售，所以固定资产不可避免地占有较大的比重；对于金融企业，显而易见，因其主业是提供金融服务，其资产必然较多地表现为货币资金等流动资产，长期资产相对较少。进而，在同一行业内部，不同的企业也可能表现出不同的资产结构，例如对于制造企业，如果其技术水平较高，所需人工较少，那么相对而言其固定资产比重将会大些，反之劳动密集型的制造企业，流动资产所占比重就会较多。

（5）经济周期。企业自身具有产品周期，宏观经济环境也表现出周期特征，这两种周期一般都具有四个阶段：成长阶段、繁荣价段、衰退阶段和复苏阶段，企业资产结构会随着不同阶段的变化而变动。如在成长阶段。企业自身产品和服务都不完善，为了扩大生产和占领市场，企业会购置大量的机器设备，赊销政策也相对宽松，应收账款较大；在衰退阶段，企业会收缩生产规模，减少固定资产，降低存货规模，增加货币资金，应对即将到来的经济萧条，以求自保。因此，经济周期和企业产品周期会影响企业资产结构状况。

2. 资产结构的内容

从不同的角度观察，企业资产结构主要有以下几种。

（1）按照资产流动性，可以分为流动资产和长期资产。两者之间的关系是资产结构中最重要的关系，一个企业流动资产与长期资产之间的比重除了取决于上述资产结构影响因素之外，还与管理层的风险态度有很大联系，与之相适应存在三种资产结构：保守型资产结构、适中型资产结构和激进型资产结构。保守型资产结构是指企业为了回避财务风险和经营风险，持有数量较大的流动资产，其中货币资金和交易性金融资产的比重较其他企业为大；适中型资产结构是指企业将流动资产和长期资产保持在适中的水平上；激进型资产结构持有的流动资产进一步减少，长期资产比重增加，这样在增加企业风险的同时也增加了企业的盈利能力。

（2）按照资产的使用形态，可以分为有形资产和无形资产，其中的无形资产并不是仅仅指没有实物形态的资产，而是指企业拥有或者控制的没有实物形态的可辨认非货币性资产。无形资产虽然没有实物形态，但是在讲求技术以及品牌的经济中，企业无形资产的数量和质量无疑决定了企业的核心竞争力。所以当无形资产在企业资产结构中占有较大比重时，我们对企业未来发展前景是看好的。但是应当注意的是，按照原有及现有会计准则的规定，企业自行开发的许多无形资产并不能在账面上反映，例如自有的商标、开发的技术等；此外，鉴于当今科技的快速发展，无形资产可能的贬值速度也非常快，财务分析人员应当关注企业在账面上反映的无形资产数量和质量，观察其是否有减值的迹象；再有，无形资产毕竟需要依靠与有形资产的结合才能发挥效力，所以对于无形资产和有形资产之间的比重关系，分析人员应客观评价。

二、资本结构

资本结构是指企业各项资本的构成及其比例关系。广义的资本结构是指企业全部资本的构成，包括企业负债与所有者权益之间的比率关系，债务结构，所有权结构等；狭义的资本结构仅指企业债务与所有者权益之间的比值。

1. 影响企业资本结构的因素

（1）企业面临的筹资环境。企业筹资环境决定了企业可选择的筹资方式，例如，在20世纪90年代之前，我国没有股票市场，企业很难通过直接融资手段取得股权资金，企业资金来源只能是国家投入、自身积累和银行贷款。随着证券市场的发展，企业融资手段逐渐增加，一些企业已经可以直接发行股票取得资金，但是所有企业面临的筹资环境并不相同，上市发行股票融资需要企业自身已经具有较强的实力，同时又需要经过审批，许多企业因为筹资条件和时间的问题不能通过股票市场取得资金。即使是从银行借贷，企业所面对的机会也不均等，一些民营中小企业因为自身实力和所有制的原因，很难从银行等外部机构借到所需要的资金。但是随着我国资本市场的逐渐完善，创业板市场和债券市场的发展，我国企业所能利用的筹资渠道将不断增加。

（2）资本成本与融资风险。在企业能够获得多种筹资方式时，资本成本就成为选择具体筹资方式的一个重要因素。一般而言，负债的资本成本相对较低，同时债务利息还可以抵税，因此从资本成本考虑，负债融资就成为企业的首选，但是负债融资会导致企业财务风险上升，如果未来企业盈利能力下降，不能按时还本付息，企业将陷入财务危机的境地。企业内部融资和外部股权融资的资本成本较高，但是因为不需要归还本金，同时现金股利也不是法定义务，所以这些融资方式的风险较小，企业适合使用这些融资来源的资金进行长期投资，增加自身的规模和产能，增强综合实力。所以企业在选择资本结构时需要综合考虑各种筹资方式的风险和成本，并进行权衡考虑。

（3）行业因素。行业是影响企业资本结构的重要因素，每个行业的盈利模式不同，现金流状况差异较大，同时因为行业也是影响企业资产结构的重要因素。因此，企业依据自身的现金流入的时点以及自身的资产结构，会做出不同的资本结构决策。

（4）企业生命周期。在企业生命周期的四个阶段，企业的资本结构会发生对应的变化。在企业成长期，企业的迅速扩张需要大量的外部资金，企业会更多的依赖于银行等金融中介，因而债务融资比率较高，随着公司财富的不断积累，必然用成本较低的内部资金来替代外部资金，从而降低债务融资比率。另外，成熟企业一般更偏好于风险较低的投资项目，这使企业的经营风险降低，使债权人的资产更有保障，降低了债务融资的代理成本，因而处于成熟期的企业会有较低的债务融资比率。

（5）获利能力和投资机会。企业的获利能力是决定资本结构的重要因素之一，如果企业的收益率持续高于借款利率，那么企业将考虑选择资本成本较低的借款融资方式，但是如果企业收益率低于借款利率，则借款将增加企业财务负担和财务风险。再有，企业投资机会也会影响资本结构，如果企业长期投资机会较多，则应与之相匹配使用长期融资方式，如果企业目前没有长期投资，而是为了维持现有生产规模，则可以使用短期融资，以降低资金使用成本。

2. 企业资本结构决策

结合上述影响因素，企业将做出资本结构决策。在具备多种筹资渠道可供选择时，企业的资本结构决策将重点考虑以下几个问题。

（1）资金需要量。这是资本结构决策的第一步，企业一般按照自身的资金需求来设定需要融资的数量。资金需要量分析的主要方法是销售百分比结合长期投资分析。具体步骤为：第一，依据未来的销售增长状况，确定未来的销售收入金额；第二，根据未来销售状况确定发生的销售成本和相关期间费用，并在此基础上编制预计利润表；第三，依据未来的利润分配政策，确定留存在企业内部的利润数量；第四，在前一年资产负债表基础上，依据销售增长数额与流动负债和流动资产之间的历史比率关系，在敏感性分析的基础上估计流动资产数额；第五，根据长期投资的结果确定需增加的长期投资资金需要量；第六，编制年度资产负债表，确定资产总额与负债和所有者权益总额之间的差异，即资金需要量。

（2）资本成本。不同的融资方式具有的资本成本称为个别资本成本。如果企业准备用一种融资方式解决资金需求，则需要比较不同融资方式中个别资本成本，选择较低的一个，如果企业准备选择几种融资方式，则应当在股东价值最大化的目标下关注综合资本成本。

（3）企业的风险态度。在确定了资金需求量和资本成本之后，企业管理层的风险态度将决定企业选择何种资本结构。负债融资的资本成本低，但是对应的风险水平高，权益融资反之。与资产结构一样，企业资本结构也有三种类型：第一，保守型资本结构，在这种资本结构下，企业的财务风险相对较小，资本成本较高。在选择融资方式时，会更多使用权益融资，即使在负债融资中，也以中长期债务为主；第二，适中型资本结构，在该种资本结构下，企业一般使用流动负债解决流动资金需求，使用权益资金或长期债务支持长期资金需求；第三，激进型资本结构，在该结构下，权益资金较少，企业负债率比较高，同时企业还使用流动负债支持长期资金需求，这样，企业可以承担较少的资本成本，如果其投资收益足够高，是可以使用这种资本结构以实现股东财富最大化的。

乐视网公司案例

乐视网公司2007—2014年资产负债表简表如表3－88所示。

一、资产分析

乐视网公司2007—2014年流动资产、非流动资产、总资产情况如图3－3所示。

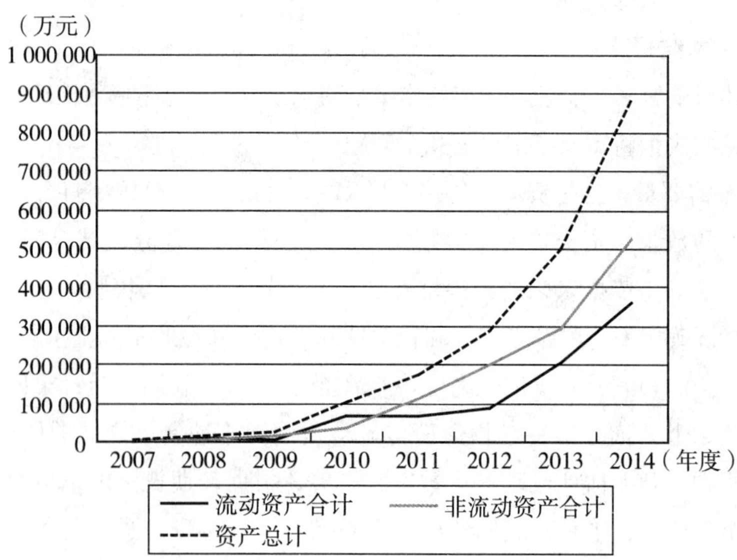

图3－3 乐视网2007—2014年流动资产、非流动资产、总资产趋势变动图

表 3-88　乐视网 2007—2014 年资产负债表简表　单位：万元

项目 \ 年度	2007	2008	2009	2010	2011	2012	2013	2014
流动资产合计	1 132.13	8 548.35	6 669.68	67 366.30	66 373.20	89 140.60	208 635.00	358 488.00
非流动资产合计	5 301.61	6 267.77	16 981.30	35 795.80	111 065.00	200 974.00	293 398.00	526 614.00
资产总计	6 433.75	14 816.10	23 650.90	103 162.00	177 439.00	290 115.00	502 032.00	885 102.00
流动负债合计	472.16	549.07	4 950.36	9 295.88	65 228.00	111 356.00	250 660.00	440 388.00
非流动负债合计	0	0	0	0	6 500.00	51 416.20	43 419.80	110 367.00
负债合计	472.16	549.07	4 950.36	9 295.88	71 728.00	162 772.00	294 080.00	550 755.00
所有者权益合计	5 961.58	14 267.10	18 700.60	93 866.20	105 711.00	127 343.00	207 953.00	334 347.00
负债和所有者权益总计	6 433.75	14 816.10	23 650.90	103 162.00	177 439.00	290 115.00	502 032.00	885 102.00

1. 总资产趋势分析（如表3－89所示）。

表3－89　乐视网2007—2014年总资产情况　单位：万元

项目＼年度	2007	2008	2009	2010	2011	2012	2013	2014
资产总计	6 433.75	14 816.10	23 650.90	103 162.00	177 439.00	290 115.00	502 032.00	885 102.00
总资产环比（%）		130.29	59.63	336.19	72	63.5	73.05	76.3

由以上图表看出，资产总额总体呈上升趋势，增长速度比较快。2007年到2010年，资产总额较少，增幅大；2011年到2014年，资产总额每年增长保持在70%左右，2014年总资产绝对额增达到885 102万元，表明企业在这几年是高速发展期，企业规模迅速扩大。

2. 流动资产趋势分析（如表3－90所示）。

表3－90　乐视网2007—2014年流动资产情况　单位：万元

项目＼年度	2007	2008	2009	2010	2011	2012	2013	2014
流动资产合计	1 132.13	8 548.35	6 669.68	67 366.30	66 373.20	89 140.60	208 635.00	358 488.00
环比（%）		655.1	－22	910.04	－1.5	34.3	134.1	71.8

从流动资产来看，从2007年到2014年总体呈上升趋势，乐视网的流动资产不断增加，2007年到2009年，企业未上市之前，流动资产很少，变化也不大。上市以后，即2010年以后增长幅度巨大，但是要注意，流动资产的大幅增加实际主要是由存货和应收账款引起的，说明企业收入大幅度增加的同时公司收现能力可能有问题。同时也反应乐视网可能所处行业竞争较大，或是该公司产品在产品市场上不占优势。

3. 非流动资产趋势分析（如表3－91所示）。

表3－91　乐视网2007—2014年非流动资产情况　单位：万元

项目＼年度	2007	2008	2009	2010	2011	2012	2013	2014
非流动资产合计	5 301.61	6 267.77	16 981.30	35 795.80	111 065.00	200 974.00	293 398.00	526 614.00
环比（%）		18.224	170.93	110.795 4	210.273 8	80.951 7	45.988	79.487 9

非流动资产的总体呈上升趋势，2009年开始非流动资产处于高速发展阶段。

4. 流动资产、非流动资产占总资产的比率分析。

流动资产、非流动资产占总资产的比率分析如表 3－92 所示。

流动资产占总资产的比率＝流动资产/总资产×100%

非流动资产占总资产的比率＝非流动资产/总资产×100%

表 3－92　乐视网 2007—2014 年流动资产、非流动资产占总资产的比率　单位：万元

项目 \ 年度	2007	2008	2009	2010	2011	2012	2013	2014
①流动资产总额	1 132.13	8 548.35	6 669.68	67 366.3	66 373.23	89 140.63	208 634.7	358 487.84
①/③（%）	17.6	57.7	28.2	65.3	37.41	30.73	41.56	40.5
②非流动资产总额	5 301.61	6 267.77	16 981.25	35 795.81	111 065.48	200 974.33	293 997.79	526 614.48
②/③（%）	82.4	42.3	71.8	34.7	62.6	69.27	58.44	61
③资产总额	6 433.75	14 816.12	23 650.93	103 162.11	177 438.71	290 114.95	502 032.50	885 102.32

2007 年到 2014 年，流动资产与非流动资产每年的绝对总额都在增长，2011 年以后非流动资产绝对总额一直高于流动资产总额，说明总体上非流动资产发展速度高于流动资产发展速度。同时也说明企业非流动资产占企业总资产是比较大的，对互联网行业来说，这是一个正常现象。结合无形资产分析，可以看出主要是无形资产的增加导致了非流动资产的增加。

5. 主要资产项目结构分析。

各类资产包含着各个不同的资产项目，各类资产在企业经营中具有不同的作用，企业生产经营活动对各类资产的依赖程度不同。因此，有必要进一步对主要资产项目构成进行分析。通常，单项资产达到总资产的 5% 以上，即可确认为是主要资产，且大类资产占总资产的比重在 80% 以上，该分析才有意义，但特殊情况例外。

各大类资产比率＝该大类资产/ 资产总额×100%

乐视网公司资产项目结构如表 3－93 所示。

表 3－93　资产项目结构分析表

项目 \ 年度	2007	2008	2009	2010	2011	2012	2013	2014
货币资金	2.57	26.37	14.19	52.67	7.52	6.67	12.12	5.659 3
应收票据	0	0	0	0	0.05	0.17	1.08	0.13
应收账款	11.76	17.18	8.62	6.77	9.99	12.79	18.93	21.387
预付账款	0.94	7.69	3.98	5.26	16.99	8.51	0.93	3.377 82

续 表

项目＼年度	2007	2008	2009	2010	2011	2012	2013	2014
其他应收款	1.64	6.18	0.91	0.26	0.30	0.319	0.66	0.856 84
存货	0.69	0.29	0.5	0.35	0.30	0.919	2.92	8.287 48
其他流动资产	0	0	0	0	2.25	1.36	0.46	0.824 76
流动资产合计	17.60	57.70	28.20	65.30	37.41	30.73	37.09	40.50
可供出售金融资产	0	0	0	0	0	0	0.4	0.225 96
长期股权投资	0	0	0	0	1.13	0.69	0.01	0
固定资产	3.84	8.18	34.03	13.63	9.33	6.16	3.57	3.875 43
在建工程	0	0	0	0	0	0	0	0
无形资产	78.56	34.07	37.42	20.78	49.94	60.36	52.62	37.719 3
开发支出	0	0	0	0.19	2.05	1.95	1.31	4.38
商誉	0	0	0	0	0.05	0.03	0	8.446 32
长期待摊费用	0	0	0	0	0	0	0	0.021 81
递延所得税资产	0	0.06	0.34	0.1	0.1	0.08	0.53	2.216 9
非流动资产合计	82.40	42.30	71.80	34.70	62.59	69.27	62.91	59.50
资产总计	100	100	100	100	100	100	100	100

如上表所示，在整个资产中，无形资产占总资产的比例最大，其次是应收账款。由应收账款占总资产的比重一直在持续增加，需要关注应收账款的质量。

二、负债分析

乐视网公司2007—2014年流动负债、非流动负债、总负债情况如图3－4所示。

1. 负债总体趋势分析。

乐视网公司2007—2014年总负债情况如表3－94所示。

表3－94　乐视网2007—2014年总负债情况　单位：万元

项目＼年度	2007	2008	2009	2010	2011	2012	2013	2014
负债合计	472.16	549.07	4 950.36	9 295.88	71 728.00	162 772.00	294 080.00	550 755.00
环比（%）		16.289	801.59	87.781 9	671.610 6	126.929 5	80.669 9	87.280 7

企业总负债增长较快，2009年开始，总负债的增长每年都超过80%，可能和行业资本结构有关，对企业而言，企业在2007年到2014年发展非常快，负债的大量增加也

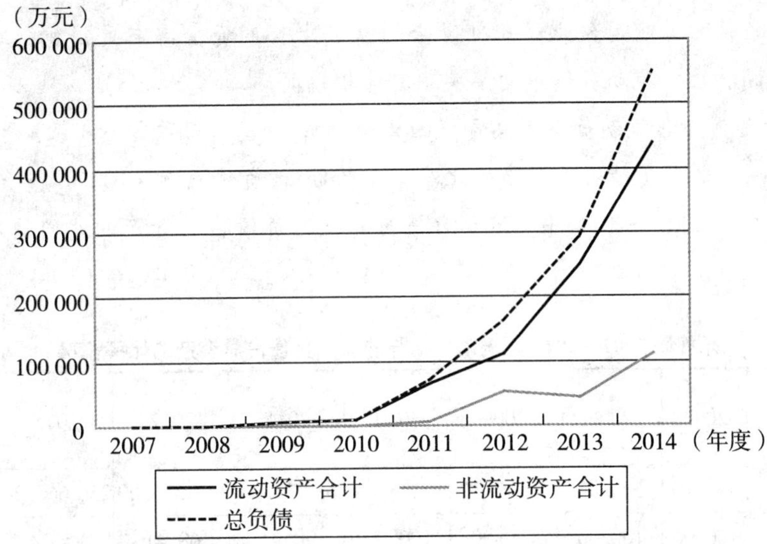

图 3－4　乐视网 2007—2014 年流动负债、非流动负债、总负债趋势变动

可以接受，但要注意企业的盈利能力和收现能力。

2. 流动负债的趋势分析。

乐视网公司 2007—2014 年流动负债情况如表 3－95 所示。

表 3－95　　乐视网 2007—2014 年流动负债情况　　单位：万元

项目＼年度	2007	2008	2009	2010	2011	2012	2013	2014
流动负债合计	472.16	549.07	4 950.36	9 295.88	65 228.00	111 356.00	250 660.00	440 388.00
环比（%）		16.289	801.59	87.781 9	601.687 2	70.718 1	125.097 9	75.691 4

企业流动负债增长较快，2009 年开始，流动负债的增长每年都超过 70%，大量的流动负债要考虑企业的短期偿债能力。

3. 非流动负债的趋势分析。

乐视网公司 2007—2014 年非流动负债情况如表 3－96 所示。

表 3－96　　乐视网 2007—2014 年非流动负债情况　　单位：万元

项目＼年度	2007	2008	2009	2010	2011	2012	2013	2014
非流动负债合计	0	0	0	0	6 500.00	51 416.20	43 419.80	110 367.00
环比（%）						691.02	－15.55	154.19

企业非流动负债2012年、2014年增长较快，2013年增长较低。由于非流动负债每年小于流动负债，可能是企业对短期资金的需求比长期资金需求更强烈，或者可能由于业务本身的特性，流动负债中的某些项目比较偏高。

4. 流动负债与非流动负债占总资产的比率分析。

流动负债占总资产的比率 = 流动负债/负债总额 ×100%

乐视网公司2007—2014年非流动负债与非流动负债占总资产的比率情况如表3－97所示。

表3－97　乐视网2007—2014年流动负债与非流动负债占总资产的比率情况　单位：万元

项目＼年度	2007	2008	2009	2010	2011	2012	2013	2014
①流动负债	472.16	549.07	4 950.36	9 295.88	65 228.04	111 356.00	250 660.20	440 387.50
①/③（%）	100.00	100.00	100.00	100.00	90.94	68.41	85.24	79.96
②非流动负债	0	0	0	0	6 500.00	51 416.19	43 419.77	110 367.40
②/③（%）	0	0	0	0	9.06	31.59	14.76	20.04
③负债总额	472.16	549.07	4 950.36	9 295.88	71 728.04	162 772.20	294 079.90	550 755.00

总体上看，负债总额中，流动负债一直持续增长，占总负债比例一直大于60%，说明企业对短期资金依赖性较强；非流动负债是2011年才有的，非流动负债率先升后降，可能是2012年产生非流动负债后以后年度逐步偿还。

5. 主要负债项目结构分析

企业负债包含着不同的负债项目，各项目在财务中具有不同的作用，对企业的财务管理和经营成果产生着不同的影响。因此，有必要进一步对主要负债项目构成进行分析。

各大类负债占总负债的比率 = 该大类负债/ 负债总额 ×100%

乐视网公司2007—2014年主要负债项目结构情况如表3－98所示。

表3－98　乐视网2007—2014年主要负债项目结构情况

项目＼年度	2007	2008	2009	2010	2011	2012	2013	2014
短期借款	0	0	80.80	75.30	47.40	31.26	32.98	25.20
应付票据	0	0	0	0	0	0	0.77	0.36
应付账款	25.87	6.27	9.56	16.25	33.06	20.11	26.60	29.15
预收账款	0.06	0	0.36	2.25	2.12	0.42	1.51	5.87

续 表

项目＼年度	2007	2008	2009	2010	2011	2012	2013	2014
应缴税费	28.55	83.88	8.70	4.50	5.75	5.30	5.29	7.44
应付利息	0	0	0	0	0	1.28	0.88	0.28
应付股利	0	0	0	0	0	0	0	0.20
其他应付款	35.36	5.59	0.10	0.67	1.90	1.34	0.43	0.50
一年内到期的非流动负债	0	0	0	0	0	7.82	9.90	7.28
其他流动负债	0	0	0	0	0.17	0.55	6.78	3.62
流动负债合计	100.00	100.00	100.00	100.00	90.94	68.41	85.24	79.96
长期借款	0	0	0	0	9.06	2.07	0.57	0
应付债券	0	0	0	0	0	24.30	13.55	0
长期应付款	0	0	0	0	0	4.73	0.64	1.49
其他非流动负债	0	0	0	0	0	0.48	0	18.44
非流动负债合计	0	0	0	0	9.06	31.59	14.76	20.04
负债合计	100.00	100.00	100.00	100.00	100.00	100.00	100.00	100.00

乐视网公司的负债主要以流动负债为主，流动负债中，短期借款、应付账款比重最大，两项之和占了全部负债的50%以上，分析时要注意短期借款的偿还，应付账款看是不是该行业应付账款都比较高。

三、所有者权益分析

乐视网公司2007—2014年所有者权益结构情况如表3－99所示。

表3－99　　乐视网2007—2014年所有者权益项目结构情况

项目＼年度	2007	2008	2009	2010	2011	2012	2013	2014
股本	60.4	41.72	40.11	10.65	20.81	32.83	38.40	25.16
资本公积	39.38	46.79	36.27	77.17	59.20	34.40	8.64	40.86
盈余公积	0	1.16	2.36	1.22	1.57	2.73	3.06	3.50
未分配利润	—	10.24	21.27	10.95	18.34	27.78	26.88	25.22
外币报表折算差额						—		
归属于母公司股东权益合计	99.78	99.91	100.00	100.00	99.92	97.74	76.92	94.72
少数股东权益	0.22	0.095	0	0	0.08	2.26	23.08	5.28
股东权益合计	100.00	100.00	100.00	100.00	100.00	100.00	100.00	100.00

除2013年外，所有者权益中少数股东权益占比总体很小，归属于母公司股东权益占比长期保持在94%以上，其中，股本的占比没有太多规律，主要是公司每年送转股比例和数量不一样，公司每年利润不一样；资本公积占比一直比较大，盈余公积占比最小，但是总体在缓慢增长。

第四章　利润表分析

本章学习重点

1. 利润表的结构和内容；
2. 利润表基本阅读技巧；
3. 利润表的各个项目的分析；
4. 利润表结构分析。

第一节　利润表的基本内容

一、利润表的含义

利润表又称损益表，是反映企业在一定会计期间经营成果的会计报表。它全面揭示了企业在某一特定时期实现的各种收入、发生的各种费用、成本或支出，以及企业实现的利润或发生的亏损情况。利润等于收入减去费用后的净额、直接计入当期损益的利得和损失等。

利润表是根据“收入－费用＝利润”的基本关系来编制的，其具体内容取决于收入、费用、利润等会计要素及其内容，利润表项目是收入、费用和利润要素内容的具体体现。从反映企业经营资金运动的角度看，它是一种反映企业经营资金动态表现的报表，主要提供有关企业经营成果方面的信息，属于动态会计报表。分析该报表能整体了解该企业经营成果。

二、利润表的结构和内容

利润表一般有表首、正表两部分。其中表首说明报表名称编制单位、编制日期、报表编号、货币名称、计量单位等；正表是利润表的主体，反映形成经营成果的各个项目和计算过程，所以，曾经将这张表称为损益计算书。

利润表分项列显示了企业在一定会计期间因销售商品、提供劳务、对外投资等所取得的各种收入以及与各种收入相对应的费用、损失并将收入与费用、损失加以对比结出当期的净利润。这一将收入与相关的费用、损失进行对比，结出净利润的过程，会计上称为配比。其目的是衡量企业在特定时期或特定业务中所取得的成果，以及为取得这些成果所付出的代价，为考核经营效益和效果提供数据。比如分别列示主营业务收入和主营业务成本、主营业务税金及附加并加以对比，得出主营业务利润，从而掌握一个企业主营业务活动的成果。配比是一项重要的会计原则，在利润表中得到了充分体现。

通常，利润表主要反映以下几方面的内容：

（1）构成主营业务利润的各项要素。从主营业务收入出发，减去为取得主营业务收入而发生的相关费用、税金后得出主营业务利润。

（2）构成营业利润的各项要素。营业利润在主营业务利润的基础上加其他业务利润，减销售费用、管理费用、财务费用，加（减）投资收益（损失）后得出。

（3）构成利润总额（或亏损总额）的各项要素。利润总额（或亏损总额）在营业利润的基础上加上营业外收入，减去营业外支出后得出。

（4）构成净利润（或净亏损）的各项要素。净利润（或净亏损）在利润总额（或亏损总额）的基础上，减去本期计入损益的所得税费用后得出。

在利润表中，企业通常按各项收入、费用以及构成利润的各个项目分类分项列示。也就是说收入按其重要性进行列示，主要包括主营业务收入、其他业务收入、投资收益、补贴收入、营业外收入；费用按其性质进行列示主要包括主营业务成本、主营业务税金及附加、营业费用、管理费用、财务费用、其他业务支出营业外支出、所得税等；利润按营业利润、利润总额和净利润等利润的构成分类分项列示。

三、利润表的格式

利润表正表的格式一共有两种：单步式利润表和多步式利润表。单步式利润表是将当期所有的收入列在一起然后将所有的费用列在一起两者相减得出当期净损益。多步式利润表是通过对当期的收入、费用、支出项目按性质加以归类，按利润形成的主要环节列示一些中间性利润指标，如营业利润、利润总额、净利润，分步计算当期净损益。

多步式：在我国，利润表采用多步式，每个项目通常又分为“本月数”和“本年累计数”两栏。“本月数”栏反映各项目的本月实际发生数；在编报中期财务会计报告时，填列上年同期累计实际发生数；在编报年度财务会计报告时，填列上年全年累计实际发生数。如果上年度利润表与本年度利润表的项目名称和内容不相一致，则按编报当年的口径对上年度利润表项目的名称和数字进行调整，填入本表“上年数”栏。在编报中期和年度财务会计报告时，将“本月数”栏改成“上年数”栏。本表“本年累计数”栏反映各项目自年初起至报告期末止的累计实际发生数。

四、利润表编制原理

利润表编制的原理是“收入－费用＝利润”的会计平衡公式和收入与费用的配比原则。

在生产经营中企业不断地发生各种费用支出，同时取得各种收入，收入减去费用，剩余的部分就是企业的盈利。取得的收入和发生的相关费用的对比情况就是企业的经营成果。如果企业经营不当，发生的生产经营费用超过取得的收入，企业就发生了亏损；反之企业就能取得一定的利润。会计部门应定期（一般按月份）核算企业的经营成果，并将核算结果编制成报表，这就形成了利润表。

五、编制步骤

财务报表列报准则规定，企业应当采用多步式列报利润表，将不同性质的收入和费用类进行对比，从而可以得出一些中间性的利润数据，便于使用者理解企业经营成果的不同来源。企业可以分如下三个步骤编制利润表：

第一步，以营业收入为基础，减去营业成本、营业税金及附加、销售费用、管理费用、财务费用、资产减值损失，加上公允价值变动收益（减去公允价值变动损失）和投资收益（减去投资损失），计算出营业利润；

第二步，以营业利润为基础，加上营业外收入，减去营业外支出，计算出利润总额；

第三步，以利润总额为基础，减去所得税费用，计算出净利润（或净亏损）。

普通股或潜在普通股已公开交易的企业，以及正处于公开发行普通股或潜在普通股过程中的企业，还应当在利润表中列示每股收益信息。

六、分析利润表的意义

通过利润表，可以反映企业一定会计期间的收入实现情况，即实现的主营业务收入有多少、实现的其他业务收入有多少、实现的投资收益有多少、实现的营业外收入有多少等；可以反映一定会计期间的费用耗费情况，即，耗费的主营业务成本有多少，主营业务税金有多少，销售费用、管理费用、财务费用各有多少，营业外支出有多少等；可以反映企业生产经营活动的成果，即，净利润的实现情况，据以判断资本保值、增值情况。将利润表中的信息与资产负债表中的信息相结合，还可以提供进行财务分析的基本资料，如将赊销收入净额与应收账款平均余额进行比较，计算出应收账款周转率；将销货成本与存货平均余额进行比较，计算出存货周转率；将净利润与资产总额进行比较，计算出资产收益率等，可以表现企业资金周转情况以及企业的盈利能力和水平，便于会计报表使用者判断企业未来的发展趋势，作出经济决策。

编制利润表的主要目的是将企业经营成果的信息提供给各种报表使用者，以供他们作为决策的依据或参考。主要作用有：

1. 可据以解释、评价和预测企业的经营成果和获利能力

经营成果通常指以营业收入、其他收入抵扣成本、费用、税金等的差额所表示的收益信息。经营成果是一个绝对值指标，可以反映企业财富增长的规模。获利能力是一个相对值指标，它指企业运用一定经济资源（如人力、物力）获取经营成果的能力，这里，经济资源可以因报表用户的不同需要而有所区别，可以是资产总额、净资产，可以是资产的耗费（成本或费用），还可以是投入的人力（如职工人数）。因而衡量获利能力的指标包括资产收益率、净资产（税后）收益率、成本收益率以及人均实现收益等指标。经营成果的信息直接由利润表反映，而获利能力的信息除利润表外，还要借助于其他会计报表和注释附表才能得到。

通过比较和分析同一企业在不同时期，或不同企业在同一时期的资产收益率、成本收益率等指标，能够揭示企业利用经济资源的效率；通过比较和分析收益信息，可以了解某一企业收益增长的规模和趋势。根据利润表所提供的经营成果信息，股东、债权人和管理部门可解释、评价和预测企业的获利能力，据以对是否投资或追加投资、投向何处、投资多少等作出决策。

2. 可据以解释、评价和预测企业的偿债能力

偿债能力指企业以资产清偿债务的能力。利润表本身并不提供偿债能力的信息，然而企业的偿债能力不仅取决于资产的流动性和资本结构，还取决于获利能力。企业在个别年份获利能力不足，不一定影响偿债能力，但若一家企业长期丧失获利能力，则资产的流动性必然由好转坏，资本结构也将逐渐由优变劣，陷入资不抵债的困境。因而一家数年收益很少，获利能力不强甚至亏损的企业，通常其偿债能力不会很强。

债权人和管理部门通过分析和比较收益表的有关信息，可以间接地解释、评价和预测企业的偿债能力，尤其是长期偿债能力，并揭示偿债能力的变化趋势，进而作出各种信贷决策和改进企业管理工作的决策，如维持、扩大或收缩现有信贷规模，应提出何种信贷条件等。管理部门则可据以找出偿债能力不强之原因，努力提高企业的偿债能力，改善企业的公关形象。

3. 企业管理人员可据以作出经营决策

比较和分析收益表中各种构成要素，可知悉各项收入、成本、费用与收益之间的消长趋势，发现各方面工作中存在的问题，揭露缺点，找出差距，改善经营管理，努力增收节支，杜绝损失的发生，作出合理的经营决策。

4. 可据以评价和考核管理人员的绩效

比较前后期利润表上各项收入、费用、成本及收益的增减变动情况，并查考其增减变动的原因，可以较为客观地评价各职能部门，各生产经营单位的绩效，以及这些部门和人员的绩效与整个企业经营成果的关系，以便评判各部门管理人员的功过得失，及时作出采购、生产、销售、筹资和人事等方面的调整，使各项活动趋于合理。

利润表上述重要作用的发挥，与利润表所列示信息的质量直接相关。一方面，利润表信息的质量取决于企业在收入确认、费用确认以及其他利润表项目确定时所采用的方法。由于会计程序和方法的可选择性，企业可能会选用对其有利的程序和方法，从而导致收益偏高或偏低。例如，在折旧费用、坏账损失和已售商品成本等方面都可按多种会计方法计算，产生多种选择，影响会计信息的可比性和可靠性。另一方面，利润表中的信息表述的是各类业务收入、费用、成本等的合计数以及非重复发生的非常项目，这也会削弱利润表的重要作用。

七、利润表分析的局限性

利润表分析要注意其局限性，主要有：

（1）它不包括有益于企业发展和财务状况的许多信息。

（2）损益数值经常受到所用会计方法的影响。

（3）损益计量会受到估计的影响。

八、利润表的基本内容

1. 利润表主表（如表4-1所示）

表4-1　　利润表主表

项目	本年金额	上年金额
一、营业收入		
减：营业成本		
营业税金及附加		
销售费用		
管理费用		
财务费用		
资产减值损失		

续 表

项目	本年金额	上年金额
加：公允价值变动收益（损失以"-"号填列）		
投资收益（损失以"-"号填列）		
其中：对联营企业和合营企业的投资收益		
二、营业利润（亏损以"-"号填列）		
加：营业外收入		
减：营业外支出		
其中：非流动资产处置净损失		
三、利润总额（亏损总额以"-"号填列）		
减：所得税费用		
四、净利润（净亏损以"-"号填列）		
五、每股收益		
（一）基本每股收益		
（二）稀释每股收益		

利用本表本期和上期净利润可以计算生成净利润增长率，反映企业获利能力的增长情况和长期的盈利能力趋势；利用净利润、营业成本、销售费用、管理费用和财务费用可以计算生成成本费用利润率，反映企业投入产出情况。

利用本表数据与其他报表或有关资料，可以生成反映企业投资回报等有关情况的指标。比如，利用净利润和净资产可以计算净资产收益率，利用普通股每股市价与每股收益可以计算出市盈率等。

2. 利润表附表

利润表有三张附表，包括利润分配表、分部报表（业务分部）和分部报表（地区分部）。

（1）利润分配表。通过利润分配表，可以看出企业的利润分配政策，从而估计投资者对企业发展的将来态度。

（2）分部报表（业务分部）。通过分部报表（业务分部）可以看出企业的业务构成以及内部的关联交易情况，结合各类似业务的市场需求，从而判断企业未来经营业绩的变化情况。

（3）分部报表（地区分部）。通过分部报表（地区分部）可以看出企业经营业务的地域分部以及各地域之间的内部交易情况，结合各地域的市场变化，从而判断企业未来经营业绩的变化情况。

九、利润表表基本阅读技巧

1. 利润表的结构（如表 4－2 所示）

表 4－2　　　　利润表的结构

<table>
<tr><th>项目</th><th></th></tr>
<tr><td>一、主营业务收入</td><td rowspan="12">企业净利润来自三个方面：
1. 投资收益
2. 营业利润
3. 营业外收支</td></tr>
<tr><td>减：主营业务成本</td></tr>
<tr><td>营业税金及附加</td></tr>
<tr><td>二、主营业务利润</td></tr>
<tr><td>加：其他业务利润</td></tr>
<tr><td>减：期间费用</td></tr>
<tr><td>加：投资收益</td></tr>
<tr><td>三、营业利润</td></tr>
<tr><td>加：营业外收支净额</td></tr>
<tr><td>四、利润总额</td></tr>
<tr><td>减：所得税</td></tr>
<tr><td>五、净利润</td></tr>
</table>

2. 利润表反映的财务管理内容（如表 4－3 所示）

表 4－3　　　　利润表反映的财务管理内容

项目	财务管理
销售收入	销售规模及市场风险
减：变动成本	
固定成本（付现部分）	经营杠杆
固定成本（非付现部分）	
息税前利润	经营风险
减：费用化利息	财务杠杆
投资收益	资本运营
税前利润	
减：所得税	税务规划
税后利润	股东收益和风险

3. 利润分配表的结构（如表 4－4 所示）

表 4－4　　利润分配表的结构

项目	本年余额	上年余额
一、净利润		
加：年初未分配利润		
盈余公积转入		
二、可供分配的利润		
减：提取法定盈余公积		
提取法定公益金		
三、可供股东分配的利润		
减：应付优先股股利		
提取任意盈余公积金		
应付普通股股利		
转作股本的普通股股利		
四、未分配利润		

4. 利润分配表所反映的财务管理内容（如表 4－5 所示）

表 4－5　　利润分配表所反映的财务管理内容

项目	财务管理
一、净利润加年初未分配利润	剩余索取权
加：盈余公积转入	弥补亏损
二、可供分配的利润	
减：分配利润／股利	股利政策
转增权益	企业积累
未分配利润	期末剩余索取权

5. 企业规模的大小

企业的规模大小主要看利润表中的“主营业收入”的金额大小。一般来讲，主营业务收入在 50 亿元以上的为特大型企业；主营业收入在 5 亿～50 亿元之间的为大型企业；主营业收入在 1 亿～5 亿元之间的为中型企业；主营业收入在 5 千万～1 亿元之间的为小型企业；主营业收入在 5 千万元以下的为特小型企业。

6. 企业的增值能力

企业的增值能力主要看主营业务成本和主营业务收入的比值。也即主营业务毛利的大小，或者称之为增值率、附加值率。

一般来讲，主营业务成本占主营业务收入的比值越小，其增值能力越强。

7. 企业利润的稳定性

企业利润的稳定性，主要看利润的主要构成。

（1）一般来讲，主营业务利润的稳定性好、其他业务利润的稳定性差；

（2）产业性投资收益的稳定性好、证券性投资收益的稳定性较差；

（3）补贴收入和营业外收入的稳定性不仅最差，而且有粉饰经营业绩的嫌疑。

8. 企业所处的政策环境

（1）企业所处的政策环境主要看是否有补贴收入，以及补贴收入的金额和比重；

（2）所得税占利润总额的比重；

（3）增值税的税负水平；

（4）主营业务税金及附加所占营业收入的比重。

9. 企业承受风险能力

（1）主营业务收入与其他收入的关系；

（2）各项收入合理的比例的确定。

10. 市场竞争的激烈程度

（1）营业费用与主营收入的比值，特别是广告费用的开支比例；

（2）比值越大，其市场竞争程度就越大；反之则越小。

11. 企业利润的上浮空间

（1）财务费用与利润总额的比值；

（2）财务费用对利润总额的比值越小，企业利润的上浮空间越小。

12. 企业的发展状况

（1）主营业务收入增减变动情况；

（2）净利润的增减变动情况。

第二节　利润表质量分析

利润表的内容充分反映了企业经营业绩的主要来源和构成，有助于使用者判断净利润的质量及其风险，有助于使用者预测净利润的持续性，从而做出正确的决策。通过利润表，可以反映企业一定会计期间收入的实现情况，如实现的营业收入有多少、实现的投资收益有多少、实现的营业外收入有多少，等等；可以反映一定会计期间的费用耗费情况，如耗费的营业成本有多少、营业税金及附加有多少及销售费用、管理费用、财务费用各有多少、营业外支出有多少，等等；可以反映企业生产经营活动的成果，即净利润的实现情况，据以判断资本保值、增值等情况。

一、营业收入、营业成本

“营业收入”项目反映企业经营主要业务和其他业务所确认的收入总额。该项目应根据“主营业务收入”和“其他业务收入”科目的发生额合计分析填列。

营业收入及其现金含量的走向：营业收入的现金含量是用销售收现率来衡量的。销售收现率=销售商品、提供劳务收到的现金/营业收入。该比率反映了企业的收入质量，一般的，该比率越高收入质量越高。当比值小于1时，说明本期的收入有一部分没有收到现金；当比值大于1时，说明本期的收入不仅全部收到了现金，而且还收回了以前期间的应收款项或预收款项增加。营业收入与销售收现率两个指标联袂走高，通常意味着企业的销售环境和内部管理都处于非常良好的状况。如果这两个指标同时走低，则企业的经营管理肯定存在问题。

“营业成本”项目反映企业经营主要业务和其他业务发生的实际成本总额。该项目应根据“主营业务成本”和“其他业务支出”科目的发生额合计分析填列。

毛利率的大小及其走向：毛利率=（营业收入-营业成本）/营业收入。良好的财务状况要求企业的毛利率在同行业中处于平均水平以上，且不断上升。如果企业的毛利率下降，则意味着企业所生产的同类产品在市场上竞争加剧，销售环境恶化；如果企业的毛利率显著低于同行业的平均水平，则意味着企业的生产经营状况明显比同行业其他企业要差。

营业毛利率与营业成本率计算关系如下：

$$营业成本率=营业成本/营业收入\times 100\%$$

$$营业毛利率=1-营业成本率$$

乐视网公司案例

乐视网公司2007—2014年营业收入、营业成本对比分析如表4-6所示。

表4-6　　2007—2014年营业收入、营业成本对比分析　　单位：万元

年度 项目	2007	2008	2009	2010	2011	2012	2013	2014
营业收入	3 691.63	7 360.71	14 573.14	23 825.82	58 956.00	116 730.71	236 124.47	681 893.86
环比增长（%）		99.39	97.99	63.49	147.45	98	102.28	188.79
营业成本	1 182.81	1 485.01	4 955.10	8 021.49	27 509.07	68 424.68	166 868.40	582 813.35
环比增长（%）		25.55	233.67	61.88	242.94	148.73	143.87	249.27
营业成本率（%）	32.04	20.17	34	33.67	46.66	58.62	70.67	85.47
营业毛利率（%）	67.96	79.83	66	66.33	53.34	41.38	29.33	14.53

从营业收入环比增长看，乐视网在2007—2014年间收入增长迅速，基本每年收入都在“翻倍”式增长；从营业成本率看，成本占收入的比重越来越高，营业毛利率越来越低。三个指标反映了公司销售规模在迅速扩大，但市场竞争激烈，单位销售收入的贡献在降低，公司业绩发展到后期主要靠提高占市场占有率依靠规模来盈利。

二、营业税金及附加

“营业税金及附加”项目反映企业经营业务应负担的营业税、消费税、城市维护建设税、资源税、土地增值税和教育费附加等。该项目应根据“营业税金及附加”科目的发生额分析填列。

公司营业税金及附加占营业收入的比重 = 营业税金及附加/营业收入 ×100%

乐视网公司案例

1. 乐视网公司2007—2014年营业税金及附加与营业收入对比分析如表4-7所示。

表4-7　　2007—2014年营业税金及附加与营业收入对比分析　　单位：万元

项目＼年度	2007	2008	2009	2010	2011	2012	2013	2014
营业税金及附加	121.82	299.14	644.83	1 015.99	2 995.18	4 513.28	2 592.20	5 684.89
营业收入	3 691.63	7 360.71	14 573.14	23 825.82	58 956.00	116 730.71	236 124.47	681 893.86
占比（%）	3.3	4.06	4.42	4.26	5.08	3.87	1.098	0.83

乐视网公司2011年后营业税金及附加占营业收入的比重持续下降，而且公司营业税金及附加占营业收入的比重一直偏低，说明该公司或者公司所在行业受国家政策支持。

2. 乐视网公司2014年营业税金及附加具体情况如表4-8所示。

本期营业税金及附加本期发生总额比上期增长119.31%，各个项目本期发生额与上期发生额相比均呈上升趋势。营业税增长45.73%。，其他项目都超过100%，其中文化事业建设费占营业税金及附加所占的比重最大，达到84.37%。

表 4－8　　　　　　　　　**2014 年营业税金及附加情况**　　　　　　　　　单位：元

项目	2014 年	2014 年结构比（%）	2013 年	增长率（%）
营业税	3 039 657.58	5.35	2 085 822.43	45.73
城市维护建设税	3 115 182.21	5.48	1 230 115.32	153.24
教育费附加	1 434 631.81	2.52	527 195.42	172.13
地方教育费	1 062 164.15	1.87	351 457.82	202.22
文化事业建设费	47 962 602.59	84.37	21 727 382.20	120.75
其他	234 632.08	0.41		
合计	56 848 870.42	100	25 921 973.19	119.31

三、期间费用

企业的期间费用包括销售费用、管理费用及财务费用，其金额总量的变化按照与企业经营业务量水平的关系可以分为变动费用和固定费用。其中，总额随着企业经营业务量水平的高低成正比例变化的费用为变动费用；总额不随企业经营业务量水平的高低变化而保持固定的费用为固定费用。这就是说，在企业各个年度可比同类费用的走势上，其总额应该与经营业务规模相适应，即一般情况下，企业的期间费用会随着经营业务规模的提高而增长，但增长的幅度低于经营业务规模增长的幅度。而在企业经营业务规模因为竞争加剧而下降的情况下，期间费用的规模由于参与竞争、需要更多费用投入也不一定会下降。因此，分析时要注意企业的费用是否与企业的经营业务规模相适应，要对企业期间费用上升或下降的合理性进行分析。

1. 销售费用

“销售费用”项目反映企业在销售商品过程中发生的包装费、广告费等费用和为销售本企业商品而专设的销售机构的职工薪酬、业务费等经营费用。该项目应根据“销售费用”科目的发生额分析填列。

销售费用是指企业销售商品、提供劳务的过程中发生的各种费用，包括保险费、包装费、展览费和广告费、商品维修费、预计产品质量保证损失、运输费、装卸费等以及为销售本企业商品而专设的销售机构（含销售网点、售后服务网点等）的职工薪酬、业务费、折旧费等经营费用。

乐视网公司案例

1. 乐视网公司2007—2014年销售费用与营业收入对比分析如表4-9所示。

表4-9 2007—2014年营业税金及附加与营业收入对比分析 单位：万元

项目＼年度	2007	2008	2009	2010	2011	2012	2013	2014
销售费用	580.59	1 829.73	2 892.01	5 791.90	9 631.97	13 358.62	19 452.01	48 903.55
环比增长（%）		215.15	58.06	100.27	66.3	38.69	45.61	151.41
营业收入	3 691.63	7 360.71	14 573.14	23 825.82	58 956.00	116 730.71	236 124.47	681 893.86
占比（%）	15.73	24.86	19.84	24.31	16.34	11.44	8.24	7.17

公司销售费用看环比增长数据说明销售费用增长速度很快，销售费用占公司营业收入比重从2010年开始持续下降，说明公司营业收入的增长速度快于销售费用增长速度，也表明公司销售费用的增加对营业收入起到了正的支持作用。

2. 乐视网公司2014年销售费用构成如表4-10所示。

表4-10 2014年销售费用构成 单位：元

项目	2014年	2014年结构比（%）	2013年	增长率（%）
工资及福利	121 268 879.77	25	65 840 638.76	84.19
广告推广制作费	156 529 979.27	32	79 632 919.26	96.56
咨询服务费	18 495 103.11	4	7 676 315.25	140.94
差旅费	9 084 418.27	2	4 444 336.43	104.4
劳务费	3 512 686.58	1	3 212 774.88	9.33
办公及会议费	11 402 974.34	2	2 817 883.06	304.66
折旧及租赁费	10 141 820.28	2	3 426 373.14	195.99
交际应酬费	5 176 625.74	1	2 782 599.15	86.04
交通及车辆费	1 911 032.82	0	2 252 859.13	-15.17
股权激励费	19 840 824.02	4	7 339 478.98	170.33
物流及售后	131 512 008.98	27	10 301 645.04	1 176.61
其他	159 112.31	0	4 792 259.52	-96.68
合计	489 035 465.49	100	194 520 082.60	151.41

乐视网公司2014年销售费用比2013年增长151.41%，销售费用主要构成是工资及福利、广告推广制作费、物流及售后三项，分别占25%、32%、27%。

2. 管理费用

“管理费用”项目反映企业为组织和管理生产经营发生的管理费用。该项目应根据“管理费用”科目的发生额分析填列。管理费用是指企业为组织和管理企业生产经营所发生的各项费用，包括企业在筹建期间内发生的开办费、董事会和行政管理部门在企业的经营管理中发生的或者应由企业统一负担的公司经费（包括行政管理部门职工薪酬、物料消耗、低值易耗品摊销、办公费和差旅费等）、工会经费、董事会费（包括董事会成员津贴、会议费和差旅费等）、聘请中介机构费、咨询费（含顾问费）、诉讼费、业务招待费、房产税、车船使用税、土地使用税、印花税、技术转让费、矿产资源补偿费、研究费用、排污费等。

乐视网公司案例

1. 乐视网公司2007—2014年管理费用与营业收入对比分析如表4－11所示。

表4－11　　2007—2014年管理费用与营业收入对比分析　　单位：万元

项目 \ 年度	2007	2008	2009	2010	2011	2012	2013	2014
管理费用	291.68	564.74	875.46	1 160.29	3 050.87	5 778.50	8 998.83	17 545.47
环比增长（%）		93.62	55.02	32.53	162.94	89.4	55.73	94.98
营业收入	3 691.63	7 360.71	14 573.14	23 825.82	58 956.00	116 730.71	236 124.47	681 893.86
占比（%）	7.9	7.67	6	4.87	5.17	4.95	3.81	2.57

公司管理费用看环比增长数据说明管理费用增长速度很快，管理费用占公司营业收入比重从2011年开始持续下降，说明公司营业收入的增长速度快于管理费用增长速度，管理费用增长是一种良性增长，也表明公司管理费用的控制良好。

2. 乐视网公司2014年管理费用构成如表4－12所示。

表4－12　　2014年管理费用构成　　单位：元

项目	2014年	2014年结构比（%）	2013年	增长率（%）
工资及福利	78 263 936.32	44.61	30 978 811.21	152.64
股权激励费	26 681 631.05	15.21	14 178 997.31	88.18
折旧与摊销及租赁费	33 094 899.09	18.86	14 246 257.82	132.31

续 表

项目	2014 年	2014 年结构比（%）	2013 年	增长率（%）
办公及会议费	11 683 335.84	6.66	10 062 218.54	16.11
咨询费	11 152 380.11	6.36	7 028 702.60	58.67
差旅费	6 704 652.90	3.82	1 617 742.80	314.44
税金	1 748 861.57	1	1 027 505.45	70.2
交际应酬费	2 969 042.00	1.69	1 081 828.95	174.45
通信费	1 099 043.94	0.63	1 628 917.27	-32.53
劳务费	1 326 642.24	0.76	1 020 916.57	29.95
其他	730 227.54	0.42	7 116 425.77	-89.74
合计	175 454 652.60	100	89 988 324.29	94.97

2014 年管理费用增长率是94.97%，增长较大，其中工资及福利是管理费用中占比最大的达到44.61%，增长幅度在全部项目中排第三位，增长152.64%。2014 年管理费用增长幅度最大的项目是差旅费、交际应酬费、工资及福利、折旧与摊销及租赁费，增长幅度都超过100%。

3. 财务费用

“财务费用”项目反映企业筹集生产经营所需资金等而发生的筹资费用。该项目应根据“财务费用”科目的发生额分析填列。财务费用是指企业为筹集生产经营所需资金等而发生的筹资费用，包括利息支出（减利息收入）、汇兑损益以及相关的手续费、企业发生的现金折扣或收到的现金折扣等。为购建或生产满足资本化条件的资产发生的应予资本化的借款费用，应计入有关资产的购建或生产成本，不包括在财务费用的核算范围内。

乐视网公司案例

1. 乐视网公司2007—2014 年管理费用与营业收入对比分析如表4-13 所示。

表4-13　2007—2014 年管理费用与营业收入对比分析　单位：万元

项目＼年度	2007	2008	2009	2010	2011	2012	2013	2014
财务费用	13.00	-83.00	51.00	371.00	139.00	4 224.00	11 630.00	16 791.55

续 表

项目＼年度	2007	2008	2009	2010	2011	2012	2013	2014
营业收入	3 691.63	7 360.71	14 573.14	23 825.82	58 956.00	116 730.71	236 124.47	681 893.86
占比（%）	0.35		0.35	1.56	0.24	3.62	4.93	2.46

2007—2011 年财务费用绝对金额都很低，2012—2014 年相对前面年份有很大的增长，但是总体看财务费用占营业收入的比重很低，说明企业借款较少或者借款利率较低。

2. 乐视网公司 2014 年财务费用构成如表 4－14 所示。

表 4－14　　2014 年财务费用构成　　单位：元

项目	2014 年	结构比（%）	2013 年	增长（%）
利息支出	147 661 598.38	87.94	114 836 655.17	28.58
减：利息收入	3 514 224.90	2.09	1 259 079.88	179.11
利息净支出	144 147 373.48	85.85	113 577 575.29	26.92
汇兑损失	2 078 055.06	1.24	10 987.39	18813.09
减：汇兑收益	812 481.07	0.48	1 230 043.23	－33.95
汇兑净损失	1 265 573.99	0.75	－1 219 055.84	
手续费及其他	22 502 548.31	13.4	3 939 500.43	471.2
其中：平台手续费	16 690 259.90	9.94	3 176 032.51	425.51
合计	167 915 495.78	100	116 298 019.88	44.38

乐视网的财务费用 2014 年与 2013 年分别为 167 915 495.78 元和 116 298 019.88 元，增长了 44.38%。且财务费用中主要是利息支出，占了总额的 87.94%。

四、资产减值损失

“资产减值损失”项目反映企业各项资产发生的减值损失。该项目应根据“资产减值损失”科目的发生额分析填列。

企业对于绝大部分资产都应计提资产减值损失，这体现的是谨慎性原则。

固定资产、无形资产等长期资产计提的减值准备在计提后不能转回。

分析人员应当关注每项资产减值准备计提是否充分，是否存在企业计提不足或过度计提的状况，并且与历史资产减值状况对比，观察减值准备的异常变化，是否企业应用资产减值来调节利润。

乐视网公司案例

1. 乐视网公司2007—2014年资产减值损失与营业收入、总资产对比分析如表4－15所示。

表4－15　　2007—2014年资产减值损失与营业收入、总资产对比分析　　单位：万元

项目＼年度	2007	2008	2009	2010	2011	2012	2013	2014
资产减值损失	10	96	410	172	394	690	2 777.00	5 368.93
营业收入	3 691.63	7 360.71	14 573.14	23 825.82	58 956.00	116 730.71	236 124.47	681 893.86
占比（%）	0.27	1.3	2.81	0.72	0.67	0.59	1.18	0.79
资产总计	6 433.75	14 816.12	23 650.93	103 162.11	177 438.71	290 114.95	502 032.50	885 102.32
占比（%）	0.16	0.65	1.73	0.17	0.22	0.24	0.55	0.61

从绝对金额看，企业资产减值损失2013年和2014年明显比2007—2012年增加很多，但是每年的资产减值损失占资产的比重都没有超过1%，说明企业资本保值状况良好；每年的资产减值损失占营业收入的比重都很低，说明企业有足够多的收入来弥补资产的减值损失。

2. 乐视网公司2014年资产减值损失情况如表4－16所示。

表4－16　　2014年资产减值损失情况　　单位：元

项目	2014年	结构比（%）	2013年	增长率（%）
一、坏账损失	48 284 504.53	90	24 572 369.89	96.5
二、存货跌价损失	4 850 053.09	9	3 197 169.89	51.7
三、无形资产减值损失	554 697.13	1		0
合计	53 689 254.75	100	27 769 539.78	93.34

乐视网的资产减值损失本期发生额合计比上期发生额合计增加了25 919 714.97元，其中坏账损失增加了96.5 %，存货跌价损失增加了51.7%，无形资产减少损失增加了554 697.13元。资产减值损失中坏账损失占了绝大部分，2014年占企业总的资产减值损失的90%。

五、投资收益

“投资收益”项目反映企业以各种方式对外投资所取得的收益。该项目应根据“投资收益”科目的发生额分析填列；如为净损失，以“-”号填列。

企业对外投资一般基于两个目的：

一是利用企业自身闲置的资金取得暂时性收益；二是出于自身战略发展的要求，

希望投资控制一些有利于企业长远发展的资源。

分析人员应确定企业投资的目的。投资收益不属于企业的主营业务收入，除了主要投资公司外，企业不应动用正常生产经营的资金进行投资。另外企业投资收益不具有可持续性，即使当期企业获得了金额较大的投资收益，也不能对其评价过高。

乐视网公司案例

1. 乐视网公司2007—2014年投资收益与长期股权投资对比分析如表4－17所示。

表4－17　2007—2014年投资收益与长期股权投资对比分析　单位：万元

项目 \ 年度	2007	2008	2009	2010	2011	2012	2013	2014
投资收益	0	0	0	0	0	0	0.5	－135.51
长期股权投资	0	0	0	0	2 000.00	2 000.00	31.87	0

2010年前企业没有长期股权投资，2011年后企业长期股权投资效果不理想。

2. 乐视网公司2014年投资收益情况如表4－18所示。

表4－18　2014年投资收益情况　单位：元

项目 \ 年度	2014	2013
权益法核算的长期股权投资收益	－80 695.41	－90 791.38
处置长期股权投资产生的投资收益	－238 038.46	－1 264 347.43
以公允价值计量且其变动计入当期损益的金融资产在持有期间的投资收益		
处置以公允价值计量且其变动计入当期损益的金融资产取得的投资收益		
持有至到期投资在持有期间的投资收益		
可供出售金融资产在持有期间的投资收益		
处置可供出售金融资产取得的投资收益		
丧失控制权后，剩余股权按公允价值重新计量产生的利得		
银行理财产品投资收益	323 772.31	
合计	5 038.44	－1 355 138.81

2013年和2014年乐视网的权益法核算的长期股权投资和处置长期股权投资都为负数，其中，处置长期股权投资产生的投资收益亏损比较多，2014年投资银行理财产品带来了323 772.31元的收益。

六、营业外收入

“营业外收入”项目反映企业发生的与其经营活动无直接关系的各项收入。该项目应根据“营业外收入”科目的发生额分析填列。营业外收入是指企业发生的与其经营活动无直接关系的各项净收入，主要包括处置非流动资产利得、非货币性资产交换利得、债务重组利得、罚没利得、政府补助利得、确实无法支付而按规定程序经批准后转作营业外收入的应付款项、捐赠利得、盘盈利得等。

一般情况下营业外收入金额较小，对企业利润的影响较弱，如果某个期间企业的相关金额较大，分析人员应关注发生的原因。

其次鉴于该项目内容在未来没有可持续性，所以在分析利润状况时应当从利润总额中将营业外收入项目剔除。

乐视网公司案例

1. 乐视网公司2007—2014年营业外收入与营业收入对比分析如表4-19所示。

表4-19　2007—2014年营业外收入与营业收入对比分析　单位：万元

项目＼年度	2007	2008	2009	2010	2011	2012	2013	2014
营业外收入	0	0	34	200	289	3 110.00	1 069.00	2 755.64
营业收入	3 691.63	7 360.71	14 573.14	23 825.82	58 956.00	116 730.71	236 124.47	681 893.86
占比（%）	0	0	0.23	0.84	0.49	2.66	0.45	0.4

2012—2014年企业营业外收入增长很快，但是每年占营业收入的比重很小，说明企业主营业务突出。

2. 乐视网公司2014年营业外收入情况如表4-20所示。

表4-20　2014年营业外收入情况　单位：元

项目	2014年	2013年	增长率（%）
非流动资产处置利得合计	—	26 555.72	-1
其中：固定资产处置利得	—	26 555.72	-1
无形资产处置利得	—	—	
债务重组利得	—	—	
非货币性资产交换利得	—	—	

续 表

项目	2014 年	2013 年	增长率（%）
接受捐赠	—	—	
政府补助	27 461 470. 74	10 667 850. 00	157. 42
其他	94 878. 35	—	
合计	27 556 349. 09	10 694 405. 72	157. 67

乐视网的营业外收入本期比上期增加了 16 861 943. 37 元，增长率为 157. 67%，乐视网营业外收入主要是由政府补助增加产生的。乐视网计入当期损益的政府补助的有 14 个项目，上期为 6 个，2014 年收到的政府补助比 2013 年增加了 16 793 620. 74 元。

七、营业外支出

乐视网公司案例

1. 乐视网公司 2007—2014 年营业外支出与营业收入对比分析如表 4－21 所示。

表 4－21　　2007—2014 年营业外支出与营业收入对比分析　　单位：万元

项目 \ 年度	2007	2008	2009	2010	2011	2012	2013	2014
营业外支出	24. 00	1. 00	7. 00	9. 00	1. 00	50. 00	100. 00	252. 37
营业收入	3 691. 63	7 360. 71	14 573. 14	23 825. 82	58 956. 00	116 730. 71	236 124. 47	681 893. 86
占比（%）	0. 65	0. 01	0. 05	0. 04	0. 002	0. 04	0. 04	0. 04

乐视网 2012 年到 2014 年企业每年营业外支出占营业收入的比重很小，说明营业外支出对企业业绩的影响不大。

2. 乐视网公司 2014 年营业外支出情况如表 4－22 所示。

表 4－22　　2014 年营业外支出情况　　单位：元

项目	本期发生额	结构比（%）	上期发生额	增长率（%）
非流动资产处置损失合计	474 357. 08	18. 8	1 167. 33	40536. 07
其中：固定资产处置损失	474 357. 08	18. 8	1 167. 33	40536. 07
无形资产处置损失	—		—	
债务重组损失	—		—	
非货币性资产交换损失	—		—	

续 表

项目	本期发生额	结构比（%）	上期发生额	增长率（%）
对外捐赠	42 293.29	1.68	1 000 000.00	-95.77
其他	2 007 047.24	79.53	—	
合计	2 523 697.61	100	1 001 167.33	152.08

乐视网的营业外支出本期比上期增加了 1 522 530.28 元，增长率为 152.08%，营业外支出中固定资产处置损失、其他项目占总金额的比重最大。

八、所得税费用

企业当期所得税费用包括：①当期应缴纳的部分，即按税法计算的应缴所得税；②当期发生但是在以后期间缴纳的部分，即递延所得税。

财务分析人员应结合资产负债表的递延所得税资产、递延所得税负债和应缴税费项目来分析项目的质量。应关注：

（1）企业对于资产负债表的计税基础确定是否公允。

（2）如果存在非同一控制下的企业合并，递延所得税应调整商誉；对于可供出售金融资产公允价值变动导致的递延所得税应计入所有者权益，对于这两项资产负债表账面价值与计税基础导致的递延所得税不能计入所得税。

（3）企业确认的递延所得税资产是以未来期间可能取得的用来抵扣可抵扣暂时性差异的应纳税所得额为限，超出部分因在后期不能转回，所以在本期不能确认为递延所得税资产。

乐视网公司案例

1. 乐视网公司 2007—2014 年所得税费用与利润总额对比分析如表 4-23 所示。

表 4-23　2007—2014 年营所得税费用与利润总额对比分析　　单位：万元

项目＼年度	2007	2008	2009	2010	2011	2012	2013	2014
所得税费用	0	142.00	322.00	474.00	3 337.00	3 805.00	1 402.00	-5 589.75
利润总额	1 468.00	3 168.00	4 770.00	7 484.00	16 424.00	22 801.00	24 640.00	7 289.91
占比（%）	0	4.48	6.75	6.33	20.32	16.69	5.69	—

乐视网所得税费用占利润总额的比重除 2011 年、2012 年外不是太大，可能的原因

是该企业或行业受国家政策支持，享受税收优惠政策。

2. 乐视网公司 2014 年所得税费用的组成情况如表 4－24 所示。

表 4－24　　2014 年营业所得税费用的组成　　单位：元

项目＼年度	2014	2013
当期所得税费用	113 229 328. 80	38 396 577. 18
递延所得税费用	－169 126 784. 84	－24 376 444. 45
合计	－55 897 456. 04	14 020 132. 73

由于当期可抵扣递延所得税费用较高，超过 2014 年当期所得税费用金额，故计算出所得税费用金额为负数。

3. 乐视网公司 2014 年会计利润与所得税费用调整过程如表 4－25 所示。

表 4－25　　2014 年会计利润与所得税费用调整过程　　单位：元

项目	本期发生额
利润总额	72 899 104. 84
按法定/适用税率计算的所得税费用	10 934 865. 73
子公司适用不同税率的影响	－48 050 633. 03
调整以前期间所得税的影响	
非应税收入的影响	－3 428 597. 90
不可抵扣的成本、费用和损失的影响	－17 637 976. 17
使用前期未确认递延所得税资产的可抵扣亏损的影响	－1 058 328. 29
本期未确认递延所得税资产的可抵扣暂时性差异或可抵扣亏损的影响	3 343 213. 62
所得税费用	－55 897 456. 04

九、净利润

乐视网公司案例

乐视网公司 2007—2014 年净利润与营业收入对比分析如表 4－26 所示。

表 4－26　　2007—2014 年净利润与营业收入对比分析　　单位：万元

项目＼年度	2007	2008	2009	2010	2011	2012	2013	2014
净利润	1 468. 00	3 025. 00	4 448. 00	7 010. 00	13 088. 00	18 997. 00	23 238. 00	12 879. 66
营业收入	3 691. 63	7 360. 71	14 573. 14	23 825. 82	58 956. 00	116 730. 71	236 124. 47	681 893. 86
占比（%）	39. 77	41. 1	30. 52	29. 42	22. 2	16. 27	9. 84	1. 89

2007—2014 年企业营业收入收入增长非常快，净利润绝对金额总体上也在增加，但是从总体上看净利润占营业收入的比重是减少的，特别是最近 3 年该比重下滑很大，2014 年企业营业净利率只有 1.89%，而当年净利润比 2013 年绝对金额也在减少，因此管理层应该在增加营业收入的同时注意各项成本费用的开支以增加营业净利率。

第三节　利润表结构分析

一、利润分析应关注的问题

（一）企业具有一定的盈利能力

企业具有一定的盈利能力是指企业在会计政策保持一贯性的条件下，在绝对额上，企业具有大于零的营业利润、利润总额、净利润，且金额不断增长；在获利能力比率上，其销售利润率、销售净利率、总资产报酬率、净资产收益率、每股收益等指标在同行业中处于平均水平以上。有关指标的计算如下：

$$销售利润率=利润总额/营业收入\times 100\%$$

$$销售净利率=净利润/营业收入\times 100\%$$

$$总资产报酬率=息税前利润/全部资产平均余额\times 100\%$$

$$净资产收益率=净利润/净资产平均余额\times 100\%$$

$$每股收益=（净利润-优先股股利）/发行在外的普通股股数$$

（二）利润结构基本合理

1. 企业的营业利润、利润总额的结构基本合理

所谓营业利润、利润总额的结构基本合理，是指企业的利润总额主要是由营业利润带来的，而不是由营业外收入带来的。

2. 企业的利润结构与资产结构相适应

在企业的息税前利润的构成中，投资收益与“息税前利润减去投资收益以后剩余的其他利润”（以下简称“其他利润”）之间的数量结构和企业资产总额中的对外投资与“资产总额减去对外投资以后剩余的其他资产”（以下简称“其他资产”）之间的数量结构相匹配。分析的基本思路是：企业的资产总额带来了息税前利润，其中，对外投资带来了投资收益，其他资产带来了其他利润。因此，利润结构应该与资产结构相适应。

（三）企业的利润有较强的获取现金的能力

1. 营业利润（或“同口径营业利润”）与“经营活动产生的现金流量净额”基本一致。

在这里，之所以出现“同口径营业利润”的概念，主要是因为利润表中的营业利润与现金流量表中的“经营活动产生的现金流量净额”口径并不完全一致。利润表中的营业利润减去了在现金流量表中作为筹资活动处理的“财务费用”，但没有减去在现金流量表中作为经营活动处理的“所得税费用”。同时，利润表中的营业利润减去了并不引起现金流出的折旧与无形资产摊销等内容。因此，利润表与现金流量表中“经营活动产生的现金流量净额”口径基本一致的“同口径营业利润”可以近似地表现为：“同口径营业利润” = 营业利润 + 财务费用 + 折旧 + 无形资产摊销 - 所得税费用。从长期来看，在企业处于稳定发展时期，经营活动产生的现金流量净额应当与同口径营业利润（或营业利润）尽可能接近，两者的差异越大，利润的质量越有可能存在问题。

2. 投资收益应该对应一定规模的现金回收。企业的投资收益，主要有下列几个来源渠道。

（1）交易性金融资产转让收益；

（2）持有至到期投资的投资收益；

（3）权益法确认的长期股权投资收益；

（4）成本法确认的长期股权投资收益。

企业投资收益质量较差、难以对应现金回收的主要是权益法确认的投资收益。在企业的长期股权投资收益，全部或者大部分对应长期股权投资增加的情况下，我们很难认定这种投资收益的质量会很高。为此，在分析投资收益的现金可收回性时，应注意与现金流量表中“取得投资收益所收到的现金”相比较。

二、利润表各项指标占营业收入的比重（如表 4 -27 所示）

利润表各项指标占营业收入的比重 = 各项指标/营业收入 ×100%

从各项主要指标占营业收入的比重看，营业净利润率降低的原因主要是营业成本的增加，2014 年营业成本占营业收入的 85.47%，其次，销售费用占比也比较大，2014 年达到 7.17%，因此，要提高营业净利润率主要应该围绕降低这两项指标的比重开展各项工作。

表 4-27　2007—2014 年利润表各项指标占营业收入的比重

项目＼年度	2007	2008	2009	2010	2011	2012	2013	2014
一、营业收入	100	100	100	100	100	100	100	100
减：营业成本	32.040 318	20.174 82	34.001 595	33.667 215	46.660 339 9	58.617 548	70.669 676 9	85.469 805
营业税金及附加	3.299 897	4.064 01	4.424 784	4.264 239	5.080 365	3.866 403	1.097 810 8	0.833 691
销售费用	15.727 199	24.858 06	19.844 797	24.309 342	16.337 556 8	11.443 964	8.238 032 3	7.171 725
管理费用	7.901 117	7.672 36	6.007 353	4.869 885	5.174 825 3	4.950 283	3.811 053 6	2.573 05
财务费用	0.352 148	—	0.349 959	1.557 134	0.235 769	3.618 585	4.925 368 4	2.462 487
资产减值损失	0.270 883	1.304 22	2.813 395	0.721 906	0.668 295	0.591 104	1.176 074 6	0.787 356
投资收益	0	0	0	0	0	0	—	—
二、营业利润	40.415 751	43.052 91	32.539 315	30.609 65	27.369 563 7	16.911 574	10.024 797 5	0.701 964
加：营业外收入	0	0	0.233 306	0.839 425	0.490 196 1	2.664 252	0.452 727 3	0.404 116
减：营业外支出	0.650 119	0.013 59	0.048 034	0.037 774	0.001 696 18	0.042 834	0.042 350 5	0.037 010
三、利润总额	39.765 632	43.039 33	32.731 45	31.411 301	27.858 063 6	19.532 992	10.435 174 3	1.069 068
减：所得税费用	0	1.929 16	2.209 544	1.989 438	5.660 153 3	3.259 639	0.593 754 6	—
四、净利润	39.765 632	41.096 58	30.521 905	29.421 863	22.199 606 5	16.274 209	9.841 419 7	1.888 807

第五章　现金流量表分析

本章学习重点

1. 现金流量表的结构和内容；
2. 现金流量表的总体趋势分析；
3. 现金流量表的项目趋势分析；
4. 现金流量表的结构分析。

第一节　现金流量表的基本内容

一、现金流量表的含义

现金流量表，是反映企业一定会计期间现金和现金等价物流入和流出的报表。编制现金流量表的主要目的，是为财务报表使用者提供企业一定会计期间内现金和现金等价物流入和流出的信息，以便于财务报表使用者了解和评价企业获取现金和现金等价物的能力，并据以预测企业未来现金流量。现金流量表的作用主要体现在以下几个方面：一是有助于评价企业支付能力、偿债能力和周转能力；二是有助于预测企业未来现金流量；三是有助于分析企业收益质量及影响现金净流量的因素，掌握企业经营活动、投资活动和筹资活动的现金流量，可以从现金流量的角度了解净利润的质量，为分析和判断企业的财务前景提供信息。

二、现金流量表的编制基础

现金流量表以现金及现金等价物为基础编制，划分为经营活动、投资活动和筹资活动，按照收付实现制原则编制，将权责发生制下的盈利信息调整为收付实现制下的现金流量信息。

（一）现金

现金，是指企业库存现金以及可以随时用于支付的存款。不能随时用于支付的存款不属于现金。现金主要包括：

（1）库存现金。库存现金是指企业持有的可随时用于支付的现金，与“库存现金”科目的核算内容一致。

（2）银行存款。银行存款是指企业存入金融机构、可以随时用于支取的存款，与“银行存款”科目核算内容基本一致，但不包括不能随时用于支付的存款。例如，不能随时支取的定期存款等不应作为现金；提前通知金融机构便可支取的定期存款则应包括在现金范围内。

（3）其他货币资金。其他货币资金是指存放在金融机构的外埠存款、银行汇票存款、银行本票存款、信用卡存款、信用证保证金存款和存出投资款等，与“其他货币资金”科目核算内容一致。

（二）现金等价物

现金等价物，是指企业持有的期限短、流动性强、易于转换为已知金额现金、价值变动风险很小的投资。其中，“期限短”一般是指从购买日起3个月内到期。例如可在证券市场上流通的3个月内到期的短期债券等。

现金等价物虽然不是现金，但其支付能力与现金的差别不大，可视为现金。例如，企业为保证支付能力，手持必要的现金，为了不使现金闲置，可以购买短期债券，在需要现金时，随时可以变现。

现金等价物的定义本身，包含了判断一项投资是否属于现金等价物的四个条件，即，①期限短；②流动性强；③易于转换为已知金额的现金；④价值变动风险很小。其中，期限短、流动性强，强调了变现能力，而易于转换为已知金额的现金、价值变动风险很小，则强调了支付能力的大小。现金等价物通常包括3个月内到期的短期债券投资。权益性投资变现的金额通常不确定，因而不属于现金等价物。

（三）现金及现金等价物范围的确定和变更

不同企业现金及现金等价物的范围可能不同。企业应当根据经营特点等具体情况，确定现金及现金等价物的范围。商业银行与一般工商企业的现金及现金等价物的范围可能不同，例如，某商业银行的现金及现金等价物包括库存现金、存放中央银行可随时支取的备付金、存放同业款项、拆放同业款项、同业间买入返售证券、短期国债投资等。根据现金流量表准则及其指南的规定，企业应当根据具体情况，确定现金及现金等价物的范围，一经确定不得随意变更。如果发生变更，应当按照会计政策变更处理。

三、现金流量的分类及列示

（一）现金流量的分类

现金流量指企业现金和现金等价物的流入和流出。在现金流量表中，现金及现金等价物被视为一个整体，企业现金（含现金等价物，下同）形式的转换不会产生现金的流入和流出。例如，企业从银行提取现金，是企业现金存放形式的转换，并未流出企业，不构成现金流量。同样，现金与现金等价物之间的转换也不属于现金流量，例如，企业用现金购买3个月内到期的国库券。(新增分段)

根据企业业务活动的性质和现金流量的来源，现金流量表准则将企业一定期间产生的现金流量分为三类：经营活动现金流量、投资活动现金流量和筹资活动现金流量。

（1）经营活动。经营活动是指企业投资活动和筹资活动以外的所有交易和事项。各类企业由于行业特点不同，对经营活动的认定存在一定差异。对于工商企业而言，经营活动主要包括销售商品、提供劳务、购买商品、接受劳务、支付税费等。对于商业银行而言，经营活动主要包括吸收存款、发放贷款、同业存放、同业拆借等。对于保险公司而言，经营活动主要包括原保险业务和再保险业务等。对于证券公司而言，经营活动主要包括自营证券、代理承销证券、代理兑付证券、代理买卖证券等。

（2）投资活动。投资活动是指企业长期资产的购建和不包括在现金等价物范围内的投资及其处置活动。长期资产是指固定资产、无形资产、在建工程、其他资产等持有期限在一年或一个营业周期以上的资产。这里所讲的投资活动，既包括实物资产投资，也包括非实物资产投资。这里之所以将“包括在现金等价物范围内的投资”排除在投资活动外，是因为已经将包括在现金等价物范围内的投资视同现金。不同企业由于行业特点不同，对投资活动的认定也存在差异。

（3）筹资活动。筹资活动是指导致企业资本及债务规模和构成发生变化的活动。这里所说的资本，既包括实收资本（股本），也包括资本溢价（股本溢价）；这里所说的债务，指对外举债，包括向银行借款、发行债券以及偿还债务等。通常情况下，应付账款、应付票据等属于经营活动，不属于筹资活动。

对于企业日常活动之外特殊的、不经常发生的特殊项目，如自然灾害损失、保险赔款、捐赠等，应当归并到相关类别中，并单独反映。比如，对于自然灾害损失和保险赔款，如果能够确指属于流动资产损失，应当列入经营活动产生的现金流量；属于固定资产损失，应当列入投资活动产生的现金流量。如果不能确指，则可以列入经营活动产生的现金流量。捐赠收入和支出，可以列入经营活动。如果特殊项目的现金流量金额不大，则可以列入现金流量类别下的“其他”项目，不单列项目。

（二）现金流量的列示

通常情况下，现金流量应当分别按照现金流入和现金流出总额列报，从而全面揭示企业现金流量的方向、规模和结构。但是，下列各项可以按照净额列报：

（1）代客户收取或支付的现金以及周转快、金额大、期限短项目的现金流入和现金流出。例如，证券公司代收的客户证券买卖交割费、印花税等，旅游公司代游客支付的房费、餐费、交通费、文娱费、行李托运费、门票费、票务费、签证费等费用。

（2）金融企业的有关项目，主要指期限较短、流动性强的项目。对于商业银行而言，主要包括短期贷款发放与收回的贷款本金、活期存款的吸收与支付、同业存款和存放同业款项的存取、向其他金融企业拆入拆出资金等净额；对于保险公司而言，主要包括再保险业务收到或支付的现金净额；对于证券公司而言，主要包括自营证券和代理业务收到或支付的现金净额等。

上述这些项目由于周转快，在企业停留的时间短，企业加以利用的余地比较小，净额更能说明其对企业支付能力、偿债能力的影响；反之，如果以总额反映，反而会对评价企业的支付能力和偿债能力、分析企业的未来现金流量产生误导。

四、现金流量表的编制方法及程序

（一）直接法和间接法

编制现金流量表时，列报经营活动现金流量的方法有两种：一是直接法，二是间接法。这两种方法通常也称为编制现金流量表的方法。

所谓直接法，是指按现金收入和现金支出的主要类别直接反映企业经营活动产生的现金流量，如销售商品、提供劳务收到的现金；购买商品、接受劳务支付的现金等就是按现金收入和支出的类别直接反映的。在直接法下，一般是以利润表中的营业收入为起算点，调节与经营活动有关的项目的增减变动，然后计算出经营活动产生的现金流量。

所谓间接法，是指以净利润为起算点，调整不涉及现金的收入、费用、营业外收支等有关项目，剔除投资活动、筹资活动对现金流量的影响，据此计算出经营活动产生的现金流量。由于净利润是按照权责发生制原则确定的，且包括了与投资活动和筹资活动相关的收益和费用，将净利润调节为经营活动现金流量，实际上就是将按权责发生制原则确定的净利润调整为现金净流入，并剔除投资活动和筹资活动对现金流量的影响。

采用直接法编报的现金流量表，便于分析企业经营活动产生的现金流量的来源和用途，预测企业现金流量的未来前景；采用间接法编报现金流量表，便于将净利润与经营活动产生的现金流量净额进行比较，了解净利润与经营活动产生的现金流量差异的原因，从现金流量的角度分析净利润的质量。所以，现金流量表准则规定企业应当采用直接法编报现金流量表，同时要求在附注中提供以净利润为基础调节到经营活动现金流量的信息。

（二）工作底稿法或T形账户法

在具体编制现金流量表时，可以采用工作底稿法或T形账户法，也可以根据有关科目记录分析填列。

1. 工作底稿法

采用工作底稿法编制现金流量表，是以工作底稿为手段，以资产负债表和利润表数据为基础，对每一项目进行分析并编制调整分录，从而编制现金流量表。工作底稿法的程序是：

第一步，将资产负债表的期初数和期末数过入工作底稿的期初数栏和期末数栏。

第二步，对当期业务进行分析并编制调整分录。编制调整分录时，要以利润表项目为基础从“营业收入”开始，结合资产负债表项目逐一进行分析。在调整分录中，有关现金和现金等价物的事项，并不直接借记或贷记现金，而是分别计入“经营活动产生的现金流量”“投资活动产生的现金流量”“筹资活动产生的现金流量”有关项目。借记表示现金流入，贷记表示现金流出。

第三步，将调整分录过入工作底稿中的相应部分。

第四步，核对调整分录，借方、贷方合计数均已经相等，资产负债表项目期初数加减调整分录中的借贷金额以后，也等于期末数。

第五步，根据工作底稿中的现金流量表项目部分编制正式的现金流量表。

2. T形账户法

采用T形账户法编制现金流量表，是以T形账户为手段，以资产负债表和利润表数据为基础，对每一项目进行分析并编制调整分录，从而编制现金流量表。T形账户法的程序是：

第一步，为所有的非现金项目（包括资产负债表项目和利润表项目）分别开设T形账户，并将各自的期末期初变动数过入各相关账户。如果项目的期末数大于期初数，则将差额过入和项目余额相同的方向；反之，过入相反的方向。

第二步，开设一个大的“现金及现金等价物”T形账户，每边分为经营活动、投资活动和筹资活动三个部分，左边记现金流入，右边记现金流出。与其他账户一样，过入期末期初变动数。

第三步，以利润表项目为基础，结合资产负债表分析每一个非现金项目的增减变动，并据此编制调整分录。

第四步，将调整分录过入各T形账户，并进行核对，该账户借贷相抵后的余额与原先过入的期末期初变动数应当一致。

第五步，根据大的“现金及现金等价物”T形账户编制正式的现金流量表。

五、分析现金流量表的意义

1. 评价企业利润质量

企业利润质量的一个关键就是观察利润受到现金流量支撑的程度。通过现金流量表中的间接法，可以充分了解利润与现金流量之间差异的大小和原因，真实评价企业利润质量。

2. 分析企业财务风险，评价企业风险水平和抗风险能力

负债水平过低，会导致企业不能获得财务杠杆收益，但负债水平过高，又会引起较大的财务风险。这种财务风险的承担能力与企业现金流量状况直接相关，如果企业债务到期没有足够的现金归还，这种风险就会转化为真实的危机，甚至导致破产，反之如果现金充裕，现金流量状况稳定，则可以承担较高的负债水平，同时获得较高的杠杆收益。

对于现金流量表的分析可以满足会计信息使用者对企业未来偿债现金流预测和判断的需要。

3. 预测企业未来现金流量

对现金流量表的分析将历史现金流量与未来现金流量联系起来，满足会计信息使用者的要求。

六、现金流量表的基本内容（如表5－1所示）

表5－1　　现金流量表的基本内容

项目	本年金额	上年金额
一、经营活动产生的现金流量:		
销售商品、提供劳务收到的现金		
收到的税费返还		
收到的其他与经营活动有关的现金		
经营活动现金流入小计		

续 表

项目	本年金额	上年金额
购买商品、接受劳务支付的现金		
支付给职工以及为职工支付的现金		
支付的各项税费		
支付的其他与经营活动有关的现金		
经营活动现金流出小计		
经营活动产生的现金流量净额		
二、投资活动产生的现金流量:		
收回投资所收到的现金		
取得投资收益所收到的现金		
处置固定资产、无形资产和其他长期资产所收回的现金净额		
处置子公司及其他营业单位收到的现金净额		
收到的其他与投资活动有关的现金		
投资活动现金流入小计		
购建固定资产、无形资产和其他长期资产支付的现金		
投资支付的现金		
取得子公司及其他营业单位支付的现金净额		
支付的其他与投资活动有关的现金		
投资活动现金流出小计		
投资活动产生的现金流量净额		
三、筹资活动产生的现金流量:		
吸收投资收到的现金		
取得借款收到的现金		
收到其他与筹资活动有关的现金		
筹资活动现金流入小计		
偿还债务支付的现金		
分配股利、利润或偿付利息支付的现金		
支付其他与筹资活动有关的现金		
筹资活动现金流出小计		
筹资活动产生的现金流量净额		
四、汇率变动对现金的影响		
五、现金及现金等价物净增加额		

七、现金流量表基本阅读技巧

1. 现金流量表结构（如表 5－2 所示）

表 5－2　　现金流量表的结构

项目	金额
一、经营活动产生的现金流量	
经营活动现金流入	
经营活动现金流出	
经营活动产生的现金流量净额	
二、投资活动产生的现金流量	
投资活动现金流入	
投资活动现金流出	
投资活动产生的现金流量净额	
三、筹资活动产生的现金流量	
筹资活动现金流入	
筹资活动现金流出	
筹资活动产生的现金流量净额	
四、汇率对现金的影响	
五、现金净增加额	

2. 各类现金流入和流出反映的经济业务（如表 5－3 所示）

表 5－3　　各类现金流入和流出反映的经济业务

经营活动现金流入	投资活动现金流入	筹资活动现金流入
销售商品、提供劳务	收回投资	发行股票
	取得利息、股利或利润	取得权益性投资
	出售固定资产	发行债券或取得借款
经营活动现金流出	投资活动现金流出	筹资活动现金流出
购买商品、接受劳务	购建固定资产和并购支出	偿还长期或短期借款
销售及管理费用	长期权益与债券投资	分配股利和利润
所得税		偿还借款利息

3. 现金流量表反映的财务管理内容（如表 5－4 所示）

表 5－4　　现金流量表反映的财务管理内容

项目	财务管理
一、经营现金净流量	1. 经营活动产生的现金流量 营业现金及其盈余产生能力：可用于支持经营性流动资产的规模、偿还债务本息和支持长期投资的内源融资
二、投资现金净流量	2. 投资活动产生的现金流量 投资于实物资产、权益性及债权性证券和这类投资的本金与收益的回收。如为负值意味着需要内外源融资
三、筹资现金净流量	3. 筹资活动产生的现金流量 外源融资能力：吸收投资、发行股票，分配利润、支付股利、偿付债务本息、返还股本或投资
四、汇率对现金的影响	
五、现金净增加额	

4. 企业经营业绩的质量

企业经营业绩的质量主要看净利润和经营活动产生的现金净流量的变动是否同步。如果同步表明企业经营业绩质量好，反之表明企业经营业绩质量差。

5. 企业所处的生命周期

一般来讲，处于初创期的企业，经营活动产生的现金流入金额小、比重小，投资活动产生的现金流量大、比重大。

处于成长期的企业，经营活动产生的现金流入金额大、比重大，投资活动、筹资活动产生的现金流出金额也大、比重也大。

处于稳态发展期的企业，经营活动产生现金流入金额大、比重大，但投资活动产生的现金流出金额小、比重也小。

处于衰退期的企业，经营活动产生的现金流入金额小、比重小，筹资活动产生的现金流出金额大、比重大。

6. 企业的财务状况变动

企业的财务状况变动主要看现金及现金等价物进增加额是正还是负，如果为正表明期末的财务状况好，反之变差。

此外，经营活动产生的现金净流量如果为正，表明企业在短期内有“造血”机能，反之则存在“失血”问题。

7. 企业运作的战略模式

经营活动的净现金流量所占比重——经营运作型企业。

投资活动与筹资活动产生的净相机流量所占比重——资本运作型企业。

8. 企业的生产运转情况

处置固定资产、无形资产和其他长期资产所回收的现金净额。

金额大、比重大说明企业有转型的情况，反之，则不存在生产转型情况。

9. 企业未来的盈利前景

购建固定资产、无形资产和其他长期资产所支付的现金与投资所支付的现金在投、融资现金流出总额中的比重。

比重越大，盈利前景越看好，反之则越差。

10. 外汇市场的汇率变化

汇率变动对现金的影响。

该金额为正，外汇汇率处于上升趋势，反之则下降。

第二节　现金流量表补充资料

一、现金流量表补充资料的编制

企业应当采用间接法在现金流量附注中披露将净利润调节为经营活动现金流量的信息。现金流量表补充资料包括将净利润调节为经营活动现金流量、不涉及现金收支的重大投资和筹资活动、现金及现金等价物净变动情况等项目。

通过阅读现金流量表补充资料，可以判断企业不产生现金流量，特别是不产生经营活动现金流量的业务活动规模及相应构成；还可以判断企业生产经营的其他相关情况。

（一）将净利润调节为经营活动现金流量的编制

1. 资产减值准备

这里所指的资产减值准备是指当期计提的扣除转回的减值准备，包括：坏账准备、存货跌价准备、投资性房地产减值准备、长期股权投资减值准备、持有至到期投资减值准备、固定资产减值准备、在建工程减值准备、工程物资减值准备、生物性资产减值准备、无形资产减值准备、商誉减值准备等。企业当期计提和按规定转回的各项资产减值准备，包括在利润表中，属于利润的减除项目，但没有发生现金流出。所以，在将净利润调节为经营活动现金流量时，需要加回。本项目可根据“资产减值损失”

科目的记录分析填列。

2. 固定资产折旧、油气资产折耗、生产性生物资产折旧

企业计提的固定资产折旧，有的包括在管理费用中，有的包括在制造费用中。计入管理费用中的部分，作为期间费用在计算净利润时从中扣除，但没有发生现金流出，在将净利润调节为经营活动现金流量时，需要予以加回。计入制造费用中的已经变现的部分，在计算净利润时通过销售成本予以扣除，但没有发生现金流出；计入制造费用中的没有变现的部分，既不涉及现金收支，也不影响企业当期净利润。由于在调节存货时，已经从中扣除，在此处将净利润调节为经营活动现金流量时，需要予以加回。同理，企业计提的油气资产折耗、生产性生物资产折旧，也需要予以加回。本项目可根据“累计折旧”“累计折耗”“生产性生物资产折旧”科目的记录分析填列。

3. 无形资产摊销和长期待摊费用摊销

企业对使用寿命有限的无形资产计提摊销时，计入管理费用或制造费用。长期待摊费摊销时，有的计入管理费用，有的计入销售费用，有的计入制造费用。计入管理费用等期间费用和计入制造费用中的已变现的部分，在计算净利润时已从中扣除，但没有发生现金流出；计入制造费用中的没有变现的部分，在调节存货时已经从中扣除，但不涉及现金收支，所以，在此处将净利润调节为经营活动现金流量时，需要予以加回。这个项目可根据“累计摊销”“长期待摊费用”科目的记录分析填列。

4. 处置固定资产、无形资产和其他长期资产的损失（减：收益）

企业处置固定资产、无形资产和其他长期资产发生的损益，属于投资活动产生的损益，不属于经营活动产生的损益，所以，在将净利润调节为经营活动现金流量时，需要予以剔除。如为损失，在将净利润调节为经营活动现金流量时，应当加回；如为收益，在将净利润调节为经营活动现金流量时，应当扣除。本项目可根据“营业外收入”“营业外支出”等科目所属有关明细科目的记录分析填列，净收益以“-”号填列。

【例5-1】 2007年，甲企业处置设备一台，原价180 000元，累计已提折旧110 000元，收到现金80 000元，产生处置收益10 000元［80 000-（180 000-110 000)］。处置固定资产的收益10 000元，在将净利润调节为经营活动现金流量时应当扣除。

5. 固定资产报废损失

企业发生的固定资产报废损益，属于投资活动产生的损益，不属于经营活动产生的损益，所以，在将净利润调节为经营活动现金流量时，需要予以剔除。如为净损失，在将净利润调节为经营活动现金流量时，应当加回；如为净收益，在将净利润调节为经营活动现金流量时，应当扣除。本项目可根据“营业外支出”“营业外收入”等科目所属有关明细科目的记录分析填列。

【例5-2】2007年，甲企业盘亏机器一台，原价130 000元，已提折旧120 000元；报废汽车一辆，原价180 000元，已提折旧110 000元；共发生固定资产盘亏、报废损失为80 000元［（130 000-120 000）+（180 000-110 000）］。固定资产盘亏、报废损失80 000元，在将净利润调节为经营活动现金流量时应当加回。

6. 公允价值变动损失

公允价值变动损失反映企业交易性金融资产、投资性房地产等公允价值变动形成的应计入当期损益的利得或损失。企业发生的公允价值变动损益，通常与企业的投资活动或筹资活动有关，而且并不影响企业当期的现金流量。为此，应当将其从净利润中剔除。本项目可以根据“公允价值变动损益”科目的记录分析填列。如为持有损失，在将净利润调节为经营活动现金流量时，应当加回；如为持有利得，在将净利润调节为经营活动现金流量时，应当扣除。

【例5-3】2006年12月31日，甲企业持有交易性金融资产的公允价值为800万元，2007年度未发生投资性房地产的增减变动，2007年12月31日，该企业持有交易性金融资产的公允价值为805万元，公允价值变动损益为5万元。这5万元的资产持有利得，在将净利润调节为经营活动现金流量时应当扣除。

7. 财务费用

企业发生的财务费用中不属于经营活动的部分，应当在将净利润调节为经营活动现金流量时将其加回。本项目可根据“财务费用”科目的记录分析填列；如为收益，以“-”号填列。

【例5-4】2007年，甲企业共发生财务费用350 000元，其中属于经营活动的为50 000元，属于筹资活动的为300 000元。属于筹资活动的财务费用300 000元，在将净利润调节为经营活动现金流量时应当加回。

8. 投资损失（减：收益）

企业发生的投资损益，属于投资活动产生的损益，不属于经营活动产生的损益，所以，在将净利润调节为经营活动现金流量时，需要予以剔除。如为净损失，在将净利润调节为经营活动现金流量时，应当加回：如为净收益，在将净利润调节为经营活动现金流量时，应当扣除。本项目可根据利润表中“投资收益”项目的记录分析填列；如为投资收益，以“-”号填列。

9. 递延所得税资产减少（减：增加）

递延所得税资产减少使计入所得税费用的金额大于当期应交的所得税金额，其差额没有发生现金流出，但在计算净利润时已经扣除，在将净利润调节为经营活动现金流量时，应当加回。递延所得税资产增加使计入所得税费用的金额小于当期应交的所得税金额，二者之间的差额并没有发生现金流入，但在计算净利润时已经包括在内，在将净利润调节为经营活动现金流量时，应当扣除。本项目可以根据资产负债表“递延所得税资产”项目的记录分析填列。

【例5－5】2007年1月1日，甲企业递延所得税资产借方余额为50 000元；2007年12月31日，递延所得税资产借方余额为125 000元，增加了75 000元，经分析，为该企业计提了固定资产减值准备30 000元，使资产和负债的账面价值与计税基础不一致。递延所得税资产增加的7 500元，在将净利润调节为经营活动现金流量时应当扣除。

10. 递延所得税负债增加（减：减少）

递延所得税负债增加使计入所得税费用的金额大于当期应缴的所得税金额，其差额没有发生现金流出，但在计算净利润时已经扣除，在将净利润调节为经营活动现金流量时，应当加回。如果递延所得税负债减少使计入当期所得税费用的金额小于当期应交的所得税金额，其差额并没有发生现金流入，但在计算净利润时已经包括在内，在将净利润调节为经营活动现金流量时，应当扣除。本项目可以根据资产负债表“递延所得税负债”项目的记录分析填列。

11. 存货的减少（减：增加）

期末存货比期初存货减少，说明本期生产经营过程耗用的存货有一部分是期初的存货，耗用这部分存货并没有发生现金流出，但在计算净利润时已经扣除，所以，在将净利润调节为经营活动现金流量时，应当加回。期末存货比期初存货增加，说明当期购入的存货除耗用外，还剩余了一部分，这部分存货也发生了现金流出，但在计算净利润时没有包括在内，所以，在将净利润调节为经营活动现金流量时，需要扣除。当然，存货的增减变化过程还涉及应付项目，这一因素在“经营性应付项目的增加（减：减少）”中考虑。本项目可根据资产负债表中“存货”项目的期初数、期末数之间的差额填列；期末数大于期初数的差额，以“－”号填列。如果存货的增减变化过程属于投资活动，如在建工程领用存货，应当将这一因素剔除。

【例5－6】2007年1月1日，甲企业存货余额为200 000元；2007年12月31日，存货余额为360 000元；2007年，存货增加了160 000元（360 000－200 000）。存货的增加金额160 000元，在将净利润调节为经营活动现金流量时应当扣除。

12. 经营性应收项目的减少（减：增加）

经营性应收项目包括应收票据、应收账款、预付账款、长期应收款和其他应收款中与经营活动有关的部分，以及应收的增值税销项税额等。经营性应收项目期末余额小于经营性应收项目期初余额，说明本期收回的现金大于利润表中所确认的销售收入，所以，在将净利润调节为经营活动现金流量时，需要加回。经营性应收项目期末余额大于经营性应收项目期初余额，说明本期销售收入中有一部分没有收回现金，但是，在计算净利润时这部分销售收入已包括在内，所以，在将净利润调节为经营活动现金流量时，需要扣除。本项目应当根据有关科目的期初、期末余额分析填列；如未增加，以“-”号填列。

【例5-7】 2007年1月1日，甲企业应收账款为750 000元，应收票据为230 000元；2007年12月31日，甲企业资料为：应收账款950 000元，应收票据为200 000元；2007年内，该企业经营性应收项目年末比年初增加了170 000元［（950 000-750 000）+（200 000-230 000）］。经营性应收项目增加金额170 000元，在将净利润调节为经营活动现金流量时应当扣除。

13. 经营性应付项目的增加（减：减少）

经营性应付项目包括应付票据、应付账款、预收账款、应付职工薪酬、应交税费、应付利息、长期应付款、其他应付款中与经营活动有关的部分，以及应付的增值税进项税额等。经营性应付项目期末余额大于经营性应付项目期初余额，说明本期购入的存货中有一部分没有支付现金，但是，在计算净利润时却通过销售成本包括在内，在将净利润调节为经营活动现金流量时，需要加回；经营性应付项目期末余额小于经营性应付项目期初余额，说明本期支付的现金大于利润表中所确认的销售成本，在将净利润调节为经营活动产生的现金流量时，需要扣除。本项目应当根据有关科目的期初、期末余额分析填列；如为减少，以“-”号填列。

【例5-8】 2007年1月1日，甲企业资料为：应付账款为600 000元，应付票据为390 000元，应付职工薪酬为10 000元，应交税费为60 000元；2007年12月31日，甲企业资料为：应付账款为850 000元，应付票据为300 000元，应付职工薪酬为15 000元，应交税费为40 000元；2007年内，经营性应付项目年末比年初增加了145 000元［（850 000-600 000）+（300 000-390 000）+（15 000-10 000）+（40 000-60 000）］。经营性应付项目增加金额145 000元，在将净利润调节为经营活动现金流量时应当加回。

（二）不涉及现金收支的重大投资和筹资活动的披露

不涉及现金收支的重大投资和筹资活动，反映企业一定期间内影响资产或负债但不形成该期现金收支的所有投资和筹资活动的信息。这些投资和筹资活动虽然不涉及当期现金收支，但对以后各期的现金流量有重大影响。例如，企业融资租入设备，将形成的负债计入”长期应付款”账户，当期并不支付设备款及租金，但以后各期必须为此支付现金，从而在一定期间内形成了一项固定的现金支出。

因此，现金流量表准则规定，企业应当在附注中披露不涉及当期现金收支、但影响企业财务状况或在未来可能影响企业现金流量的重大投资和筹资活动，主要包括：①债务转为资本，反映企业本期转为资本的债务金额；②一年内到期的可转换公司债券，反映企业一年内到期的可转换公司债券的本息；③融资租入固定资产；反映企业本期融资租入的固定资产。

二、影响企业现金流量的其他重要信息的披露

（一）企业当期取得或处置子公司及其他营业单位

现金流量表准则应用指南中列示了企业当期取得或处置其他营业单位有关信息的披露格式。主要项目包括：取得和处置子公司及其他营业单位的有关信息。其中取得子公司及其他营业单位的有关信息包括：取得的价格、支付的现金和现金等价物金额、支付的现金和现金等价物净额、取得的子公司净资产等信息。处置子公司及其他营业单位的有关信息包括：处置的价格、收到的现金和现金等价物金额、收到的现金净额、处置子公司的净资产等信息。

（二）现金和现金等价物有关信息

现金流量表准则要求企业在附注中披露与现金和现金等价物有关的下列信息：①现金和现金等价物的构成及其在资产负债表中的相应金额；②企业持有但不能由母公司或集团内其他子公司使用的大额现金和现金等价物金额。

三、现金流量表附表的基本内容

现金流量表补充资料如表 5 –5 所示。

表 5 –5　　现金流量表补充资料

项目	本年金额	上年金额
1. 将净利润调节为经营活动现金流量：		
净利润		
加：资产减值准备		
固定资产折旧、油气资产折耗、生产性生物资产折旧		
无形资产摊销		
长期待摊费用摊销		
处置固定资产、无形资产和其他长期资产的损失（收益以“–”号填列）		
固定资产报废损失（收益以“–”号填列）		
公允价值变动损失（收益以“–”号填列）		

续 表

项目	本年金额	上年金额
财务费用（收益以“-”号填列）		
投资损失（收益以“-”号填列）		
递延所得税资产减少（增加以“-”号填列）		
递延所得税负债增加（减少以“-”号填列）		
存货的减少（增加以“-”号填列）		
经营性应收项目的减少（增加以“-”号填列）		
经营性应付项目的增加（减少以“-”号填列）		
其他		
经营活动产生的现金流量净额		
2. 不涉及现金收支的重大投资和筹资活动：		
债务转为资本		
一年内到期的可转换公司债券		
融资租入固定资产		
3. 现金及现金等价物净变动情况：		
现金的期末余额		
减：现金的期初余额		
加：现金等价物的期末余额		
减：现金等价物的期初余额		
现金及现金等价物净增加额		

第三节 现金流量表质量分析

一、经营活动产生的现金流量

（一）经营活动现金流量整体上看

1. 经营活动现金净流量大于零

分析人员应关注大于零的程度，能否补偿非付现成本费用。

一般而言，企业经营活动现金净流量大于零意味着企业生产经营比较正常，具有“自我造血”的功能，企业经营活动现金净流量占总现金净流量的比率越大，说明企业的现金状况越稳定。

如果企业当期经营活动现金净流量在大于零的基础上，还能补偿当期发生的非付现成本，说明剩余的现金在未来期间基本上不再为经营活动所需，则企业可以将这部分现金用于扩大生产规模，或者选择其他有盈利能力的项目进行投资，从而增加企业的竞争能力。

2. 经营活动现金净流量等于零

意味经营过程中的现金“收支平衡”，此种情况现实中比较少见，对企业的长远发展不利。

3. 经营活动现金净流量小于零

意味着经营过程的现金流转存在问题，经营中“入不敷出”，这是最糟糕的情况。这种情况，企业不仅不能长期发展，甚至难以短期内进行简单再生产。

（二）经营活动现金流量具体分析

1. 销售商品、提供劳务收到的现金

本项目反映企业销售商品、提供劳务实际收到的现金，包括销售收入和应向购买者收取的增值税销项税额，具体包括：本期销售商品、提供劳务收到的现金，以及前期销售商品、提供劳务本期收到的现金和本期预收的款项，减去本期销售本期退回的商品和前期销售本期退回的商品支付的现金。企业销售材料和代购代销业务收到的现金，也在本项目反映。本项目可以根据“库存现金”“银行存款”“应收票据”“应收账款”“预收账款”“主营业务收入”“其他业务收入”科目的记录分析填列。

销售收现率 = 销售商品、提供劳务收到的现金/主营业务收入

该比率反映了企业的收入质量，一般的，该比率越高收入质量越高。当比值小于1时，说明本期的收入有一部分没有收到现金；当比值大于1时，说明本期的收入不仅全部收到了现金，而且还收回了以前期间的应收款项或预收账款增加。如果比值很小，则企业的经营管理肯定存在问题，企业可能存在比较严重的虚盈实亏。

“销售商品、提供劳务收到的现金”与资产负债表和利润表有关项目之间存在着钩稽关系，将这个钩稽关系用公式表示出来，我们可以用来诊断财务报表的内在逻辑是否合理。钩稽公式如下：

销售商品、提供劳务收到的现金 = 主营业务收入 + 收到的增值税销项税额 + 应收账款、应收票据的减少（减去交易对方以非现金资产清偿债务而减少的经营性应收项目） + 预收账款的增加

交易对方以非现金资产清偿债务而减少的经营性应收项目 = 主营业务收入 + 收到的增值税销项税额 + 应收账款、应收票据的减少 + 预收账款的增加 − 销售商品、提供

劳务收到的现金

这个公式为深入分析收入和应收款项的异动提供了线索。正常情况下，交易对方以非现金资产清偿债务的比例不应是一个很大的数目，如果出现该项目的测算金额很大，则表明可能存在以下几种异动情况：

（1）应收款项回收质量较差，债务人以非现金资产抵债的比重过大；

（2）与交易对手发生频繁的购销活动时，不伴随现金收付；

（3）与交易对手发生大量非货币性交易，其结算方式和会计处理导致现金流量与销售数据不钩稽；

（4）如果不存在合理的解释，则企业报表有被操控的可能。

乐视网公司案例

乐视网公司2007—2014年销售商品、提供劳务收到的现金情况如表5－6所示。

表5－6　　2007—2014销售商品、提供劳务收到的现金情况　　单位：万元

项目 \ 年度	2007	2008	2009	2010	2011	2012	2013	2014
销售商品、提供劳务收到的现金	2 070.37	5 514.89	15 121.19	18 412.66	38 182.11	54 332.60	145 840.24	582 907.50
环比（%）		166.37	174.19	21.77	107.37	42.30	168.42	299.69

从表中可以看出，乐视网2007—2014年经营活动销售商品、提供劳务收到的现金持续增加，但是增加幅度不稳定，最近2年增长幅度最大，可能说明企业销售收入收现能力在增强。

2. 收到的税费返还

“收到的税费返还”项目，反映企业收到返还的所得税、增值税、营业税、消费税、关税和教育费附加等各种税费返还款。

收到的税费返还＝收到的增值税的返还＋收到的消费税、营业税、教育费附加的返还＋收到的所得税的返还

利润表中的“补贴收入”项目，仅反映企业取得的各种补贴收入以及退回的增值税等。退回的所得税，冲减“所得税”项目；退回的消费税、营业税等，冲减“主营业务税金及附加”项目。因此，必须将利润表中的“补贴收入”项目与现金流量表中的“收到的税费返还”项目联系起来分析，从而判断一个企业实际接受政府的补贴情况。

乐视网公司案例

乐视网公司2007—2014年收到的税费返还情况如表5-7所示。

表5-7　2007—2014收到的税费返还情况　单位：万元

项目＼年度	2007	2008	2009	2010	2011	2012	2013	2014
收到的税费返还	0	0	0	0	153.77	1 219.05	450.77	18.6

从表中可以看出，前4年没有税费返还，从2011年起，收到的税费返还急剧增加一年后然后逐年缓慢减少。

3. 收到的其他与经营活动有关的现金

本项目反映企业除上述各项目外，收到的其他与经营活动有关的现金，如罚款收入、经营租赁固定资产收到的现金、投资性房地产收到的租金收入、流动资产损失中由个人赔偿的现金收入、除税费返还外的其他政府补助收入等。其他与经营活动有关的现金，如果价值较大的，根据“库存现金”“银行存款”“管理费用”“销售费用”等科目的记录分析填列。

“收到其他与经营活动有关的现金”项目，反映企业经营租赁收到的租金等其他与经营活动有关的现金流入，金额较大的应当单独列示。

收到的其他与经营活动有关的现金＝营业外收入（罚款收入）＋其他业务收入（经营租赁租金收入）＋补贴收入（不包括增值税的返还）＋其他应付款的增加

收到的其他与经营活动有关的现金异动倍数＝收到的其他与经营活动有关的现金/销售商品、提供劳务收到的现金

该指标的倍数越高，则说明公司的经营活动现金流入的异动程度越高。

乐视网公司案例

乐视网公司2007—2014年收到其他与经营活动有关的现金情况如表5-8所示。

表5-8　2007—2014年收到其他与经营活动有关的现金情况　单位：万元

项目＼年度	2007	2008	2009	2010	2011	2012	2013	2014
收到其他与经营活动有关的现金	357.9	84.31	886.38	990.81	2 373.13	10 922.18	14 642.69	13 913.77
环比（%）		-76.44	951.33	11.78	139.51	360.24	34.06	-4.98

从表中可以看出，其他与经营活动有关的现金总体在增长，2014 年比 2013 年略为减少。

4. 购买商品、接受劳务支付的现金

本项目反映企业购买材料、商品、接受劳务实际支付的现金，包括支付的货款以及与货款一并支付的增值税进项税额，具体包括：本期购买商品、接受劳务支付的现金，以及本期支付前期购买商品、接受劳务的未付款项和本期预付款项增加，减去本期发生的购货退回收到的现金。为购置存货而发生的借款利息资本化部分，应在“分配股利、利润或偿付利息支付的现金”项目中反映。本项目可以根据“库存现金”“银行存款”“应付票据”“应付账款”“预付账款”“主营业务成本”“其他业务支出”等科目的记录分析填列。

用公式表示“购买商品、接受劳务支付的现金”与资产负债表、利润表等各类报表的钩稽关系如下：

购买商品、接受劳务支付的现金 = 主营业务成本（减去本期生产成本中非存货转化的部分）+ 存货的增加 + 应交增值税进项税 + 应付账款、应付票据的减少（减去本期以非现金资产抵偿负债导致的应付账款、应付票据的减少） + 预付账款的增加

现金购销比率 = 购买商品、接受劳务支付的现金/销售商品、提供劳务收到的现金

在一般情况下，这一比率应接近于商品销售成本率。如果购销比率不正常，可能有两种情况：购进了呆滞积压商品；经营业务萎缩。两种情况都会对企业产生不利影响。

乐视网公司案例

乐视网公司 2007—2014 年购买商品、接受劳务支付的现金情况如表 5－9 所示。

表 5－9　　2007—2014 购买商品、接受劳务支付的现金情况　　单位：万元

项目＼年度	2007	2008	2009	2010	2011	2012	2013	2014
购买商品、接受劳务支付的现金	205.74	216.24	1 881.31	2 165.27	7 225.79	24 713.93	84 108.95	481 375.36

从表中可以看出，购买商品、接受劳务支付的现金从 2007 年的 205.74 万元到 2014 年的 481 375.36 万元持续增长，2008—2009 年增长幅度最大。

5. 支付给职工以及为职工支付的现金

本项目反映企业实际支付给职工的现金以及为职工支付的现金，包括企业为获得职工提供的服务，本期实际给予各种形式的报酬以及其他相关支出，如支付给职工的工资、奖金、各种津贴和补贴等，以及为职工支付的其他费用，不包括支付给在建工程人员的工资。支付的在建工程人员的工资，在“购建固定资产、无形资产和其他长期资产所支付的现金”项目中反映。

企业为职工支付的医疗、养老、失业、工伤、生育等社会保险基金、补充养老保险、住房公积金，企业为职工交纳的商业保险金，因解除与职工劳动关系给予的补偿，现金结算的股份支付，以及企业支付给职工或为职工支付的其他福利费用等，应根据职工的工作性质和服务对象，分别在”购建固定资产、无形资产和其他长期资产所支付的现金”和”支付给职工以及为职工支付的现金”项目中反映。

本项目可以根据“库存现金”“银行存款”“应付职工薪酬”等科目的记录分析填列。

“支付给职工以及为职工支付的现金 = 应付职工薪酬借方发生额（不包括支付给在建工程人员的薪酬）。该项目提供的信息是资产负债表和利润表所不能替代的。该项目数据应结合公司职工人数、资产负债表中的应付职工薪酬等信息进行分析，从而判断应付职工薪酬是否正常。

支付给职工以及为职工支付的现金比率 = 支付给职工以及为职工支付的现金/销售商品、提供劳务收到的现金

这一比率可以与企业过去的情况比较，也可以与同行业的情况比较，如比率过大，可能是人力资源有浪费，劳动效率下降，或者由于分配政策失控，职工收益分配的比例过大；如比率过小，反映职工的收益偏低。

乐视网公司案例

乐视网公司2007—2014年支付给职工以及为职工支付的现金情况如表5－10所示。

表5－10　2007—2014年支付给职工以及为职工支付的现金情况　单位：万元

项目 \ 年度	2007	2008	2009	2010	2011	2012	2013	2014
支付给职工以及为职工支付的现金	529.4	664.06	1 542.26	2 805.62	6 472.96	12 301.09	21 345.07	35 434.60
营业收入	3 691.63	7 360.71	14 573.14	23 825.82	58 956.00	116 730.71	236 124.47	681 893.86

从表中可以看出，为职工支付的现金持续增长，并且随着营业收入的增加而增加。

6. 支付的各项税费

本项目反映企业按规定支付的各项税费，包括本期发生并支付的税费，以及本期支付以前各期发生的税费和预缴的税金，如支付的营业税、增值税、消费税、所得税教育费附加、印花税、房产税、土地增值税、车船使用税等。不包括本期退回的增值税、所得税。本期退回的增值税、所得税等，在“收到的税费返还”项目中反映。本项目可以根据“应缴税费”“库存现金”“银行存款”等科目的记录分析填列。

“支付的各项税费”项目，反映企业本期发生并支付、以前各期发生本期支付以及预缴的各项税费，包括所得税、增值税、营业税、消费税、印花税、房产税、土地增值税、车船使用税、教育费附加等。

支付的各项税费 = 营业业务税金及附加 + 所得税费用 +（销售项税 - 进项税）- 应缴税费的增加 + 管理费用（房产税、车船使用税、土地增值税、印花税）

支付的增值税 =（销售项税 - 进项税）- 应缴增值税的增加

支付的所得税 = 所得税 - 应缴所得税的增加

乐视网公司案例

乐视网公司 2007—2014 年支付的各项税费情况如表 5 - 11 所示。

表 5 - 11　　2007—2014 年支付的各项税费情况　　单位：万元

项目 \ 年度	2007	2008	2009	2010	2011	2012	2013	2014
支付的各项税费	19.57	126.92	1 281.00	1 668.98	3 730.02	4 785.48	6 187.45	14 410.05
环比（%）		548.54	909.30	30.29	123.49	28.30	29.30	132.89

从表中可以看出，支付的各项税费从 2007 年到 2014 年持续增长，2007—2009 年增长幅度较大。支付的各项税费增加不仅与政策有关，也与收入的增加有关，一般情况下，收入增加，税费也增加。

7. 支付的其他与经营活动有关的现金

本项目反映企业除上述各项目外，支付的其他与经营活动有关的现金，如罚款支出、支付的差旅费、业务招待费、保险费、经营租赁支付的现金等。其他与经营活动有关的现金，如果金额较大的，应单列项目反映。本项目可以根据有关科目的记录分析填列。

从经营活动的角度讲，支付的其他与经营活动有关的现金主要与利润表中管理费用、营业费用相钩稽，可以用公式表示如下：

支付的其他与经营活动有关的现金 = 营业费用 + 管理费用 － 计入营业费用和管理费用的非付现项目（包括折旧、摊销、应付工资与应付福利费、坏账准备等） + 其他业务支出（经营租赁费用） + 营业外支出（罚款支出） + 其他应收款的增加

乐视网公司案例

乐视网公司 2007—2014 年支付其他与经营活动有关的现金情况如表 5－12 所示。

表 5－12　　2007—2014 年支付其他与经营活动有关的现金情况　　单位：万元

年度 项目	2007	2008	2009	2010	2011	2012	2013	2014
支付其他与经营活动有关的现金	727.65	2 942.52	2 962.69	6 215.10	8 589.77	14 053.34	31 707.09	42 201.53
环比（%）		304	1	110	38	64	126	33

从表中可以看出，2007—2014 年支付的其他与经营活动有关的现金持续增加。2013 年和 2014 年发生的支付其他与经营活动有关的现金数额较大，应关注企业在哪些方面支出较大，比如罚款支出较大，企业在下一年就要尽量避免罚款支出。

8. 经营活动现金流量流入、流出分析

乐视网公司案例

乐视网 2007—2014 年经营活动现金流量流入、流出情况如表 5－13 所示。

表 5－13　　乐视网 2007—2014 年经营活动现金流量流入、流出情况　　单位：万元

年度	2007	2008	2009	2010	2011	2012	2013	2014
现金流入小计	2 428.27	5 599.20	16 007.57	19 403.47	40 709.01	66 473.83	160 933.70	596 839.82
现金流出小计	1 482.37	3 949.75	7 667.26	12 854.96	26 018.54	55 853.84	143 348.56	573 421.55
现金流量净额	945.9	1 649.45	8 340.31	6 548.51	14 690.48	10 619.99	17 585.14	23 418.27

在经营活动产生的现金流入方面，乐视网 2007—2014 年呈增长趋势，八年经营活动的现金流入额分别为 2 428.27 万元、5 599.2 万元、16 007.57 万元、19 403.47 万元、40 709.01 万元、66 473.83 万元、160 933.70 万元、596 839.82 万元。现金流入的主要来源于网络视频基础服务和视频平台增值服务．表明乐视网近几年的销售情况良好，并呈现大好势头。

在经营活动产生的现金流出方面，2007—2014 年都呈现一个增长趋势，八年经营活动的现金流出额分别为 1 482.37 万元、3 949.75 万元、7 667.26 万元、12 854.96 万元、26 018.54 万元、55 853.84 万元、143 348.56 万元、573 421.55 万元。现金流出的主要来源于购买正版网络版权，可以看出乐视网在 2011 年已经意识到影视剧版权的合法化的问题，也可以说明乐视网业务扩大，尤其是增加版权购买力度，预计之后公司关于这方面的现金支出会继续加大。

总的来说，从 2007—2014 年经营活动产生的现金流量每年都为正值，且逐年增长，说明企业经营活动产生的现金流良好。

二、投资活动产生的现金流量

（一）投资活动现金流量整体上看：

投资活动是企业对外的股权、债权投资，以及对内的非货币性资产（固定资产、无形资产等）投资。

1. 投资活动现金净流量大于或等于零

得出两种相反的结论：

（1）企业投资收益显著，尤其是短期投资回报收现能力较强

（2）可能是企业因为财务危机，同时又难以从外部筹资，而不得不处置一些长期资产，以补偿日常经营活动的现金需求。

2. 投资活动现金净流量小于零

两种解释：

（1）企业投资收益状况较差，投资没取得经济效益，并导致现金净流出

（2）企业当期有较大的对外投资，因为大额投资一般会形成长期资产，并影响企业今后的生产经营能力，所以这种状况下对企业的长远发展有利。

（二）投资活动现金流量具体分析：

1. 收回投资收到的现金

本项目反映企业出售、转让或到期收回除现金等价物以外的交易性金融资产、持

有至到期投资、可供出售金融资产、长期股权投资而收到的现金。不包括债权性投资收回的利息、收回的非现金资产，以及处置子公司及其他营业单位收到的现金净额。债权性投资收回的本金，在本项目反映，债权性投资收回的利息，不在本项目中反映，而在“取得投资收益所收到的现金”项目中反映。处置子公司及其他营业单位收到的现金净额单设项目反映。本项目可以根据“交易性金融资产”“持有至到期投资”“可供出售金融资产”“长期股权投资”“库存现金”“银行存款”等科目的记录分析填列。

乐视网公司案例

乐视网公司2007—2014年收回投资收到的现金情况如表5－14所示。

表5－14　2007—2014年收回投资收到的现金情况　单位：万元

年度 项目	2007	2008	2009	2010	2011	2012	2013	2014
收回投资收到的现金	0	0	0	0	5 000.00	1 000.00	700.00	7 654.89

从表中可以看出，2007—2010年度没有收回投资收到的现金，2011—2014年度，企业收回投资收到的现金出现猛增的情况，乐视网可能在收缩对外投资的规模而减少股权投资，说明企业在重新调整投资战略有利于企业未来的发展。

2. 取得投资收益收到的现金

本项目反映企业因股权性投资而分得的现金股利收入，因债权性投资而取得的现金利息收入。股票股利由于不产生现金流量，不在本项目中反映。包括在现金等价物范围内的债券性投资，其利息收入在本项目中反映。本项目可以根据“应收股利”“应收利息”“投资收益”“库存现金”“银行存款”等科目的记录分析填列。

乐视网公司案例

乐视网公司2007—2014年取得投资收益收到的现金情况如表5－15所示。

表5－15　2007—2014年取得投资收益收到的现金情况　单位：万元

年度 项目	2007	2008	2009	2010	2011	2012	2013	2014
取得投资收益收到的现金	0	0	0	0	750.00	150.00	301.00	35.54
投资活动现金流入小计	0	0	0	190.00	5 767.92	1 150.00	1 001.75	7 690.70
比率（%）				0	13	13.04	30.05	0.46

从表中可以看出，各年金额较小，从取得投资收益收到的现金占取得投资收益收到的现金的比率来看，比率都比较小，说明企业前期投资本期获得的收益都比较小。

3. 处置固定资产、无形资产和其他长期资产收回的现金净额

本项目反映企业出售固定资产、无形资产和其他长期资产（如投资性房地产）所取得的现金，减去为处置这些资产而支付的有关税费用后的净额。处置固定资产、无形资产和其他长期资产所收到的现金，与处置活动支付的现金，两者在时间上比较接近，以净额反映更能准确反映处置活动对现金流量的影响。由于自然灾害等原因所造成的固定资产等长期资产报废、毁损而收到的保险赔偿收入，在本项目中反映。如处置固定资产、无形资产和其他长期资产所收回的现金净额为负数，则应作为投资活动产生的现金流量，在“支付的其他与投资活动有关的现金”项目中反映。本项目可以根据“固定资产清理”“库存现金”“银行存款”等科目的记录分析填列。

乐视网公司案例

乐视网公司2007—2014年处置固定资产、无形资产和其他长期资产情况如表5－16所示。

表5－16　2007—2014年处置固定资产、无形资产和其他长期资产情况　单位：万元

项目＼年度	2007	2008	2009	2010	2011	2012	2013	2014
处置固定资产、无形资产和其他长期资产	0	0	0	190.00	0	0	0.75	0.27

从表中可以看出，2010年处置固定资产、无形资产和其他长期资产收回的现金金额190万元，2013年和2014年分别为0.75万元和0.27万元。由于乐视网是一个网络信息技术公司，其固定资产较少，无形资产处置的金额也较小，所以处置固定资产、无形资产和其他长期资产收回的现金较少，应特别关注2010年收回的金额。

4. 处置子公司及其他营业单位收到的现金净额

本项目反映企业处置子公司及其他营业单位所取得的现金减去子公司或其他营业单位持有的现金和现金等价物以及相关处置费用后的净额。本项目可以根据有关科目的记录分析填列。

企业处置子公司及其他营业单位是整体交易，子公司和其他营业单位可能持有现金和现金等价物。这样，整体处置子公司或其他营业单位的现金流量，就应以处置价款中收到现金的部分，减去子公司或其他营业单位持有的现金和现金等价物以及相关

处置费用后的净额反映。

处置子公司及其他营业单位收到的现金净额如为负数，应将该金额填列至“支付其他与投资活动有关的现金”项目中。

5. 收到的其他与投资活动有关的现金

本项目反映企业除上述各项目外，收到的其他与投资活动有关的现金。其他与投资活动有关的现金，如果价值较大的，应单列项目反映。本项目可以根据有关科目的记录分析填列。

6. 购建固定资产、无形资产和其他长期资产支付的现金

本项目反映企业购买、建造固定资产，取得无形资产和其他长期资产（如投资性房地产）支付的现金，包括购买机器设备所支付的现金、建造工程支付的现金、支付在建工程人员的工资等现金支出，不包括为购建固定资产、无形资产和其他长期资产而发生的借款利息资本化部分，以及融资租入固定资产所支付的租赁费。为购建固定资产、无形资产和其他长期资产而发生的借款利息资本化部分，在“分配股利、利润或偿付利息支付的现金”项目中反映；融资租入固定资产所支付的租赁费，在“支付的其他与筹资活动有关的现金”项目中反映，不在本项目中反映。本项目可以根据“固定资产”“在建工程”“工程物资”“无形资产”“库存现金”“银行存款”等科目的记录分析填列。

乐视网公司案例

乐视网公司2007—2014年购建固定资产、无形资产和其他长期资产支付的现金情况如表5－17所示。

表5－17 2007—2014年购建固定资产、无形资产和其他长期资产支付的现金情况 单位：万元

项目＼年度	2007	2008	2009	2010	2011	2012	2013	2014
购建固定资产、无形资产和其他长期资产支付的现金	497.04	3 188.59	12 817.70	26 538.14	81 185.22	77 525.32	90 683.14	127 386.98

现金购买固定资产、无形资产和其他长期资产支付的现金持续增长且数额较大，说明乐视网在不断地扩大规模，且企业处于成长期有较多的投资机会；对于投资支付的现金，在2011年突然变为81 185.22万元，2014年更是变为127 386.98万元，说明乐视网在扩大长期投资，以及快速扩张并增加新的业务项目。

7. 投资支付的现金

本项目反映企业进行权益性投资和债权性投资所支付的现金，包括企业取得的除现金等价物以外的交易性金融资产、持有至到期投资、可供出售金融资产而支付的现金，以及支付的佣金、手续费等交易费用。

企业购买股票和债券时，实际支付的价款中包含的已宣告但尚未领取的现金股利或已到付息期但尚未领取的债券利息，应在“支付的其他与投资活动有关的现金”项目中反映；收回购买股票和债券时支付的已宣告但尚未领取的现金股利或已到付息期但尚未领取的债券利息，应在“收到的其他与投资活动有关的现金”项目中反映。

本项目可以根据“交易性金融资产”“持有至到期投资”“可供出售金融资产”“长期股权投资”“库存现金”“银行存款”等科目的记录分析填列。

乐视网公司案例

乐视网公司2007—2014年投资支付的现金情况如表5－18所示。

表5－18　　**2007—2014年投资支付的现金情况**　　单位：万元

项目 \ 年度	2007	2008	2009	2010	2011	2012	2013	2014
投资支付的现金	0	0	0	0	11 000.00	0	0	8 950.61

从表中可以看出，投资支付的现金只有2011年和2014年有金额，分别为11 000万元和8 950.61万元，说明企业在2011年和2014年有权益性投资和债权性投资，其余年份没有权益性投资和债权性投资。

8. 取得子公司及其他营业单位支付的现金净额

本项目反映企业取得子公司及其他营业单位购买出价中以现金支付的部分，减去子公司或其他营业单位持有的现金和现金等价物后的净额。本项目可以根据有关科目的记录分析填列。

整体购买一个单位，其结算方式是多种多样的，如购买方全部以现金支付或一部分以现金支付而另一部分以实物清偿。同时，企业购买子公司及其他营业单位是整体交易，子公司和其他营业单位除有固定资产和存货外，还可能持有现金和现金等价物。这样，整体购买子公司或其他营业单位的现金流量，就应以购买出价中以现金支付的部分减去子公司或其他营业单位持有的现金和现金等价物后的净额反映，如为负数，应在“收到其他与投资活动有关的现金”项目中反映。

乐视网公司案例

乐视网公司2007—2014年取得子公司及其他营业单位支付的现金净额情况如表5－19所示。

表5－19　2007—2014年取得子公司及其他营业单位支付的现金净额情况　单位：万元

项目＼年度	2007	2008	2009	2010	2011	2012	2013	2014
取得子公司及其他营业单位支付的现金净额	0	0	0	0	0	0	0	23 920.48

9. 2007—2014年投资活动现金流量流入、流出分析

乐视网公司案例

乐视网公司2007—2014年投资活动现金流量流入、流出情况如表5－20所示。

表5－20　乐视网2007—2014年投资活动现金流量流入、流出情况　单位：万元

项目＼年度	2007	2008	2009	2010	2011	2012	2013	2014
现金流入小计	0	0	0	190.00	5 767.92	1 150.00	1 001.75	7 690.70
现金流出小计	497.04	3 188.59	12 817.70	26 538.14	92 185.22	77 530.73	90 768.45	160 258.46
现金流量净额	-497	-3 188.59	-12 817.70	-26 348.14	-86 417.29	-76 380.73	-89 766.70	-152 567.76

2007—2014年乐视网投资活动现金流量流出的金额都小于零，这意味着投资活动的现金流入量小于与投资活动相关的现金流出量。根据资料查明，乐视网的收入大部分来源于版权分销，同时版权费用也在不断地增长，仅2011年度仅版权费用就增加了7.98亿元，而版权摊销费用增加了1.20亿元。据乐视网财报注释，其版权摊销期为十年，预计未来乐视网成本摊销将持续增长，带来分销业务毛利率下滑。乐视网还在不断进行投资，说明该企业是一个成长型企业。

三、筹资活动产生的现金流量

（一）筹资活动现金流量整体质量分析

1. 筹资活动现金净流量大于零

企业筹资活动现金流量一般会大于零，但分析人员应注意分析企业筹资活动现金流量大于零是否正常，企业的筹资活动是否已经纳入企业发展规划，是企业管理层以扩大投资和经营活动为目标的主动筹资行为，还是企业因投资活动和经营活动的现金流失控，企业不得已的筹资行为。

2. 筹资活动现金净流量小于零

一般是企业在本会计期间集中发生偿还债务、支付筹资费用、进行利润分配、偿付利息等业务。但也可能是企业在投资活动和企业战略发展方面没有更多作为的一种表现。

（二）筹资活动现金流量具体分析

1. 吸收投资收到的现金

本项目反映企业以发行股票等方式筹集资金实际收到的款项净额（发行收入减去支付的佣金等发行费用后的净额）。以发行股票等方式筹集资金而由企业直接支付的审计、咨询等费用等，在“支付的其他与筹资活动有关的现金”项目中反映；项目可以根据“实收资本（或股本）”“资本公积”“现金”“银行存款”等科目的记录分析填列。

乐视网公司案例

乐视网公司2007—2014年吸收投资收到的现金情况如表5-21所示。

表5-21　2007—2014年吸收投资收到的现金情况　单位：万元

项目＼年度	2007	2008	2009	2010	2011	2012	2013	2014
吸收投资收到的现金	0	5 280.00	0	68 496.00	0	3 548.00	55 147.80	42 039.75

从表中可以看出，从2007年到2011年吸收投资收到的现金不稳定，从2012年到2014年吸收投资收到的现金有一定的流入。

2. 借款收到的现金

本项目反映企业举借各种短期、长期借款而收到的现金，以及发行债券实际收到的款项净额（发行收入减去直接支付的佣金等发行费用后的净额）。本项目可以根据“短期借款”“长期借款”“交易性金融负债”“应付债券”“库存现金”“银行存款”等科目的记录分析填列。

乐视网公司案例

乐视网公司2007—2014年取得借款收到的现金情况如表5－22所示。

表5－22　2007—2014年取得借款收到的现金情况　单位：万元

项目＼年度	2007	2008	2009	2010	2011	2012	2013	2014
取得借款收到的现金	0	0	4 045.00	20 350.00	44 200.00	78 300.00	135 000.00	266 060.00
投资活动现金流出小计	497.04	3 188.59	12 817.70	26 538.14	92 185.22	77 530.73	90 768.45	160 258.46

从表中可以看出，乐视网从2009—2014年借款收到的现金逐年增加且数额较大，2009—2010年增长幅度较大，2011—2014年增长幅度较稳定。投资现金流出数也较大，说明企业具有扩大获利的机会，加快了投资和经营的步伐。

3. 收到的其他与筹资活动有关的现金

本项目反映企业除上述各项目外，收到的其他与筹资活动有关的现金。其他与筹资活动有关的现金，如果价值较大的，应单列项目反映。本项目可根据有关科目的记录分析填列。

乐视网公司案例

乐视网公司2007—2014年发行债券收到的现金情况如表5－23所示。

表5－23　2007—2014年发行债券收到的现金情况　单位：万元

项目＼年度	2007	2008	2009	2010	2011	2012	2013	2014
发行债券收到的现金	0	0	0	0	0	39 400.00	20 000.00	0

从表中可以看出，2007—2011 年该公司没有发行债券，2012 年发行债券收到的其他与筹资活动有关的现金 39 400 万元，2013 年发行债券收到的其他与筹资活动有关的现金 20 000 万元，2014 年没有发行债券。

4. 偿还债务所支付的现金

本项目反映企业以现金偿还债务的本金，包括：归还金融企业的借款本金、偿付企业到期的债券本金等。企业偿还的借款利息、债券利息，在“分配股利、利润或偿付利息所支付的现金”项目中反映。本项目可以根据“短期借款”“长期借款”“交易性金融负债”“应付债券”“库存现金”“银行存款”等科目的记录分析填列。

乐视网公司案例

乐视网公司 2007—2014 年偿还债务支付的现金情况如表 5－24 所示。

表 5－24　　2007—2014 年偿还债务支付的现金情况　　单位：万元

年度 / 项目	2007	2008	2009	2010	2011	2012	2013	2014
偿还债务支付的现金	300	0	45	17 350.00	10 700.00	43 840.00	84 645.03	173 840.66

从表中可以看出，乐视网在 2008 年没有偿还债务，其余的六年都在偿还债务，从 2011 年度起，每年偿还的债务都在增加。

5. 分配股利、利润或偿付利息支付的现金

本项目反映企业实际支付的现金股利、支付给其他投资单位的利润或用现金支付的借款利息、债券利息。不同用途的借款，其利息的开支渠道不一样，如在建工程、财务费用等，均在本项目中反映。本项目可以根据“应付股利”“应付利息”“利润分配”“财务费用”“在建工程”“制造费用”“研发支出”“库存现金”“银行存款”等科目的记录分析填列。

乐视网公司案例

乐视网公司 2007—2014 年分配股利、利润或偿付利息支付的现金情况如表 5－25 所示。

表 5－25　　2007—2014 年分配股利、利润或偿付利息支付的现金情况　　单位：万元

项目＼年度	2007	2008	2009	2010	2011	2012	2013	2014
分配股利、利润或偿付利息支付的现金	13.00	0	74.00	448.00	2 769.00	5 143.00	11 479.00	16 179.47

乐视网 2011 年前分配现金股利很少，2011 年后，每年分配的现金股利很高，说明企业战略实施良好，获得了良好的利润，同时加大了对股东的回报年。

6. 支付的其他与筹资活动有关的现金

本项目反映企业除上述各项目外，支付的其他与筹资活动有关的现金，如以发行股票、债券等方式筹集资金而由企业直接支付的审计、咨询等费用，融资租赁各期支付的现金、以分期付款方式构建固定资产、无形资产等各期支付的现金。其他与筹资活动有关的现金，如果价值较大的，应单列项目反映。本项目可以根据有关科目的记录分析填列。

乐视网公司案例

乐视网公司 2007—2014 年支付其他与筹资活动有关的现金情况如表 5－26 所示。

表 5－26　　2007—2014 年支付其他与筹资活动有关的现金情况　　单位：万元

项目＼年度	2007	2008	2009	2010	2011	2012	2013	2014
支付其他与筹资活动有关的现金	0	0	0	269.00	0	483.00	2557.00	2 752.92

乐视网支付其他与筹资活动有关的现金在 2012 年前金额不太大，2013 年后金额变动比较大。

7. 2007—2014 年筹资活动现金流量流入、流出分析

乐视网公司 2007—2014 年筹资活动现金流量流入、流出情况如表 5－27 所示。

表 5－27　　乐视网 2007—2014 年筹资活动现金流量流入、流出情况　　单位：万元

项目＼年度	2007	2008	2009	2010	2011	2012	2013	2014
现金流入小计	0	5 280.00	4 045.00	88 846.00	44 200.00	121 248.00	210 147.80	308 099.75
现金流出小计	313.22	0	119.49	18 067.17	13 468.66	49 465.69	98 681.80	192 773.05
现金流量净额	－313.22	5 280.00	3 925.51	70 778.83	30 731.34	71 782.31	111 466.00	115 326.70

根据表6－9和图6－3可以看出，除了2007年度的筹资活动现金流量小于零以外，从2008—2014年度的筹资活动现金流量都大于零，而且筹资金额越来越大，说明乐视网在不断地扩大规模。

四、汇率变动对现金的影响

“汇率变动对现金的影响”项目，反映下列项目之间的差额：

（1）企业外币现金流量折算为记账本位币时，所采用的现金流量发生日的即期汇率或按照系统合理的方法确定的、与现金流量发生日即期汇率近似的汇率折算的金额（编制合并现金流量表时还包括折算境外子公司的现金流量，应当比照处理）。

（2）“现金及现金等价物净增加额”中外币现金净增加额按期末汇率折算的金额。

五、现金流量表补充资料

（1）“资产减值准备”项目，反映企业本期计提的坏账准备、存货跌价准备、长期股权投资减值准备、持有至到期投资减值准备、投资性房地产减值准备、固定资产减值准备、在建工程减值准备、无形资产减值准备、商誉减值准备、生产性生物资产减值准备、油气资产减值准备等资产减值准备。

（2）“固定资产折旧”“油气资产折耗”“生产性生物资产折旧”项目，分别反映企业本期计提的固定资产折旧、油气资产折耗、生产性生物资产折旧。

（3）“无形资产摊销”“长期待摊费用摊销”项目，分别反映企业本期计提的无形资产摊销、长期待摊费用摊销。

（4）“处置固定资产、无形资产和其他长期资产的损失”项目，反映企业本期处置固定资产、无形资产和其他长期资产发生的损失。

（5）“固定资产报废损失”项目，反映企业本期固定资产盘亏发生的损失。

（6）“公允价值变动损失”项目，反映企业持有的采用公允价值计量、且其变动计入当期损益的金融资产、金融负债等的公允价值变动损益。

（7）“财务费用”项目，反映企业本期发生的应属于投资活动或筹资活动的财务费用。

（8）“投资损失”项目，反映企业本期投资所发生的损失减去收益后的净损失。

（9）“递延所得税资产减少”项目，反映企业资产负债表“递延所得税资产”项目的期初余额与期末余额的差额。

（10）“递延所得税负债增加”项目，反映企业资产负债表“递延所得税负债”项目的期初余额与期末余额的差额。

（11）“存货的减少”项目，反映企业资产负债表“存货”项目的期初余额与期末余额的差额。

(12)“经营性应收项目的减少”项目，反映企业本期经营性应收项目（包括应收票据、应收账款、预付款项、长期应收款和其他应收款中与经营活动有关的部分及应收的增值税销项税额等）的期初余额与期末余额的差额。

(13)“经营性应付项目的增加”项目，反映企业本期经营性应付项目（包括应付票据、应付账款、预收款项、应付职工薪酬、应缴税费、应付利息、应付股利、长期应付款、其他应付款中与经营活动有关的部分及应付的增值税进项税额等）的期初余额与期末余额的差额。

第四节 现金流量表结构分析

现金流量结构分析包括：现金流入结构分析；现金流出结构分析；现金流入流出结构分析。

(1) 现金流入结构分析：现金流入结构分析就是将经营活动、投资活动和筹资活动的现金流入加总合计，然后计算每个现金流入项目金额占总流入金额的比率，分析现金流入的结构和含义。

(2) 现金流出结构分析：现金流出结构分析就是将经营活动、投资活动和筹资活动的现金流出加总合计，然后计算每个现金流出项目金额占总流入金额比率，分析现金流出的结构和含义。

(3) 现金流入流出结构分析：一般而言，对于一个正常发展的企业，经营活动现金流入和流出的比率应大于1，投资活动现金流入和流出的比率应小于1，筹资活动现金流入和流出之间的比例随着企业资金余缺的程度围绕1上下波动。

一、经营活动现金流入结构分析

乐视网公司2007—2014年经营活动现金流入结构情况如表5－28所示。

表5－28　　2007—2014年经营活动现金流入结构情况　　单位：%

项目＼年度	2007	2008	2009	2010	2011	2012	2013	2014
销售商品、提供劳务收到的现金	85.26	98.49	94.46	94.89	93.79	81.74	90.62	97.67
收到的税费返还	0	0	0	0	0.38	1.83	0.28	0
收到其他与经营活动有关的现金	14.74	1.51	5.54	5.11	5.83	16.43	9.1	2.33
经营活动现金流入小计	100.00	100.00	100.00	100.00	100.00	100.00	100.00	100.00

从乐视网经营活动现金流入结构来看，销售商品、提供劳务收到的现金所占的比

重最大，长期占比达到90%以上，最低时也超过80%；收到的税费返还占比最小，最近3年比重逐年减少。因此，该公司的销售商品、提供劳务收到的现金是企业经营活动现金最重要的来源。

二、投资活动现金流入结构分析

乐视网公司2007—2014年投资活动现金流入结构情况如表5－29所示。

表5－29　　2007—2014年投资活动现金流入结构情况　　单位:%

项目 \ 年度	2007	2008	2009	2010	2011	2012	2013	2014
收回投资收到的现金					86.69	86.96	69.88	99.53
取得投资收益收到的现金					13	13.04	30.05	0.46
处置固定资产、无形资产和其他长期				100			0.07	0
资产收回的现金净额								
处置子公司及其他营业单位收到的现金净额					0.311			
收到其他与投资活动有关的现金				0	0			
投资活动现金流入小计	—	—	—	100	100	100	100	100

从乐视网投资活动现金流入结构来看，2011—2014年收回投资收到的现金比重最大，取得投资收益收到的现金总体较小，说明企业投资取得的投资效果并不理想。

三、筹资活动现金流入结构分析

乐视网公司2007—2014年筹资活动现金流入结构情况如表5－30所示。

表5－30　　2007—2014年筹资活动现金流入结构情况　　单位:%

项目 \ 年度	2007	2008	2009	2010	2011	2012	2013	2014
吸收投资收到的现金	0	100	0	77.1	0	2.92	26.24	13.64
子公司吸收少数股东投资收到的现金	0	0	0	0	0	0	0	0
取得借款收到的现金	0	0	100	22.9	100	64.58	64.24	86.36
收到其他与筹资活动有关的现金	0	0	0	0	0	0	0	0
发行债券收到的现金	0	0	0	0	0	32.5	9.52	0
筹资活动现金流入小计	0	100	100	100	100	100	100	100

从乐视网筹资活现金流入结构来看，借款和吸收投资是企业最重要的两种筹资方

式，其中借款的比重最大。

四、经营活动现金流出结构分析

乐视网公司2007—2014年经营活动现金流出结构情况如表5－31所示。

表5－31　　2007—2014年经营活动现金流出结构情况　　单位：%

项目＼年度	2007	2008	2009	2010	2011	2012	2013	2014
购买商品、接受劳务支付的现金	13.88	5.48	24.54	16.84	27.77	44.25	58.67	83.95
支付给职工以及为职工支付的现金	35.71	16.81	20.11	21.83	24.88	22.02	14.89	6.18
支付的各项税费	1.32	3.21	16.71	12.98	14.34	8.57	4.32	2.51
支付其他与经营活动有关的现金	49.09	74.5	38.64	48.35	33.01	25.16	22.12	7.36
经营活动现金流出小计	100	100	100	100	100	100	100	100

从乐视网经营活动现金流出结构来看，购买商品、接受劳务支付的现金比重总体上持续增长，占比越来越大，2014年最高达到83.95%。支付给职工以及为职工支付的现金比重持续降低，可能的原因是公司业务增长过快，需要购买商品、接受劳务支付的现金增长也很快导致支付给职工以及为职工支付的现金比重降低。

五、投资活动现金流出结构分析

乐视网公司2007—2014年投资经营活动现金流出结构情况如表5－32所示。

表5－32　　2007—2014年投资活动现金流出结构情况　　单位：%

项目＼年度	2007	2008	2009	2010	2011	2012	2013	2014
购建固定资产、无形资产和其他长期资产支付的现金	100	100	100	100	88.07	99.99	99.91	79.48
投资支付的现金	0	0	0	0	11.93	0	0	5.59
取得子公司及其他营业单位支付的现金净额	0	0	0	0	0	0	0	14.93
支付其他与投资活动有关的现金	0	0	0	0	0	0.01	0.09	0
投资活动现金流出小计	100	100	100	100	100	100	100	100

从乐视网投资活动现金流出结构来看，投资活动现金流出基本全是购建固定资产、无形资产和其他长期资产支付的现金。说明企业注重长期发展，把资金主要投资用于

能为企业创造利润的固定资产、无形资产中。

六、筹资活动现金流出结构分析

乐视网公司2007—2014年筹资活动现金流出结构情况如表5－33所示。

表5－33 2007—2014年筹资活动现金流出结构情况 单位:%

项目＼年度	2007	2008	2009	2010	2011	2012	2013	2014
偿还债务支付的现金	95.85	0	38.07	96.03	79.44	88.62	85.78	90.18
分配股利、利润或偿付利息支付的现金	4.15	0	61.93	2.48	20.56	10.4	11.63	8.39
子公司支付给少数股东的股利	0	0	0	0	0	0	0	0
支付其他与筹资活动有关的现金	0	0	0	1.49	0	0.98	2.59	1.43
筹资活动现金流出小计	100	0	100	100	100	100	100	100

从乐视网筹资活动现金流出结构来看，偿还债务支付的现金站了绝大部分，而企业分配的现金股利所占比重不大，可能的原因是企业站在发展战略角度，优先把资金用于需要资金的地方，同时也适度兼顾投资者的现金股利。

七、现金流量净额分析

乐视网公司2007—2014年现金流量净额情况如表5－34所示。

表5－34 2007—2014年现金流量净额情况 单位：万元

项目＼年度	2007	2008	2009	2010	2011	2012	2013	2014
经营活动现金净流量	945.90	1 649.45	8 340.31	6 548.51	14 690.48	10 619.99	17 585.14	23 418.27
投资活动现金净流量	－497.04	－3 188.59	－12 817.70	－26 348.14	－86 417.29	－76 380.73	－89 766.70	－152 567.76
筹资活动现金净流量	－313.22	5 280.00	3 925.51	70 778.83	30 731.34	71 782.31	111 466.00	115 326.70
合计	135.64	3 740.86	－551.88	50 979.20	－40 995.47	6 021.57	39 284.44	－13 822.79

企业三项最重要的活动总共创造的现金流2010年和2013年最多，但是总体看企业2010年后现金流小计比之前多很多，说明企业战略发展调整起到很好的促进作用，不过2011—2014年企业连续动用大量现金投资，其中最主要的是固定资产和无形资产的投资，如果投资顺利，企业发展前景比较乐观。

第六章　偿债能力分析

本章学习重点

1. 短期偿债能力指标计算；
2. 长期偿债能力指标计算。

第一节　偿债能力分析概述

一、偿债能力的概念

偿债能力是指企业利用经济资源偿还所欠债务本金和利息的能力。同时，偿债能力也是现代企业综合财务能力的重要组成部分，是企业经济效益持续增长的稳健性保证。

企业偿债能力是反映企业财务状况和经营能力的重要标志，是企业偿还到期债务的承受能力或保证程度，是企业能否生存和健康发展的关键。对企业偿债能力进行分析，对于企业投资者、经营者、债权人和供应者都有着十分重要的意义与作用：第一，企业偿债能力分析有利于投资者进行正确的投资决策；第二，企业偿债能力分析有利于企业经营者进行正确的经营决策；第三，企业偿债能力分析有利于债权人进行正确的借贷决策；第四，企业偿债能力分析有利于供应商对企业的财务状况和风险机制进行合理的估量。

由此可见，企业的偿债能力涉及企业不同利益主体的切身利益，影响企业的信誉，给企业的生产经营带来直接影响，甚至导致企业破产清算。当企业偿债能力较差时，投资者由于不愿意承担过高的破产清算的风险而在资本市场抛售企业的股票，导致股票价格的下跌；银行会提高贷款利率以补偿其承担的偿债风险；其他债权人会不愿意授予企业信用。

因此，企业应当重视并有效提高偿债能力，不仅是出于维护债权人正当权益的法律约束，而且也是企业保持良好的市场形象和资信地位，避免风险和损失，实现企业价值最大化目标的客观需求。

二、偿债能力分析的内容

企业的偿债能力分析受企业负债内容和偿债所需资产内容的影响。一般来说，由于负债可以分为流动负债和长期负债，资产可以分为流动资产和非流动资产，因此，偿债能力分析通常可以分为短期偿债能力分析和长期偿债能力分析。

（一）短期偿债能力分析

短期偿债能力是企业流动资产的数量和质量超过流动负债的程度，或者说是指企业在短期债务到期时可以变现为现金用于偿还流动负债的能力。

（二）长期偿债能力分析

长期偿债能力是指企业偿还长期负债的能力，或者说是在企业长期债务到期时，企业盈利或者资产可用于偿还长期负债的能力。

（三）短期偿债能力与长期偿债能力之间的关系

企业的短期偿债能力和长期偿债能力，统称为偿债能力，共同反映企业对各种债务压力的承受程度。

1. 短期偿债能力与长期偿债能力的联系

（1）两者都是从特定资产和特定负债相对关系的角度揭示企业的财务风险。

（2）两者在指标值方面存在相互影响、相互转化的关系。如在资负债表中，应将一年或者超过一年的一个营业周期以内到期的长期借款或者长期债券作为流动负债列示，因此长期负债得以偿还的前提是企业具有较强的短期偿债能力，短期偿债能力是长期偿债能力的基础。

（3）两者从根本上说，都受制于企业的经营能力。

2. 短期偿债能力与长期偿债能力的区别

（1）两者的偿还期限不同。短期偿债能力的偿还期限是在一年或者超过一年的一个营业周期以内；而长期偿债能力的偿还期限一般为一年以上。

（2）两者的实质内容不同。短期偿债能力的实质内容在于现金支付能力，长期偿债能力的实质内容在于资产、负债与所有者权益之间的构成比例关系，也即企业的财务结构和资本结构。

（3）两者的稳定程度不同。短期偿债能力的债务偿付一般是企业的流动性支出，具有较大的流动性；长期偿债能力的债务偿付一般是企业的固定性支出，具有相对的稳定性。

（4）两者的物质承担者不同。短期偿债能力的物质承担者是企业的流动资产；长期偿债能力的物质承担者是企业的资本结构及企业的盈利水平。

第二节　短期偿债能力分析

一、短期偿债能力的概念

短期偿债能力也称支付能力，是指企业以流动资产偿还流动负债的能力。它反映企业偿付日常到期债务的实力。企业能否及时偿付到期的流动负债，是反映企业财务状况好坏的重要标志。

对债权人来说，企业要具有充分的偿还能力，才能保证其债权的安全，按期取得利息，到期收回本金；对投资者来说，如果企业缺乏短期偿债能力，就会牵制企业经营管理人员的大量精力去筹措资金，影响企业的盈利能力；对供应商来说，如果企业缺乏短期偿债能力，则可能影响应收账款的取回；对员工来说，如果企业缺乏短期偿债能力，有可能会影响到他们的劳动所得；对企业管理者来说，如果企业缺乏短期偿债能力，会直接影响企业的生产经营活动、筹资活动和投资活动的正常进行。因此，企业短期偿债能力是企业本身及有关方面都很关心的重要问题。

企业短期偿债能力大小，要看流动资产和流动负债的数量和质量状况，即流动资产的流动性和流动负债的偿还性。反映企业短期偿债能力的财务指标有营运资金、流动比率、速动比率、现金比率、经营现金流量，本节主要对前四个指标进行分析。

二、短期偿债能力的分析指标

（一）营运资金

1. 营运资金的概念

营运资金是指流动资产减去流动负债后的差额，也称净营运资本，表示企业的流动资产在偿还全部流动负债后还有多少剩余。

其计算公式为：

$$营运资金 = 流动资产 - 流动负债$$

2. 营运资金的分析

营运资金指标的意义在于能够直接反映流动资产保障流动负债偿还后能够剩余的金额，是反映企业短期偿债能力的绝对量指标。由于营运资金受企业财务运作和企业规模的影响，所有对营运资金指标的分析一般仅进行纵向比较而很少进行横向比较。

一般来说，当营运资金为正值时，表明企业有能力用流动资产偿还全部短期债务；当营运资金为零或负值时，表明企业的流动资产已无力偿还全部短期负债，企业资金将无法周转。但是，并不是营运资金越多越好，营运资金过多，说明企业有部分资金闲置，没有充分发挥其效益，会影响获利能力。

乐视网公司案例

1. 乐视网2007—2014年营运资金情况如表6－1、图6－1所示。

乐视网2014年的营运资金＝3 584 878 400.88－4 403 875 426.66＝－818 997 025.78（元）

表6－1 **乐视企业的营运资金计算表** 单位：亿元

年度 项目	2007	2008	2009	2010	2011	2012	2013	2014
流动资产	0.11	0.85	0.67	6.74	6.64	8.91	18.60	35.80
流动负债	0.05	0.05	0.50	0.93	6.52	11.10	25.10	44.00
营运资金	0.06	0.8	0.17	5.81	0.12	−2.19	−6.5	−8.2

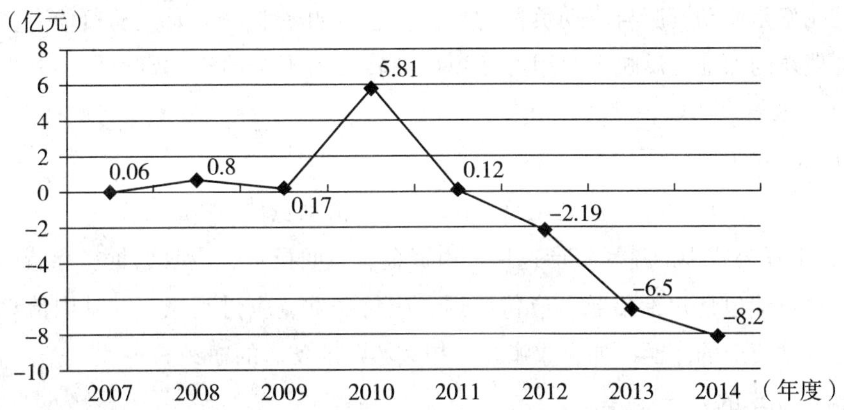

图6－1 乐视网2007—2014年的营运资金变动

营运资金数额的多少，一般能反映企业短期偿债能力的强弱。在本例中，由上表可知，乐视企业的营运资金从2007年至2009年先增加后下降，2010年上升到最高点，之后逐年下降。至于营运资金的增减情况，还需结合企业生产经营规模的改变、流动资产结构的调整、反映短期偿债能力的其他指标等，来作出合理的评价。

2. 乐视网 2007—2014 年营运资金占总资产的比重情况如表 6－2 所示。

表 6－2　　乐视企业营运资金占总资产的比重情况　　单位：亿元

项目＼年度	2007	2008	2009	2010	2011	2012	2013	2014
营运资金	0.06	0.8	0.17	5.81	0.12	－2.19	－6.5	－8.2
资产总额	0.64	1.48	2.37	10.30	17.70	29.00	50.20	88.50
所占比重（%）	9.38	54.05	7.17	56.41	0.68	－7.55	－12.95	－9.27

从表中可以看出，绝对数上，乐视企业的营运资金的绝对值随着公司资产规模的增长而不断增长；相对数上，营运资金占总资产的比重随着总资产规模的增长而受到波动，整体来说是下降的。

营运资金指标多少为宜并没有固定的标准。对于企业来说，过多持有营运资金虽然可以提高短期偿债能力，降低财务风险，但是也有可能会降低企业的盈利能力。因此，企业应该根据本身的实际情况，采取不同的融资策略，合理安排企业的营运资金额。

（二）流动比率

1. 流动比率的概念

流动比率是流动资产与流动负债的比值。它表明企业每 1 元流动负债有多少流动资产作为偿还的保证，反映企业用可在短期内转变为现金的流动资产偿还到期流动负债的能力。

其计算公式为：

流动比率＝流动资产/流动负债

（注：上述公式中的流动资产包括货币资金、短期投资、应收票据、存货、应收账款等，流动负债包括短期借款、应付票据、应付账款、应付利息等。其中流动资产通常指的是流动资产的净额，如应收账款是扣减坏账准备后的净额。）

2. 流动比率的分析

流动比率指标的意义在于揭示流动资产对流动负债的保障程度，考察短期债务偿还的安全性。同时，流动比率的高低受企业所处行业的性质与特点的影响较大，因此在确定流动比率分析标准时，要考虑行业因素。

一般说来，流动比率＜1，资金流动性差；流动比率在 1.5～2 之间，资金流动性一般；流动比率＞2，说明流动性好。比率越高，说明企业资产的变现能力越强，短期偿债能力亦越强；反之则弱。但如果比率过高，表示企业资金占用太多，而流动资产的盈利性本来就很差，如银行存款、应收账款、存货这些太多并不会给企业带来盈利。

乐视网公司案例

乐视网 2007—2014 年流动比率情况如表 6－3 所示。

乐视网 2014 年的流动比率 = 3 584 878 400.88 ÷4 403 875 426.66 =0.81

表 6－3　　2007—2014 年流动比率情况　　单位：亿元

项目 \ 年度	2007	2008	2009	2010	2011	2012	2013	2014
流动资产	0.11	0.85	0.67	6.74	6.64	8.91	18.60	35.80
流动负债	0.05	0.05	0.50	0.93	6.52	11.10	25.10	44.00
流动比率	2.20	17.00	1.34	7.25	1.02	0.80	0.74	0.81

从表 6－3 可以看出，流动比率呈下降趋势。2008 年的流动比率达到最高值 17，这可能与 2008 年的金融危机有关。除此之外，整体的流动比率范围在 74% ~134% 之间，说明乐视网公司 2010—2014 年度的流动资产均低于流动负债，不能抵补流动负债，公司短期偿债能力较弱。

（三）速动比率

1. 速动比率的概念

速动比率又称“酸性测验比率”（Acid－test Ratio、Quick Ratio），是指速动资产对流动负债的比率。它是衡量企业流动资产中可以立即变现用于偿还流动负债的能力。

其计算公式为：

速动比率 = 速动资产/流动负债

所谓速动资产，狭义上是指流动资产减去变现能力较差且不稳定的预付款项、存货、一年内到期的非流动资产和其他流动资产等项目后的金额。即狭义的速动资产包括货币资金、短期投资（交易性融资产品）、应收票据、应收账款等可以在较短时间内变现，而流动资产中存货、预付款项、一年内到期的非流动资产及其他流动资产等则不应计入；广义的速动资产指的是流动资产只扣除存货后的金额。即：

广义：速动资产 = 流动资产 － 存货

狭义：速动资产 = 货币资金 + 短期投资 + 应收票据 + 应收账款 + 其他应收款等

2. 速动比率的分析

一般来说，速动比率越高，说明企业的流动性越好，流动负债的安全程度越高，短期债权人到期收回本息的可能性越大。与流动比率类似，从企业的角度看，速动比率也不是越高越好，还要对企业的具体情况进行分析。

根据经验，通常认为速动比率等于1比较合理。因此，在财务分析中，往往以1作为速动比率的比较标准，认为企业的速动比率在1左右比较正常，偏离1太多则存在一定的问题。但是这不是绝对的，不同的环境、不同的时期、不同的行业，情况不一定相同。

需要防止出现的是，短期借款用于长期用途，即"短贷长投"。这是一种非常危险的现象。在这种情况下，企业必须要能持续创造良好的经营活动现金流，否则，如果企业资产的盈利能力不强，经营活动现金流量匮乏，就会使企业资金的周转发生困难，造成流动比率下降，偿债能力恶化，陷入难以自拔的财务困境。

乐视网公司案例

乐视网2007—2014年速动比率情况如表6－4所示。

乐视网2014年的速动比率＝(3 584 878 400.88－733 526 978.69)÷4 403 875 426.66
＝0.647 464 141 45

(注：在本例子中是用广义的速动资产计算的。)

表6－4　　2007—2014年速动比率情况　　单位：亿元

项目＼年度	2007	2008	2009	2010	2011	2012	2013	2014
流动资产	0.11	0.85	0.67	6.74	6.64	8.91	18.6	35.8
流动负债	0.05	0.05	0.50	0.93	6.52	11.10	25.10	44.00
存货	0.004 4	0.004 3	0.01	0.04	0.05	0.27	1.47	7.34
速动比率	2.11	16.91	1.32	7.20	1.01	0.78	0.68	0.65

由上表可知，乐视网公司2010—2014年的速动比率逐年下降，说明公司存货在资产中占比较小，流动资产结构较为合理，但由于公司所处行业的特殊性，并不能说公司短期偿债能力有所提升。2008年的比率显著较高，除了2010年，其他年度速动比率基本在1:1左右，趋于正常值，但是企业在经营活动、投资活动和筹资活动中均出现过负增长，说明企业在资金利用方面还有待提高，使资金价值最大化，争取更大的盈利。

速动比率是流动比率分析的一个重要辅助指标，有时企业的流动比率虽然很高，但是流动资产中易于变现、具有即刻支付能力的资产却很少，则企业短期偿债能力仍然很差。而速动比率扣除了存货等变现能力较弱且不稳定的资产，所以更能可靠地准确地评价企业资产的流动性及短期偿债能力。

（四）现金比率

1. 现金比率的概念

现金比率也被称之为现金资产比率（Cash Asset Ratio），是指企业现金类资产与流动负债的比率。通过计算企业现金以及现金等价资产总量与当前流动负债的比率，来衡量公司资产的流动性，它也是三个流动性比率中最保守的一个。

现金比率是速动资产扣除应收账款后的余额与流动负债的比率，最能反映企业直接偿付流动负债的能力。注意一点，现金比率应把存货与应收款项排除在外。

其计算公式为：

现金比率 = （现金 + 有价证券）/流动负债

2. 现金比率的分析

现金比率反映企业每 1 元流动负债有多少资金类资产可以作为偿还的保障。一般认为，现金比率在 20% 左右比较合理。如果比率过高，则表明企业不善于充分利用现金资产进行投资，没有把现金投入生产经营以获取更多利润，相反却增加了现金类资产的持有成本。

乐视网公司案例

乐视网 2007—2014 年现金比率情况如表 6 – 5 所示。

乐视网 2014 年的现金比率 = (3 584 878 400. 88 – 733 526 978. 69 – 1 892 606 343. 05）÷4 403 875 426. 66 ≈0. 22

（注：本例中的现金比率采用的是速动资产扣除应收账款后的余额与流动负债的比率。）

表 6 – 5　　2007—2014 年现金比率情况　　单位：亿元

项目＼年度	2007	2008	2009	2010	2011	2012	2013	2014
速动资产	0. 11	0. 85	0. 66	6. 70	6. 59	8. 64	17. 13	28. 46
应收账款	0. 076	0. 25	0. 20	0. 70	1. 77	3. 71	9. 50	18. 90
流动负债	0. 05	0. 05	0. 50	0. 93	6. 52	11. 10	25. 10	44. 00
现金比率	0. 68	12. 00	0. 92	6. 45	0. 74	0. 44	0. 30	0. 22

由表可知，各年份的比值均有下降，2008 年最高，表明企业当年持有的货币资金量过高。企业没有把现金投入经营活动和投资活动中，当年经营活动和投资活动产生的现金流均为负增长，比值仍然比较高，这种现象深受债权人的喜欢，但是企业长期下去，会影响企业的盈利能力，难以实现资金使用价值达到最大化。

现金比率在分析短期偿债能力时通常仅仅只是一个辅助性指标，因为不可能要求企业目前持有的现金类资产来保障所有的流动负债，企业也没有必要总是保持足够偿还债务的现金类资产。

（五）乐视企业短期偿债能力的综合分析

乐视网公司案例

1. 乐视网 2007—2014 年流动比率、速动比率、现金比率情况如图 6－2 所示。

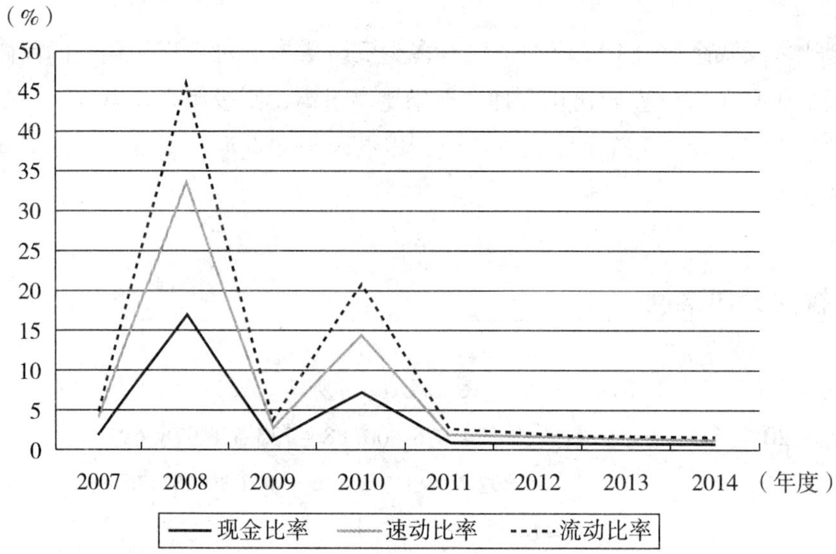

图 6－2　乐视网短期偿债能力相关比率指标变动

由上图可知，乐视网公司 2012—2014 年的流动比率均达不到 1，短期偿债压力较大；在 2008 年和 2010 年这两年均达到最高值。从 2010 年开始整体趋势是下降的，但都基本接近标准值，说明公司存货在资产中占比较小，流动资产结构较为合理，但由于公司所处行业的特殊性，并不能说公司短期偿债能力有所提升。

2. 乐视网公司现金流量和流动负债总额如表 6－6 所示。

表 6－6　乐视网公司现金流量和流动负债总额情况　单位：亿元

项目＼年度	2007	2008	2009	2010	2011	2012	2013	2014
经营活动产生的现金流量净额	0.09	0.16	0.83	0.65	1.47	1.06	1.76	2.34
投资活动产生的现金流量净额	-0.05	-0.32	-1.28	-2.63	-8.64	-7.64	-8.98	-15.30
筹资活动产生的现金流量净额	-0.03	0.53	0.39	7.08	3.07	7.18	11.10	11.50
流动负债	0.05	0.05	0.50	0.93	6.52	11.10	25.10	44.00

通过对上表的分析，可知经营活动产生的现金流量远远不能够满足企业的投资需求，因此乐视网综合通过股权融资和债务融资来支撑其运营。即使账面上的货币资金有所减少，但是企业的投资活动（主要是购买电视剧和电影的版权）似乎很难停下来，在激烈的竞争条件下，为了争取更多的用户和保持用户黏性（这是广告收入和付费视频收入的根基），只有不断更新购买新剧，才能保持经营的持续性。再加上视频电视剧等版税成本急剧上升，因此对视频网站来说，这是一条不归之路。乐视网必须启动新一轮的融资，才能解决它的资本之渴。

因此，从现金流的特点来说，乐视网还只是一家创业企业，需要不断的投资来维持其运营，目前其主营业务高速增长但是风险也较高，企业的经营杠杆和财务杠杆的不断提高是债务人应该关注的重点。

三、影响短期偿债能力的因素

在对企业短期偿债能力分析时，要注意短期偿债能力的影响因素，这是企业偿债能力分析的基础。除了上述反映企业短期偿债能力的财务指标，还有一些没有列示出来的因素也会影响企业的短期偿债能力，有些甚至影响力相当大。财务报表使用者多了解这方面的情况，有利于做出正确的判断。

（一）应收账款的变现速度

一般来说，应收账款周转速度越快，表明企业回款迅速，坏账损失少，同时也表明企业的资金流动性高、偿付能力较强。如果应收账款占流动资产比重很大，即使流动比率和速动比率这两个指标值很高，但其短期偿债能力仍值得怀疑，还要对其做进一步的分析。

（二）存货的变现速度

一般来说，存货的变现速度越快，意味着企业的资产流动性较好，会有较大的现金流入量在未来注入企业。通过对存货的销售可获得利润，因此分析企业短期偿债能力时，必须考虑存货的变现能力。

（三）其他因素

1. 可动用的银行贷款指标

银行已同意、企业未办理贷款手续的银行贷款限额，可以随时增加企业的现金，提高支付能力。这一数据不反映在财务报表中，但会在董事会决议中披露。

2. 准备很快变现的非流动资产

企业可能有一些长期资产可以随时出售变现，而不出现在“一年内到期的非流动资产”项目中。例如，储备的土地、未开采的采矿权、目前出租的房产等，在企业发生周转困难时，将其出售并不影响企业的持续经营。

3. 偿债能力的声誉

如果企业的信用很好，在短期偿债方面出现暂时困难时比较容易筹集到短缺的现金。这个增强变现能力的因素，取决于企业自身的信用声誉和当时的筹资环境。

4. 担保责任引起的或有负债

企业可能以它自己的一些流动资产为他人提供担保，如为他人向金融机构借款提供担保。这种担保有可能成为企业的一种负债，增加企业的偿债负担，这个一般会在企业的会计报表附注中披露。

第三节　长期偿债能力分析

一、长期偿债能力的概念

长期偿债能力是指企业对长期债务的承担能力和对偿还长期债务的保障能力。企业的长期债务是指偿还期在一年或者超过一年的一个营业周期以上的债务，其主要取决于企业的资本结构及企业的获利能力。

评价企业长期偿债能力，从偿债的义务看，包括按期支付利息和到期偿还本金两个方面；从偿债的资金来源看，则应是企业经营所得的利润。在企业正常生产经营的情况下，企业不可能依靠变卖资产还债，而只能依靠实现利润来偿还长期债务。因此，企业的长期偿债能力是和企业的获利能力密切相关的。在这里，我们仅从债权人考察借出款项的安全程度以及企业考察负债经营的合理程度出发，来分析企业对长期负债还本与付息的能力。

企业长期偿债能力指标有资产负债率、权益乘数、产权比率、股东权益比率、利息保障倍数、现金流量利息保障倍数、债务保障比率、固定支出保障倍数、有形净值债务比率、带息负债比率、偿债保障比率等。本节主要分析资产负债率、权益乘数、产权比率、股东权益比率、利息保障倍数这五个财务指标。

二、长期偿债能力的分析指标

企业长期偿债能力的分析内容包括静态分析和动态分析，其中静态分析是指企业现有资产对负债的保障程度，而动态分析则主要强调企业未来赚取的利润与现金流量对负债的保障程度。

（一）长期偿债能力的静态分析

1. 资产负债率

（1）资产负债率的概念。

资产负债率（Debt to Assets Ratio）也称负债比率，是负债总额与资产总额的比值，也是企业长期偿债能力最常用的财务指标。资产负债率反映在总资产中有多大比例是通过借债来筹资的，也可以衡量企业在清算时保护债权人利益的程度。资产负债率这个指标反映债权人所提供的资本占全部资本的比例，因此也被称为举债经营比率。

其计算公式为：

$$资产负债率=负债总额/资产总额$$

（2）资产负债率的分析。

资产负债率表示企业对债权人资金的利用程度。从企业所有者来说，如果此项比率较大，则利用较少的只有资本投资，形成较多的生产经营用资产。这不仅扩大了生产经营规模，而且在经营状况良好的情况下，还可以利用财务杠杆的原理，得到较多的投资利润。但如果这一比率过大，则表明企业的债务负担重，企业的资金实力不强，遇有风吹草动，企业的债务能力就缺乏保证，对债权人不利。企业资产负债率过高，债权人的权益就有风险，说明企业资不抵债，有濒临倒闭的危险，债权人将受损失。

一般来说，资产负债率越低，企业的负债越安全、财务风险越小。但是从企业和股东的角度来看，资产负债率并不是越低越好，因为过低往往表明企业没能充分利用财务杠杆，即没能充分利用负债经营的好处。因此，在评价企业的资产负债率的时候，需要在收益与风险之间权衡利弊，充分考虑企业内部各种因素和外部市场环境，作出合理正确的判断。

乐视网公司案例

乐视网2007—2014年资产负债率情况如表6－7、图6－3所示。

乐视网的2014年的资产负债率 ＝5 507 549 851. 11 ÷8 851 023 247. 13≈0. 62

表6－7　　2007—2014年资产负债率情况　　单位：亿元

项目＼年度	2007	2008	2009	2010	2011	2012	2013	2014
资产总额	0. 64	1. 48	2. 37	10. 30	17. 70	29. 00	50. 20	88. 50
负债总额	0. 05	0. 05	0. 50	0. 90	7. 71	16. 30	29. 40	55. 10
资产负债率	0. 09	0. 04	0. 21	0. 09	0. 41	0. 56	0. 59	0. 62

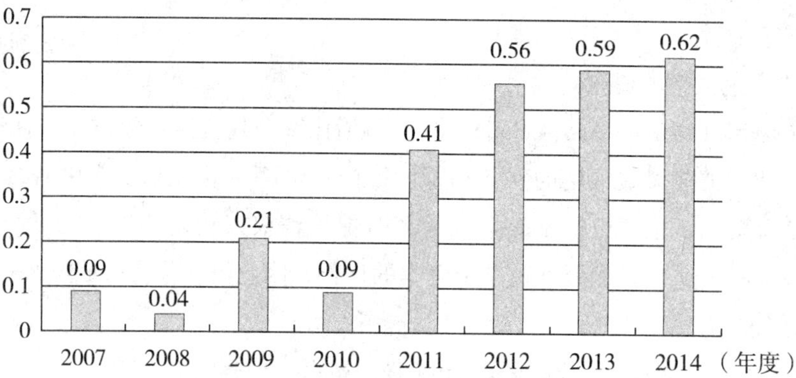

图6－3　乐视企业资产负债率变动

由上图可知，资产负债率总体呈上升趋势，但是幅度不是很大。2007—2010年明显比其他年份小且08年的最小，说明是不合理的，可能是由于借款人没有资金可还。2011—2014年，资产负债率增高，表明企业的债务负担重，提供的资金在总资产中的比列较小，对于债权人来说是不利的。总体从图中可以看出，从2010年之后的四年里，资产负债率相对较高，而且基本上处于稳定趋势，说明此期间的债务负债比较大。

对资产负债率的分析，还可以进行横向和纵向的比较。通过与同行业的比较，可以洞悉企业的财务风险和长期偿债能力在整个行业中是偏低还是偏高，与竞争对手相比是强还是弱。

2. 股权比率

（1）股权比率的概念。

股权比率是股东权益与资产总额的比率，也称净资产比率。该比率反映企业资产中有多少是所有者投入的，反映企业基本财务结构是否稳定。股东权益又称净资产，即所有者权益，是指公司总资产中扣除负债所余下的部分，代表了股东对企业的所有权，反映了股东在企业资产中享有的经济利益。

其计算公式：

股权比率 = 所有者权益总额/资产总额

或者 = 1 - 资产负债率

（2）股权比率的分析。

股权比率是权益乘数的倒数，如果权益比率过小，表明企业过度负债，容易削弱公司抵御外部冲击的能力；而权益比率过大，意味着企业没有积极地利用财务杠杆作用来扩大经营规模。

至于股权比率大小好坏问题要取决于公司的经营情况和公司类型，如果公司经营非常好，各方面稳定运营，势头强劲，股东权益比例小反而比较好。这说明公司股东经营公司的时候，能利用更多的资源，会发挥、收益得更好，反之则不然。公司的类型最典型的就是银行，由于其特有的运营模式，股权比例可以非常小。

乐视网公司案例

乐视网 2007—2014 年股权比率情况如表 6 - 8 所示。

2014 年乐视网的股权比率 =3 343 473 396.02 ÷8 851 023 247.13 =0.38

表 6 - 8 **2007—2014 年股权比率情况** 单位：亿元

项目 \ 年度	2007	2008	2009	2010	2011	2012	2013	2014
资产总额	0.64	1.48	2.37	10.30	17.70	29.00	50.20	88.50
所有者权益总额	0.60	1.43	1.87	9.39	10.60	12.70	20.80	33.40
股权比率	0.94	0.97	0.79	0.91	0.60	0.44	0.41	0.38

由表可知，股权比率整体来看是下降，表明公司的债务负担逐年增加。乐视企业从 2010—2014 年的股本、资本公积、盈余公积、未分配利润增长的，说明所有者权益也增长。表明了股东对企业的所有控制权大，这是良好的现象，说明乐视企业未来有很好的发展。

由于股权比率与资产负债率存在固定的数量关系，即股权比率 =1 - 资产负债率，所以对股权比率的分析与资产负债率恰恰相反，这里就不再进行详细的分析了。

3. 权益乘数

（1）权益乘数的概念。

权益乘数又称股本乘数，是指资产总额相当于股东权益的倍数。

该乘数代表企业所有可供运用的总资产是业主权益的几倍。

其计算公式为：

权益乘数 = 资产总额/所有者权益总额

或者 = 1/股权比率

（2）权益乘数的分析。

一般认为权益乘数越大，表明所有者投入企业的资本占全部资产的比重越小，对负债经营利用的越充分，企业的负债程度越高，但反映企业的长期偿债能力越弱；反之，权益乘数越小，表明所有者投入企业的资本占全部资产的比重越大，企业的负债程度越低，但企业的长期偿债能力越强。

权益乘数较大，表明企业负债较多，一般会导致企业财务杠杆率较高，财务风险较大，在企业管理中就必须寻求一个最优资本结构，以获取适当的EPS/CEPS，从而实现企业价值最大化。再如在借入资本成本率小于企业的资产报酬单时，借入资金首先会产生避税效应（债务利息税前扣除），提高 EPS/CEPS，同时杠杆扩大，使企业价值随债务增加而增加。但杠杆扩大也使企业的破产可能性上升，而破产风险又会使企业价值下降等。

乐视网公司案例

乐视网 2007—2014 年权益乘数情况如表 6 - 9 所示。

乐视网 2014 年的权益乘数 = 8 851 023 247. 13 ÷ 3 343 473 396. 02 = 2. 65

表 6 - 9　　**2007—2014 年权益乘数情况**　　单位：亿元

项目＼年度	2007	2008	2009	2010	2011	2012	2013	2014
资产总额	0. 64	1. 48	2. 37	10. 30	17. 70	29. 00	50. 20	88. 50
所有者权益总额	0. 60	1. 43	1. 87	9. 39	10. 60	12. 70	20. 80	33. 40
权益乘数	1. 07	1. 03	1. 27	1. 10	1. 67	2. 28	2. 41	2. 65

权益乘数整体呈上升趋势，说明公司资产对负债的依赖程度很高，即长期偿债能力有所减弱。

(3) 权益乘数和股权比率的综合分析。

乐视网公司案例

权益乘数和股权比率的综合分析如图6－4、图6－5所示。

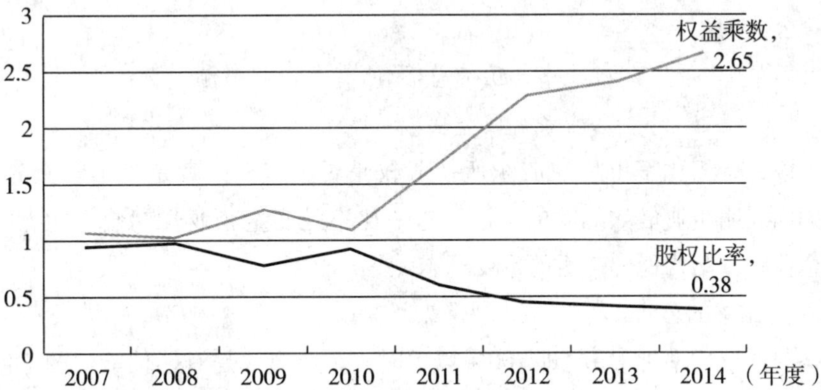

图6－4 乐视企业权益乘数和股权比率变动

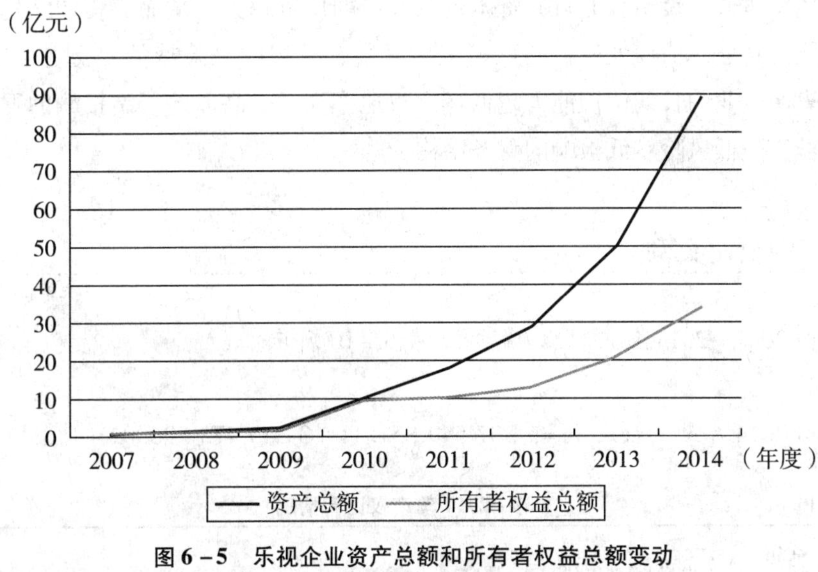

图6－5 乐视企业资产总额和所有者权益总额变动

上图清楚的展示了乐视企业权益乘数和股权比率八年来的数据。由图可知，乐视网的权益乘数2010年前变化不大，相对较稳定，但2010年后却大幅度增长。同样的，2010年前的股权比率变化相对稳定，但2010年后逐年下降。这是由于从2010年后资产总额和所有者权益较大幅度的上升，但所有者权益增长的幅度没有资产的大，且权益乘数与股权比率互为相反数，所以导致权益乘数较大幅度上升，而股权比率下降。

4. 产权比率

（1）产权比率的概念。

产权比率是负债总额与所有者权益总额的比率。是指股份制企业，股东权益总额与企业资产总额的比率，是为评估资金结构合理性的一种指标。

其计算公式为：

产权比率 = 负债总额/所有者权益总额

或者 = 权益乘数 - 1

一般来说，产权比率可反映股东所持股权是否过多，或者是尚不够充分等情况，从另一个侧面表明企业借款经营的程度。这一比率是衡量企业长期偿债能力的指标之一，它是企业财务结构稳健与否的重要标志。

（2）产权比率的分析。

一般认为产权比率为1∶1，即100%以下时，企业应该是有偿债能力的，但还应该结合企业的具体情况加以分析。当企业的资产收益率大于负债成本率时，负债经营有利于提高资金收益率，获得额外的利润，这时的产权比率可适当高些。

产权比率越低，表明企业自有资本占总资产的比重越大，从而其资产结构越合理，长期偿债能力越强，债权人权益的保障程度越高，承担的风险越低。反之，这一比率越高，则表明企业的长期偿债能力越低。产权比率高，是高风险、高报酬的财务结构；产权比率低，是低风险、低报酬的财务结构。

乐视网公司案例

乐视网2007—2014年产权比率情况如表6－10所示。

例如：

乐视网2014年的产权比率＝5 507 549 851.11÷3 343 473 396.02≈1.65

表6－10　　2007—2014年产权比率情况　　单位：亿元

项目＼年度	2007	2008	2009	2010	2011	2012	2013	2014
负债总额	0.05	0.05	0.50	0.90	7.71	16.30	29.40	55.10
所有者权益总额	0.60	1.43	1.87	9.39	10.60	12.70	20.80	33.40
产权比率	0.08	0.03	0.27	0.10	0.73	1.28	1.41	1.65

这7年的产权比率虽说变化的幅度不大，但总体来说是上升的，表明公司财务结构风险进一步提高，股东权益对偿债风险的承受能力减弱，对债务保障程度降低，公司的长期偿债能力降低。2014年的资产负债率达到62.23%，说明短期债务所占比重较大，因此还应根据公司的实际情况进一步客观的分析。

（二）长期偿债能力的动态分析

企业长期偿债能力的动态指标主要是对利息保障倍数的分析。

1. 利息保障倍数的概念

利息保障倍数（Time Interest Earned Ratio），又称已获利息倍数（或者叫做企业利息支付能力比较容易理解），是指企业生产经营所获得的息税前利润与利息费用的比率（企业息税前利润与利息费用之比）。它是衡量企业支付负债利息能力的指标（用以衡量偿付借款利息的能力）。

其计算公式为：

利息保障倍数＝息税前利润/利息费用

息税前利润＝税前利润＋利息费用

2. 利息保障倍数的分析

一般公认的利息保障倍数为3，如果利息偿付倍数过小，企业将面临亏损、偿债的安全性与稳定性下降的风险。

企业生产经营所获得的息税前利润与利息费用相比，该指标越高债务偿还越有保障；相反，则表明企业没有表明足够资金来源偿还债务利息，企业偿债能力低下的。

乐视网公司案例

乐视网2007—2014年利息保障倍数情况如表6－11所示。

例如：

乐视网2014年的利息保障倍数＝（72899104.84＋167915495.78）÷167915495.78≈1.43

表6－11 **2007—2014年利息保障倍数情况** 单位：亿元

年度 项目	2007	2008	2009	2010	2011	2012	2013	2014
税前利润	0.15	0.32	0.50	0.75	1.64	2.28	2.46	0.73
财务费用	0.01	－0.08	0.05	0.04	0.01	0.42	1.16	1.68
利息保障倍数	16.00	－3.00	11.00	19.75	165.00	6.43	3.12	1.43

从表可得，在2007—2014年利息保障倍数逐年下降，这是因为利润和利息费用都过大，说明乐视企业支付利息费用的能力越强，债权的安全程度越好。到了2014年利息保障倍数小于3，有可能是乐视企业面临亏损、偿债的安全性与稳定性下降的风险。但在2011年的时候利息保障倍数最大，说明当年的税前利润增加幅度较大，并且利息费用较低，因此表明企业的偿还有保障。

对利息保障倍数的分析，还可以进行同行业或竞争对手的比较，可以洞悉企业的付息能力在整个行业中是偏低还是偏高，与竞争对手相比是强还是弱。如果在某一期间利息保障倍数突然恶化，则应进一步查找原因，看看是由于盈利水平下降导致，还是由于债务增加引起的，并及时找出相应的对策，以防企业的复息能力进一步恶化，出现财务危机。

在利用利息保障倍数指标分析企业的偿债能力时，还要注意一些非付现费用问题。从长期来看，企业必须拥有支付其所有费用的资金，但是从短期来看，企业的固定资产折旧费，递延资产摊销、无形资产摊销等非付现费用，并不需要资金支付，尽管在企业当期利润中已经扣除了利息保障倍数这些非付现费用，但实际上，有些企业即使低于1，还是能够偿还债务利息。

三、影响长期偿债能力的因素

除了上述通过资产负债表、利润表和现金流量表有关项目之间的内在联系计算出的用于分析企业长期偿债能力的各种财务比率外，还有一些影响企业长期偿债能力分析的因素，财务分析人员应当把这些因素同样考虑进去。

（一）长期资产

资产负债表中的长期资产主要包括固定资产、长期投资和无形资产。将长期资产作为偿还长期债务的资产保障时，长期资产的计价和摊销方法对长期偿债能力的影响最大。

1. 固定资产

资产的市场价值最能反映资产偿债能力。事实上，报表中固定资产的价值是采用历史成本法计量的，不反映资产的市场价值，因而不能反映资产的偿债能力。固定资产的价值受以下因素的影响：

（1）固定资产的入账价值；

（2）固定资产折旧；

（3）固定资产减值准备。

2. 长期投资

长期投资包括长期股权投资、长期债权投资。报表中长期投资的价值受以下因素的影响：

（1）长期投资的入账价值；

（2）长期投资减值准备。

3. 无形资产

资产负债表上所列的无形资产同样影响长期偿债能力。

（二）长期负债

在资产负债表中，属于长期负债的项目有长期借款、应付债券、长期应付款、专项应付款和其他长期负债。在分析长期偿债能力时，应特别注意以下问题：

（1）会计政策和会计方法的可选择性，使长期负债额产生差异。分析时应注意会计方法的影响，特别是中途变更会计方法对长期负债的影响。

（2）应将可转换债券从长期负债中扣除。

（3）有法定赎回要求的优先股也应该作为负债。

（三）长期租赁

融资租赁是由租赁公司垫付资金，按承租人要求购买设备，承租人按合同规定支付租金，所购设备一般于合同期满转归承租人所有的一种租赁方式。因而企业通常将融资租赁视同购入固定资产，并把与该固定资产相关的债务作为企业负债反映在资产负债表中。

不同于融资租赁，企业的经营租赁不在资产负债表上反映，只出现在报表附注和利润表的租金项目中。当企业经营租赁量比较大，期限比较长或具有经常性时，经营租赁实际上就构成了一种长期性筹资。因此，必须考虑这类经营租赁对企业债务结构的影响。

（四）或有事项

或有事项是指过去的交易或事项形成的一种状态，其结果须通过未来不确定事项的发生或不发生予以证实。或有事项分为或有资产和或有负债。或有资产是指过去交易或事项形成的潜在资产，其存在要通过未来不确定事项的发生或不发生予以证实。

产生或有资产会提高企业的偿债能力；产生或有负债会降低企业的偿债能力。因此，在分析企业的财务报表时，必须充分注意有关或有项目的报表附注披露，以了解未在资产负债表上反映的或有项目，并在评价企业长期偿债能力时，考虑或有项目的潜在影响。同时，应关注是否有资产负债表日后的或有事项。

（五）承诺

承诺是企业对外发出的将要承担的某种经济责任和义务。企业为了经营的需要，常常要做出某些承诺，这种承诺有时会大量的增加该企业的潜在负债或承诺义务，而却没有通过资产负债表反映出来。因此，在进行企业长期偿债能力分析时，报表分析者应根据报表附注及其他有关资料等，判断承诺变成真实负债的可能性；判断承诺责任带来的潜在长期负债，并做相应处理。

四、企业偿债能力分析的总结

乐视网公司偿债能力分析小结

通过从2007年到2014年的流动比率、速动比率和现金比率分析得出企业的短期偿债能力比较强，变现能力也不错。同时说明企业的货币资金持有量比较多，增加了企业货币资金的使用成本，在保持一定偿债能力的同时，企业应该寻求更多的机会加大投资，增强企业的盈利能力，以实现资金价值最大化。

长期偿债能力从2010年到2014年来看，资产负债率呈总体上升趋势，2011—2014年资产负债率在40%～60%，对企业来说是好的，但同时加重了企业的负担和债权人影响。权益乘数变化和负债率一样，资产总额占所有者权益总额的比例小，说明企业资产对负债的依赖程度很高，负担大。产权比率在2014年达到了1.65，说明企业偿还长期债务的能力减弱，债权人权益保障程度降低，承担的风险变大，利息保障倍数又降低了，偿债的安全性与稳定性下降，企业偿还长期债务的能力减弱。

综上所述，乐视企业的偿债能力较弱，财务风险控制较差，但同时也体现了互联网行业激进的经营态度，结合公司业绩分析，说明公司在资金利用率上达到了一定高度，这种资本结构也给公司创造了一定的效益。

第七章　营运能力分析

本章学习重点

1. 流动资产周转率的计算与分析；
2. 应收账款周转率的计算与分析；
3. 存货周转率的计算与分析；
4. 固定资产周转率的计算与分析。

第一节　营运能力分析概述

一、营运能力分析的内涵

1. 营运能力的概念

营运能力是指企业应用经济资源创造收入的能力，反映企业营运资产的效率与效益。资产营运效率是指资产的周转速度率或周转天数，资产营运效益是指资产投入与产出之间的比率。资产运用效率高，意味着用较少的投入获得更多的收益即效益较高。

2. 营运能力分析概念

营运能力分析是指对反映企业资产营运效率和效果的指标进行计算和分析，从而评价企业资产的营运状况，为企业提高经济效益指明方向的过程或活动。优化资产结构，加速资产周转是提高和改善企业资产管理绩效的基本方法。

3. 营运能力分析的内容

判断营运能力的指标有存货周转率、应收账款周转率、流动资产周转率、营业周期、固定资产周转率、总资产周转率、资产保值增值率等，其中反映资产营运能力的主要财务指标有应收账款周转率、存货周转率、流动资产周转率、固定资产周转率、总资产周转率。

二、营运能力分析的意义

营运能力分析能剖析出以下几点内容：

（1）企业对资产的使用效率以及对存货、应收账款等的管理质量。

（2）可以确定合理的资产存量规模。

（3）可以促进企业各项资产的合理配置。

（4）可以提高企业资产的使用效率。

营运能力体现了管理者运用资源创造财富的能力。企业资产周转速度越快，则资产流动性越好，资产获取利润的速度就越快。营运能力高低直接影响企业获利能力和偿债能力，因此营运能力分析具有十分重要的意义。对于不同的主体，营运能力分析有不同的作用。

对于企业管理者来说，通过资产运营能力分析，有助于了解资产周转状况和利用效率，以及及时发现资产管理中存在的问题，不断改善经营管理。

对于企业债权人来说，通过资产运营能力分析，有助于了解债权的物质保障情况和安全状况，判断企业偿还债务利息及本金的能力，从而做出合理的借贷决策。

对于企业投资者来说，有助于判断企业财务的安全性、资本的保障程度以及资产的收益能力，以进一步决定是否追加投资或者处置投资。对于企业潜在投资者来说，通过资产运营能力分析以决定是否投资。

第二节　流动资产营运能力分析

一、流动资产的概念

流动资产是指企业可以在一年或者超过一年的一个营业周期内变现或者运用的资产。流动资产在周转过渡中，完成从货币资金到产品再到货币资金的周转，衡量流动资产周转速度的指标主要有流动资产周转率和流动资产周转天数。

二、流动资产的特点

流动资产普遍具有变现速度快、构成比较繁杂、获利能力较低、占用形态同时并存又相继转化、波动性大等特点。流动资产包括货币资金、应收票据、应收账款和存货。

三、流动资产周转率的计算与分析

1. 流动资产周转率概念

流动资产周转率，是指企业年产品（或商品）销售收入净额与平均流动资产总额的比率。即企业的流动资产在一定时期内（通常为一年）周转的次数。流动资产周转率是反映企业的流动资产周转速度的指标。企业的流动资产周转率越高，流动资产周转速度越快，周转次数越多，表明企业以相同的流动资产完成的周转额越高，说明企业流动资产的经营利用效果越好，企业的经营效率越高，进而使企业的偿债能力和盈利能力得到增强。反之，则表明企业利用流动资产进行经营活动的能力差，效率低。

2. 流动资产率

流动资产周转率 = 主营业务收入净额/平均流动资产总额

其中：

主营业务收入净额 = 主营业务收入总额 - （销售折扣 + 销售退回）

平均流动资产总额 = （期初流动资产余额 + 期末流动资产余额）/2

例如：

2014 年乐视网公司的流动资产周转率 = 主营业务收入净额/平均流动资产总额 = 680 569. 2/283 570. 5 =2. 4（次）

3. 流动资产周转天数

流动资产周转天数是指流动资产周转一次所需要的时间，即企业完成流动资产投入到生产经营中去再收回来这一过程所需要的时间。其计算公式如下：

流动资产周转天数 =360/流动资产周转率

例如：

2014 年乐视网公司的流动资产周转天数 =360/流动资产周转率 =360/2. 4 =150（天）

乐视网公司案例

乐视网公司 2008—2014 年流动资产周转情况如表 7 - 1 所示。

表 7 - 1　　流动资产周转情况　　单位：万元

项目＼年度	2008	2009	2010	2011	2012	2013	2014
期初流动资产	1 132.00	8 548.00	6 670.00	67 366.00	66 373.00	89 141.00	208 635.00
期末流动资产	8 548.00	6 670.00	67 366.00	66 373.00	89 141.00	208 635.00	358 488.00
平均流动资产总额	4 840.00	7 609.00	37 018.00	66 869.50	77 757.00	148 888.00	283 570.50
主营业务收入净额	7 361.00	14 609.28	23 691.52	60 182.55	116 635.50	236 731.90	680 569.20
流动资产周转率（次）	6.36	1.92	0.64	0.90	1.50	1.59	2.40
流动资产周转天数（天）	56.61	187.97	559.35	402.19	239.81	227.00	150.00

四、流动资产周转率的运用

1. 流动资产周转率的意义

一般情况下，企业流动资产周转越快，流动性越高，企业的偿债能力越强，资产获取利润的速度就越快。反之则流动性越低，偿债能力越低，资产获取利润的速度越慢，降低企业营运能力。

2. 流动资产周转率的分析

由表 7－1 可知，乐视网公司 2012 年的流动资产周转了 1. 50 次，资产周转一次需要 240 天。2013 年的流动资产周转了 1. 59 次，资产周转一次需要 227 天左右，2014 年的流动资产周转了 2. 4 次，资产周转一次需要 150 天。与 2013 年相比，资产周转速度呈上升趋势。通过该指标的对比分析，有利于乐视网公司促进企业加强内部管理，充分有效地利用流动资产，如降低成本、调动暂时闲置的货币资金用于短期投资创造收益等，还可以促进企业采取措施扩大销售，提高流动资产的综合使用效率。

乐视网在较快的周转速度下，流动资产会相对节约，相当于流动资产投入的增加，在一定程度上增强了企业的盈利能力；若周转速度慢，则需要补充流动资金参加周转，会形成资金浪费，降低企业盈利能力。

五、加强流动资产周转率的方法

（1）提高销售收入；

（2）降低流动资产（包括降低库存量，减少应收账款、应收票据等）。

第三节　存货周转率分析

一、存货的概念

存货是指企业或商家在日常活动中持有以备出售的原料或产品、处在生产过程中的在产品、在生产过程或提供劳务过程中耗用的材料、物料、销售存仓等。在企业的流动资产中，存货所占的比重较大，因此，要特别注重对存货的分析。

二、存货周转率的计算与分析

1. 存货周转率的概念

存货周转率是通过某特定期间企业存货余额与同期销货成本或营业收入的比例关

系，来反映企业存货周转速度快慢的指标。通过计算存货周转率，可以对企业短期偿债能力水平进行衡量，补充流动比率和速动比率的不足；与流动比率和速动比率配合，以更全面、准确地综合评价企业的短期偿债能力。

企业的存货周转率指标不仅可以考核企业存货周转情况，还与企业的获利能力直接相关。一定期间内，企业的存货周转率越高，周转次数越多，表明企业存货回收速度越快，企业的经营管理的效率越高，资产流动性越强，则企业的利润率越高（在企业有效经营的条件下）；反之，则表明企业存货的管理效率较低，存货周转较慢，存货占用资金较多，企业的利润率较小。

2. 存货周转率计算公式

存货周转率 = 营业成本/存货平均余额

或　存货周转率 = 营业收入/存货平均余额

存货周转率有两种计算口径，一是以成本为基础的存货周转率，主要用于流动性分析；二是以售价为基础的存货周转率，主要用于盈利分析。

三、存货周转率的计算

第一种情况：以成本为基础的存货周转率

1. 存货周转率

存货周转率是指存货在一定时期内（通常为一年）周转的次数。

存货周转率 = 营业成本/存货平均余额

例如：

2014 年乐视网存货周转率 = 营业成本/存货平均余额 = 583 106/44 008 ≈ 13.25（次）

2. 存货周转天数

存货周转天数又称为存货周转期，是指存货完成一次循环所需要的时间，即从采购材料开始到投入生产过程生产出产成品这一过程所需要的时间。

存货周转天数 = 360/存货周转率

2014 年乐视网存货周转天数 = 360/存货周转率 = 360/13.25 ≈ 27.18（天）

乐视网公司案例

乐视网公司 2008—2014 年存货周转情况如表 7 - 2 所示。

表 7－2　　存货周转情况　　单位：万元

项目＼年度	2008	2009	2010	2011	2012	2013	2014
期初存货	44	43	119	365	529	2 666	14 663
期末存货	43	119	365	529	2 666	14 663	73 353
存货平均余额	43.5	81	242	447	1 597.5	8 664.5	44 008
营业成本	1 485	4 942.62	8 015.04	27 508.38	68 468.85	166 878.3	583 106
存货周转率（次）	34.14	61.02	33.12	61.54	42.86	19.26	13.25
存货周转天数（天）	10.54	5.9	10.87	5.85	8.4	18.69	27.18

四、存货周转率的运用

1. 存货周转率的意义

一般来讲，存货周转速度越快（即存货周转率或存货周转次数越大、存货周转天数越短），存货占用水平越低，流动性越强，存货转化为现金或应收账款的速度就越快，这样会让企业获利性更强从而增强企业的短期偿债能力及获利能力。而存货周转率低，表明产销配合不好，存货积压过多，存货占用资金过多，盈利能力降低，通过存货周转速度分析，有利于找出存货管理中存在的小问题，尽可能降低资金占用水平。

2. 存货周转率的分析

根据上表可知，从管理业绩来看，2011 年到 2014 年公司存货周转速度明显下降。单从存货管理方面来看会增加企业对存货的管理费用，还降低了存货的变现能力，从而减慢了资金的流动率。但是分析该企业存货周转率下降原因还应该和销售收入结合起来。

乐视网公司案例

乐视网公司 2008—2014 年存货与营业收入对比分析如表 7－3 所示。

表 7－3　　2008—2014 年存货与营业收入对比分析　　单位：万元

项目＼年度	2008	2009	2010	2011	2012	2013	2014
存货	43	119	365	529	2 666	14 663	73 353
环比增长（%）		176.74	206.72	44.93	403.97	450	400.26
营业收入净额	7 360.71	14 573.14	23 825.82	58 956.00	116 730.71	236 124.47	681 893.86
环比增长（%）		97.99	63.49	147.45	98	102.28	188.79

由于销售商收入的较快增长，存货也应该增长，一般来说，在存货充分情况下，销售商收入的增长快于存货的增长对企业发展更加有利。乐视网公司最近3年存货增长远远高于销售收入增长，可能原因是企业发展很快，对市场前景比较乐观，储备了大量存货，不过存货储备过多应该注意分析市场的销售情况。

第二种情况：以售价为基础的存货周转率

1. 存货周转率和周转天数的计算

例如：

2014年乐视网存货周转率=销售收入/存货平均余额 = 681 890/ 44 008≈15.49（次）

2014年乐视网存货周转天数=360/存货周转率=360/15.49≈23.23（天）

乐视网公司案例

乐视网公司2008—2014年存货周转情况如表7－4所示。

表7－4 **2008—2014年存货周转率情况** 单位：万元

项目＼年度	2008	2009	2010	2011	2012	2013	2014
存货平均数	43.5	81	242	447	1 597.5	8 664.5	44 008
销售收入	7 361	14 570	23 830	59 860	116 730	236 120	681 890
存货周转率（次）	169.22	179.88	98.47	133.91	73.07	27.25	15.49
存货周转天数（天）	2.13	2.00	3.66	2.69	4.93	13.21	23.23

2. 存货周转率的分析

2011年到2014年企业存货周转率持续降低，周转天数在增加，并不是反映这个公司的销售不景气，每年收入在提高，2014年收入提高了44万元左右，占用的存货也在增加，但从绝对额来讲，增加的收入还是很大的，收入减成本带来的利润是2013年的1.4倍，所以增加存货管理费用是值得的。

3. 存货周转率运用要点

一是通过对存货周转率分析，有利于找出存货管理中出现的问题，尽量降低资金占用水平。

二是为了消除季节性生产的影响，客观反映企业营运状况，平均存货可以先求出月份或季度的平均存货，再计算全年的平均存货。

三是要对存货周转率作出合理的判断。一方面，存货周转率指标较低，是企业经营情况欠佳的一种迹象，它可能是由于企业存货中出现了冷背残次品、存货不适应生产销售需要、存货投入资金过多等原因而造成的。另一方面，存货周转率指标较高，也不能完全说明企业的存货状况很好，因为若企业存货资金投入过少，可能会因存货储备不足影响生产或销售业务的进一步发展，特别是那些采购困难的存货。此外，存货周转率加快也可能是由于企业提高了销售价格，而存货成本并未改变。分析时应注意这些情况的影响。

4. 如何提高存货周转率

（1）要提高存货周转率，就要降低每月存货的库存量，让采购部门根据每月的销售计划，在保障正常销售的前提下，有足够安全库存天数的存货量就可以。

（2）及时处理库存废品和次品，库存不要积压太多。

（3）可以提高购货的采购频率，实行少量多次操作策略，以减少库存。

（4）适当地提高销售成本。

第四节　应收账款周转率分析

一、应收账款的概念

应收账款是指企业由于对外销售产品、材料、供应劳务等而应向购货单位或接受劳务单位收取的款项。应收账款属于尚未收回的债权，是外单位占用本企业资金，需要经过一段时间才能收回，被对方单位占用的时间越长，应收账款收不回来而发生坏账准备的可能性就越大。因此，企业需要合理制定赊销政策，并加强对债务人的信用评估，了解其偿债能力。一旦发生了应收账款，要及时催收，避免不必要的损失发生。

应收账款周转率是反映企业应收账款变现速度快慢与管理效率高低的指标。一定期间内，企业的应收账款周转率越高，周转次数越多，表明企业应收账款回收速度越快，企业的经营管理的效率越高，资产流动性越强，短期偿债能力也越强。同时，较高的应收账款周转率，可以有效地减少收款费用和坏账损失，从而相对增加企业流动资产的收益。反之，较低的应收账款周转率，则表明企业应收账款的管理效率较低，企业需加强应收账款的管理和催收工作，还要根据应收账款周转率更细致地评价客户的信用程度及企业所制定的信用政策的合理性。

应收账款周转能力的强弱，主要通过应收账款周转率和应收账款周转天数两个指标来衡量。

二、应收转款周转率计算与分析

1. 应收账款周转率

应收账款周转率是指企业在一定时期内（通常为一年）应收账款转化为现金的次

数，反映应收账款的变现速度以及管理效率。

其计算公式如下：

应收账款周转率 = 营业收入净额/应收账款平均余额

例如：

2014 年乐视网应收账款周转率 = 营业收入净额/应收账款平均余额 = 681 894/142 143≈4.8（次）

2. 应收账款周转天数

应收账款周转天数也称应收账款的回收期，是指应收账款完成一次循环所需要的时间。即产品或服务销售出去到收回现金所需要的时间。其计算公式如下：

应收账款周转天数 = 360/应收账款周转率

例如：

2014 年乐视网应收账款周转天数 = 360/应收账款周转 = 360/4.8 = 75（天）

乐视网公司案例

乐视网公司 2008—2014 年应收账款周转情况如表 7－5 所示。

表 7－5　　2008—2014 年应收账款周转情况　　单位：万元

项目＼年度	2008	2009	2010	2011	2012	2013	2014
期初应收账款	756.00	2 545.20	2 037.88	6 979.74	11 732.37	37 095.18	95 024.80
期末应收账款	2 545.20	2 037.88	6 979.74	11 732.37	37 095.18	95 024.80	189 261.00
应收账款平均余额	1 650.60	2 291.54	4 508.81	9 356.05	24 413.78	66 059.99	142 143.00
营业收入净额	7 361.00	14 573.14	23 825.82	5 985.59	116 730.70	236 124.50	681 894.00
应收账款周转率（次）	4.46	6.36	5.28	4.84	4.78	3.57	4.80
应收账款周转天数（天）	80.72	56.61	68.13	74.32	85.54	100.72	75.04

三、应收账款周转率的运用

1. 应收账款周转率意义

一般来说，应收账款周转率越高越好，应收账款周转天数越少，表明公司收账速度快、平均收账期短、坏账损失少、资产流动快、偿债能力强。应收账款收账天数越短，企业应收变现速度越快，企业管理工作效率越高。否则，企业的营运资金会过多地呆滞在应收账款上，影响企业资金的正常周转。

2. 应收账款周转率分析

以上计算数据显示，乐视网公司应收账款周转率基本上维持在5次左右，这个速度有待提高。公司实际收回账款的天数没有越过了公司规定的应收账款天数，据分析原因可能是公司提高销售额而放宽的信用条件引起的，从而加大了应收账款收回来的难度，回收时间延长，从2011年到2014年销售收入每年呈两倍增长可以得到验证；另外应收账款只占主营业务收入的30%左右，表明公司大部分收入得到了回收，总体发展水平良好。该政策给企业带来了很好的收益，而且应收账款周转率也得到了合理控制。

应收账款周转天数，从整体上来讲，应收账款周转天数还是控制得可以，基本都在100天以内（除2013年外），应收账款周转天数在整个行业来讲控制得比较合理。表明应收账款的变现能力强，流动性好。说明企业的信用政策、付款条件比较合理，从而给企业带来了比较好的经营效果，提高获利能力。

3. 应收账款周转率的运用要点

（1）赊销收入净额指标在企业内部进行分析时是适用的，但在与其他企业进行比较时，或是外部报表使用者计算该指标时，因企业公开发表的财务资料中很少披露赊销收入金额，所以在计算应收账款周转率时一般可以采用销售收入净额。

（2）公式中的应收账款数额应包括资产负债表中“应收账款”与“应收票据”等全部赊销应收账款在内。并应使用扣除坏账准备后的净额。因此，坏账准备计提方法和比例的确定会影响应收账款的计算结果。

（3）在分析应收账款周转率时应考虑信用政策的影响。

（4）如果存在季节性经营的企业在计算应收账款周转率时可以先按月或按季节计算应收账款平均额再计算应收账款年平均额。

（5）运用应收账款周转率进行分析必须考虑行业因素。

（6）应收账款并不是越高越好，如果信用政策较严格导致的，其结果是限制了企业销售的增长，影响企业的获利能力。

四、提高应收账款周转率的方法

（1）实行现金折扣办法；

（2）客户分类信用制度；

（3）与销售员的利益挂起钩来；

（4）加强对超期应收账款的催收。

五、提高流动资产周转速度的措施

1. 影响流动资产周转速度的因素

一是企业实现销售收入的能力；能力越强，流动资产周转速度越快。

二是流动资产占用资金的大小；占用资金越少，在销售收入既定条件，流动资产周转速度越快。

2. 加速流动资产周转速度的措施

要加速流动资产，必须提高营业收入和降低平均流动资产占用两方面入手。

一是加强市场调查和预测，并开发适销对路的产品，并根据市场变化情况，即使调整产品结构，从而增加营业收入。

二是强化销售工作，提高市场占有率，从而增加营业收入。

三是强化定额管理，制定合理的流动资产消耗定额和储备定额，降低流动资产占用。

四是强化上游供应链，努力降低材料采购成本和产品制造成本。

五是采取技术措施和管理措施，提高生产效率和工作效率，缩短周转期。

六是制定合理的信用政策，加快货款结算，及时收回货款。

七是定期清仓查库，及时处理积压产品和物资。

八是避免过量存款。

第五节 固定资产营运能力分析

一、固定资产的概念

固定资产是指企业使用期限超过一年的房屋、建筑物、机器、机械、运输工具以及其他与生产、经营有关的设备、器具、工具等。固定资产的使用时间较长，并能保持原有的实物形态，但其价值则随着企业生产经营活动而逐渐转移，并构成产品价值中的较大比重。

二、固定资产的特点

固定资产具有以下特征：①属于有形资产。②为生产商品、提供劳务、出租或经营管理而持有的。③使用年限超过一年。④单位价值较高。

三、固定资产周转率的计算与分析

1. 固定资产周转率的概念

固定资产周转率又称固定资产利用率，是指一定时期内（通常为一年）企业实现的营业收入净额与固定资产平均余额的比率。固定资产营运能力分析主要分析其使用效率，判断企业管理固定资产的能力，通常以固定资产周转率和周转天数来衡量。具体计算公式如下：

固定资产周转率 = 营业收入净额/固定资产平均余额

其中：固定资产平均余额 = （期初固定资产净值 + 期末固定资产净值）/2

固定资产净值 = 固定资产原值 - 累计折旧 - 固定资产减值准备

例如：

2014 年乐视网固定资产周转率 = 营业收入净额/固定资产平均余额 = 681 894/26 124≈26.1（次）

2. 固定资产周转天数概念

固定资产周转天数是指固定资产完成一次周转所需要的时间，具体计算公式如下：

固定资产周转天数 = 360/固定资产周转率

例如：

2014 年乐视网固定资产周转天数 = 360/固定资产周转率 = 360/26.1≈13.79（天）

乐视网公司案例

乐视网公司 2008—2014 年固定资产周转情况如表 7－6 所示。

表 7－6　固定资产周转情况　单位：万元

项目＼年度	2008	2009	2010	2011	2012	2013	2014
期初固定资产	247.00	1 211.98	8 049.57	14 059.65	16 559.66	17 868.72	179 446.00
期末固定资产	1 211.98	8 049.57	14 059.65	16 559.66	17 868.72	17 945.63	34 302.00
固定资产平均余额	729.49	4 630.78	11 054.61	15 309.66	17 214.20	17 907.18	26 124.00
营业收入净额	7 361.00	14 573.14	23 825.82	5 985.59	116 730.70	236 124.50	681 894.00
固定资产周转率（次）	10.09	3.15	2.16	0.39	6.78	13.19	26.10
固定资产周转天数（天）	35.68	114.39	167.03	920.79	53.09	27.30	13.79

四、固定资产的周转率的运用

1. 固定资产周转率意义

一般来说固定资产周转率越高，固定资产周转天数越短，表明固定资产周转快，则企业营运能力越强，说明企业固定资产投资得当，结构分布合理，固定资产运用效率越高。反之说明固定资产周转慢，利用效率不高，固定资产投资过大，设备闲置没有充分利用，企业营运能力较差。

2. 固定资产周转率分析

固定资产周转率呈先降后升状态，在第 4 年（2011 年）出现转折，表明企业最近几年的管理水平在不断提高，对企业来说是一个好的趋势。说明企业对固定资产的利用效率越来越高，实现的周转率也越来越多，也就是实现了固定资产的相对节约，并提高固定资产的使用效率和质量，从而减少了对固定资产的管理费用，实现了更多营业收入。

前 3 年的固定资产周转天数都在增长，但是从第 4 年开始，固定资产得到合理管理，从 920 天缩短到了 27 天，到最后一年（2014 年）缩短到 13 天左右，说明企业的固定资产的管理质量及利用效率明显提高，这个趋势也意味着在以后的年度里，固定资产周转天数还会缩短，会进一步加强固定资产的周转率，从而实现更多的利益。

3. 固定资产周转率运用要点

（1）该比率的分母使用固定资产净额，这样做是为了与总资产周转率计算保持一致，因为报表中资产总额均是净值。然而，即使同样的固定资产，由于企业所采用的折旧方法和使用的折旧年限长短不同，也会导致不同的固定资产账面净值，从而影响固定资产周转率指标，造成该指标的人为差异，这也正是采用净值计算该指标的缺陷。

（2）企业的固定资产一般采用历史成本法记账，因此，在企业的固定资产、销售情况都并未发生变化的条件下，也可能由于通货膨胀导致物价上涨等因素而使销售收入虚增，导致固定资产周转率的提高，而实际上企业的固定资产效能并未增加。

（3）利用固定资产周转率进行分析时，还应注意结合流动资产投资规模、周转额、周转速度等来分析固定资产的利用效果，以免片面和偏激。

第六节　总资产营运能力分析

一、总资产周转率的概念

总资产周转率是指营业收入净额与总资产平均余额之间的比率，是反映总资产营运能力的主要指标。它有三种表示方式：总资产周转次数、总资产周转天数和总资产与收入比。

二、总资产周转的计算与分析

1. 总资产周转率概念

总资产周转率表示总资产在一年中周转的次数，反映企业全部资产的利用效率。其计算公式如下：

总资产周转率＝营业收入净额/总资产平均余额

其中：

总资产平均余额＝（期初总资产余额＋期末总资产余额）/2

例如：

2014 年乐视网总资产周转率＝营业收入净额/总资产平均余额＝681 894/693 567≈0.98（次）

2. 总资产周转天数概念

总资产周转天数是指企业总资产完成一次周转所需要的时间，其计算公式如下：

总资产周转天数＝360/总资产周转率

例如：

2014 年乐视网总资产周转天数＝360/总资产周转天数＝360/0.98≈367.35（天）

乐视网公司案例

乐视网公司 2008—2013 年总资产周转情况如表 7－7 所示。

表 7－7　　总资产周转情况　　单位：万元

项目＼年度	2008	2009	2010	2011	2012	2013
期初总资产	6 434.00	14 816.12	23 650.93	103 162.10	177 438.70	290 115.00
期末总资产	14 816.12	23 650.93	103 162.10	177 438.70	290 115.00	502 032.50
总资产平均余额	10 625.06	19 233.526 5.00	63 406.52	140 300.40	233 776.80	396 073.70
营业收入净额	7 361.00	14 573.14	23 825.82	5 985.59	116 730.70	236 124.50
总资产周转率（次）	0.69	0.76	0.38	0.43	0.50	0.60
总资产周转天数（天）	521.74	473.68	947.37	837.21	720.00	600.00

三、总资产周转率的运用

1. 总资产周转率的意义

一般来说，总资产周转率越高，总资产周转天数越短，说明企业所有资产周转得越快，同样的资产取得的收入越多，因而资产的管理水平越高，经营风险相对较小。反之，表明资产的利用效率和管理水平不善，有待提高。

2. 总资产周转率分析

总资产周转率最大不超过1，所以其波动也是非常小的，表明企业的管理水平还有待提高。总资产周转率过低，会导致企业的资金流变慢，从而影响企业短期偿债的能力，说明企业利用全部资产进行经营的效率较差，企业在资产运用方面存在问题，经营风险相对较大，会影响企业的盈利能力。

由于总资产周转率过低，导致总资产周转天数很长，都在一年以上。说明企业的资产周转速度很慢，变现能力不强，会增加资产的管理费用，同时资产不能给企业带来很好的收益，从而影响企业的经营效率。

所以企业还需提高对资产的管理，提高资产周转率，缩短总资产周转天数，从而提高企业的资产利用率和经营效率。

3. 总资产周转率运用要点

一是对于外部分析者可以直接运用资产负债的资产年初数来代替上年平均数计算上年总资产周转率，并与本年总资产周转率进行比较。

二是运用总资产周转率存在片面性。可能企业的销售收入无多大变化，而企业本期报废固定资产较多，此时总资产周转率会突然上升，但这并不是企业资产利用效率提高的结果。

三是进行总资产周转率分析时，应结合企业以前年度的实际水平、同行业平均水平对比分析。

四、提高总资产周转速度的措施

要点1：总资产周转速度影响因素。一是营业收入水平；二是各类资产的利用状况。

要点2：提高总资产周转速度的措施。一是确定各项资产的合理比例即资产结构要趋于合理。二是要提高各项资产的利用效率。三是要在总资产规模不变的情况下扩大营业收入。

小 结

如前面图表所示，2010年到2014年中，流动资产周转率由0.64次增长到2.4次，流动资产周转天数由560天下降到150天；存货周转率差不多减小了一倍多，即存货周转天数增加了2倍多；应收账款的周转次数从5.28次减少到了4.8次，导致应收账款的周转天数增加了7天左右；固定资产周转率从2.16次增加到了26.1次，使周转天数从167天下降到了14天；总固定资产的周转两次分别为0.38和0.98，周转天数分别为958天、367天。

通过以上数字可知，企业存货周转率、固定资产周转率、应收账款周转率都是大于3的，但是应收账款周转率呈下降趋势，并且趋近于3的，企业应该加强对应收账款的管理，不然会出问题的；虽然流动资产和总资产周转率都在上升，但是其周转速率还是很缓慢，还有待提高。

总的来说，企业应该继续保持对存货、固定资产的管理方案，当然有更好的管理方案更好；但是对应收账款，流动资产的管理就得注意了，得去查明流动资产和总资产周转率这么低的原因，并加以妥善处理，更加合理有效的管理好企业，提高资金周转率，从而提升企业经营能力。

第八章　盈利能力分析

本章学习重点

1. 总资产利润率的计算与分析；
2. 净资产收益率的计算与分析；
3. 成本费用利润率；
4. 毛利率的计算与分析。

一、盈利能力分析概述

盈利能力是指企业在一定时期内获取利润的能力。而利润是企业内外有关各方都关心的中心问题，利润是投资者取得投资收益、债权人收取本息的资金来源，是经营者经营业绩和管理效能的集中表现，也是职工集体福利设施不断完善的重要保障。利润率越高，盈利能力越强；利润率越低，盈利能力越差。因此，企业盈利能力分析十分重要。

二、盈利能力分析注意事项

一般来说，公司的盈利能力是指公司在正常的营业状况下的盈利能力。非正常的营业状况也会给公司带来收益或损失，但这只是特殊情况下的个别情况，不能说明公司的能力。因此，证券分析师在分析公司盈利能力时，应当排除以下因素：证券买卖等非正常项目、已经或将要停止的营业项目、重大事故或法律更改等特别项目、会计准则和财务制度变更带来的累计影响等。

三、盈利能力分析

盈利能力是指企业赚取利润的能力。管理层用利润作为绩效评价的标准。股东则以股利的形式获取收益，还通过利润增长，使股价上涨从而得到资本利得。债权人则关注利润增长，是否足以偿还债务。有关的盈利指标主要有：总资产利润率、净资产收益率、销售净利率、成本费用利润率、每股收益、总资产报酬率、净资产报酬率等，本章节重点讲解前五个盈利能力分析指标。

（一）总资产利润率

总资产利润率是企业利润总额与企业资产平均总额的比率。它是反映企业资产综合利用效果的指标，也是衡量企业利用债权人和所有者权益总额所取得盈利的重要指标。

总资产利润率是财务报表分析中一个十分重要的财务比率，总资产利润率指标越高，表明资产利用的效益越好，利用资产创造的利润越多，整个企业盈利能力越强，财务管理水平越高。反之，总资产利润率越低，说明企业资产的利用效率越低，利用资产创造的利润越少，企业的盈利能力也就越差，财务管理水平也越低。

分析时应注意：

（1）总资产利润率集中体现了资金运动速度与资金利用效果之间的关系。从其计算公式可以看出，资金运动速度快，必然资金占用额小而业务量大，表现为较少的资产投资能够获得较多的利润。通过总资产利润率分析，能使企业管理者形成一个较为完整的资产与利润关系的概念，实现资产运用与获取的利润挂钩。企业要想创造高额利润，就必须重视“所得”和“所费”的比例关系，合理使用资金，降低消耗，避免资产闲置、资金沉淀、资产损失浪费、费用开支过大等不合理现象。

（2）在企业资产一定的情况下，利润的波动必然引起总资产利润率的波动，利用总资产利润率指标可以分析企业盈利的稳定性和持久性，确定企业所面临的风险。盈利的稳定性表明企业盈利水平变动的基本态势；盈利的持久性则反映企业在相当长的时期内，盈利水平维持一定或按一定比例持续增长的状况。它们受企业的收支稳定性、业务结构变化情况、产品结构情况及收支习性等因素影响。

（3）总资产利润率的高低反映企业经营管理水平的高低和经济责任制的落实情况。企业经营管理水平高，通常表现为资产运用得当，费用控制严格，利润水平高；反之，则是经营管理水平低下的表现。通过总资产利润率的分析，能够考察各部门、各生产经营环节的工作效率和质量，有利于分析内部各有关部门的责任，从而调动各方面生产经营和提高经济效益的积极性。

（4）保持分析的连续性。仅仅测算一个企业某一年的总资产利润率，往往很难对该企业的盈利能力作出全面评价。因此，通常需要测算连续几年的总资产利润率指标，才能取得足以作出准确评价的信息。如果能够获得同行业的有关资料，将不同企业若干年的总资产利润率指标进行对比则可进一步提高分析质量。

（5）总资产利润率代表的是一种企业利用资金进行盈利活动的基本能力，这一比率多应用于讨论企业资产负债的情况，由资产负债表中可以提取并计算出来。由此衍生了多个衡量企业经营方面的利润率指标，如税前利润率、净利润率、毛利率等。但“总资产利润率”并不能最终决定或是衡量企业的获利能力，还要结合多项其他的关键指标才能对企业的营运现状作以评估，如经营杠杆、财务杠杆等。

其计算公式为：

总资产利润率 = 利润总额 / 资产平均总额 ×100%

例如：

2014 年的总资产利润率计算过程如下：

由乐视网 2014 年利润表和资产负债可知，利润总额为 72 899 104. 84 元，期初资产金额为 5 020 324 966. 22 元，期末资产金额为 8 851 023 247. 13 元。

资产平均总额 = （5 020 324 966. 22 + 8 851 023 247. 13）/2
= 6 935 674 106. 68（元）

总资产利润率 = 72 899 104. 84 ÷ 6 935 674 106. 68 ×100%
≈1. 05%

乐视网公司案例

乐视网公司 2008—2014 年总资产利润率情况如表 8 – 1 所示。

表 8 – 1 乐视网 2008—2014 年总资产利润率情况 单位：亿元

项目 \ 年度	2008	2009	2010	2011	2012	2013	2014
利润总额	0. 32	0. 48	0. 75	1. 64	2. 28	2. 46	0. 73
期初总资产	0. 64	1. 48	2. 37	10. 32	17. 74	29. 01	50. 20
期末总资产	1. 48	2. 37	10. 32	17. 74	29. 01	50. 20	88. 51
资产平均总额	1. 06	1. 93	6. 34	14. 03	23. 38	39. 61	69. 36
总资产利润率（%）	30. 19	24. 94	11. 80	11. 71	9. 75	6. 22	1. 05

从表 8 – 1 所示的计算结果可以看出，乐视网 2008 年至 2014 年的总资产利润率呈逐年下降趋势，说明该企业资产综合利用效率在降低。一般而言总资产利润率越大越好，但是该企业 2014 年的总资产利润率为 1. 05% 达到历年最低。企业应通过提高资产利用率从而使总资产利润率增高。

（二）净资产收益率

净资产收益率又称股东收益报酬率，是指净利润与企业所有者权益的对比关系，用以表明企业所有者权益资本赚取利润的能力，可理解为企业所有者拥有的每百元资本能够赚取多少利润。

净资产收益率是衡量上市公司盈利能力的重要指标。该指标越高，说明投资带来的收益越高；净资产收益率越低，说明企业所有者权益的获利能力越弱。该指标体现了自有资本获得净收益的能力。

净资产收益率指标是站在所有者立场来衡量企业盈利能力的，是最被所有者关注的、对企业具有重大影响的指标。所有者投资于企业的最终目的是为了获取利润，净资产收益率直接关系到投资者权益的实现程度，因而是投资者最关心的问题。一方面，净资产收益率指标体现了企业管理水平的高低、经济效益的优劣、财务成果的好坏，尤其是直接反映了所有者投资的效益好坏，是所有者考核其投入企业的资本的保值增值程度的基本方式；另一方面，通过该指标的分析，还可以判定企业的投资效益，影响所有者的投资决策和潜在投资人的投资倾向，从而影响着企业的筹资方式、筹资规模，进而影响企业的发展规模及发展趋势。分析时应注意：这个比率是从企业所有者投入资本角度来考察企业的盈利能力，因此，要注意资本结构是否大体一致，否则不宜进行横向或纵向的比较。例如，A 和 B 两个企业某期实现利润数额大体一致，运用资本总量也接近，但资本结构相差较大，其中 A 企业以所有者投入资本为主，B 企业借入资本比重很大。在这种情况下，计算出来的净资产收益率悬殊很大，如果就此下结论说 B 企业盈利能力较 A 企业更强，就不符合实际情况了。因此说该比率的使用存在一定的局限性。

净资产收益率计算公式如下：

$$净资产收益率 = 净利润/平均净资产 \times 100\%$$

其中：

$$平均净资产 = （所有者权益年初数 + 所有者权益年末数）/2$$

例如：由乐视网 2014 年资产负债表和利润表可以得到，净利润为 128 796 560.88 元，所有者权益年初数为 2 079 525 750.53 元，所有者权益年末数为 3 343 473 396.02 元。

$$\begin{aligned}平均净资产 &= （所有者权益年初数 + 所有者权益年末数）/2 \\ &= （2\ 079\ 525\ 750.53 + 3\ 343\ 473\ 396.02）/2 \\ &= 2\ 711\ 499\ 573.28（元）\end{aligned}$$

$$\begin{aligned}净资产收益率 &= 净利润/平均净资产 \times 100\% \\ &= 128\ 796\ 560.88/2\ 711\ 499\ 573.28 \times 100\% \\ &\approx 4.75\%\end{aligned}$$

乐视网公司案例

乐视网公司 2008—2014 年净资产收益率情况如表 8－2 所示。

表 8-2 乐视网 2008—2014 年净资产收益率情况 单位：亿元

年度 项目	2008	2009	2010	2011	2012	2013	2014
净利润	0.3	0.44	0.70	1.31	1.90	2.32	1.29
所有者权益年初数	0.6	1.43	1.87	9.39	10.57	12.73	20.80
所有者权益年末数	1.43	1.87	9.39	10.57	12.73	20.80	33.43
平均净资产	1.015	1.65	5.63	9.98	11.65	16.76	27.11
净资产收益率（%）	29.56	26.67	12.45	13.12	16.30	13.86	4.75

从表所示的结果可以看出，乐视网的净资产收益率是波动的，比较不稳定，并总体呈逐年下降的趋势。尤其在2014年达到了最低点，并且该指标低于了4.75%，说明股东分配的少。当然，净资产收益率低可能由负债导致的，但是从历年资产负债表中得出该企业的负债并未降低，反而有所上升。

（三）销售毛利率

销售毛利率是指毛利占营业收入的百分比。

销售毛利率是指销售毛利与销售收入的对比关系，被广泛用来匡算企业获利能力的大小。较高的销售毛利率预示着企业获取较多利润的把握性比较大；反之，如果毛利偏低，则企业最终获取的利润就少，甚至有可能是无利可得。单位收入的毛利越高，抵补各项支出的能力越强，企业的获利能力也就越高。

销售毛利率是上市公司的重要经营指标，它能反映公司产品的竞争力和获利能力。因此，销售毛利率有助于投资者选择投资方向、预测企业的发展、衡量企业的成长性，也可以考察企业是否隐瞒营业收入或者虚报销售成本以及发现公司潜在的问题。

（1）销售毛利率也是企业产品订价政策的指标，不同行业之间有时毛利率会有很大差别。国家对价格控制的原则是国计民生必需品的销售毛利率应低一些，而奢侈品或者新产品则往往倾向于获得更多的毛利，有时候企业为了增加产品的市场份额，也会采取薄利多销政策，从而使企业销售毛利率偏低。

（2）销售毛利率指标有明显的行业特点。一般来说，营业周期短、固定费用低的行业毛利率水平比较低，如商品零售行业；而营业周期长、固定费用高的行业则要求有较高的毛利率，以弥补其巨大的固定成本，如重工业企业。因此，在分析企业的毛利率时，必须与企业的目标毛利率、同行业平均水平及先进水平企业的毛利率加以比较，以正确评价本企业的盈利能力，并分析差距及其产生的原因，寻找提高盈利能力的途径。

（3）企业应努力降低销售成本率。影响销售毛利率变化的因素很多，比如产品售价、生产成本、已售产品结构等任何一个方面发生变化，都会引起销售毛利率的变动。

在各期销售毛利率发生升降变化的情况下，除了市场、价格政策等原因外，主要应从销售成本入手，去检查分析每一个成本项目对销售成本率乃至毛利率是否产生了影响。

销售毛利率计算公式如下：

销售毛利率＝（营业收入－营业成本）/营业收入×100%

例如：

销售毛利率计算如下：由乐视网2014年利润表可知，其营业收入为6 818 938 622.38元，营业成本为5 828 133 468.42元。

销售毛利率＝（营业收入－营业成本）/营业收入×100%

＝（6 818 938 622.38－5 828 133 468.42）÷6 818 938 622.38×100%

＝14.53%

乐视网公司案例

乐视网公司2007—2014年销售毛利率情况如表8－3所示。

表8－3　乐视网2007—2014年销售毛利率情况　单位：亿元

项目＼年度	2007	2008	2009	2010	2011	2012	2013	2014
主营业务收入	0.37	0.74	1.46	2.38	5.99	11.67	23.61	68.19
主营业务成本	0.12	0.15	0.50	0.80	2.75	6.84	16.69	58.28
销售毛利率（%）	67.57	79.73	65.75	66.33	54.04	41.38	29.33	14.53

从表可得出乐视网销售毛利率2007年到2014年由67.57%下降到14.53%，并呈逐年下降的趋势。销售毛利率一般情况下在25%左右是比较合理的，而2014年的销售毛利率却只有14.53%，表明企业没有足够多的毛利额，补偿期间费用后的盈利水平不高，也有可能无法弥补期间费用，出现亏损局面。

（四）销售净利率

销售净利率又称销售利润净利润率，是指企业实现净利润与销售收入的对比关系，用以衡量企业在一定时期的销售收入获取的能力。该指标费用能够取得多少营业利润。该指标反映每一元销售收入带来的净利润多少，表示销售收入的收益水平。经营中往往可以发现，企业在扩大销售的同时，由于销售费用、财务费用、管理费用的大幅增加，企业净利润并不一定会同比例地增长，甚至并一定会负增长。盲目扩大生产和销售规模未必会为企业带来正的收益。因此，分析者应关注在企业每增加1元销售收入的同时，净利润增减程度，由此来考察销售收入增长的效益。

分析时应注意以下问题：

（1）由于净利润中包含波动较大的营业外收支净额和投资收益，该指标年际之间的变化相对较大。企业的短期投资者和债权人的利益主要在企业当期，他们更关心企业总盈利能力的大小，所以他们通常可以直接使用这一指标。而对于企业管理者及所有者来说，则应将该指标数额与净利润的内部构成结合分析，以正确判断企业的盈利能力。例如，如果本期销售净利率的升降主要是营业外项目（比如企业出售了一个营业分部或处理了一批固定资产）起了很大影响作用，就不能简单认为是企业管理水平提高或降低的问题了。

（2）对单个企业来说，销售净利率指标越大越好，但各行业内的竞争能力、经济状况、利用负债融资的程度及行业经营的特征，都使得不同行业各企业间的销售净利率大不相同。因此，在使用该指标分析时，还要注意将企业的个别销售净利率指标与同行业的其他企业进行对比分析。

（3）从销售净利率的公式可以看出，企业的净利润与销售净利率成正比关系，而销售收入额与之成反比关系。企业在增加销售收入额的同时必须相应获得更多的净利润，才能使销售净利率保持不变或有所提高。通过这一指标的分析，可以促使企业在扩大销售的同时，注意改进经营管理，提高盈利水平。

通过分析销售净利率的升降变动，可以促使企业在扩大销售的同时，注意改进经营管理，提高盈利水平。计算公式为：

$$销售净利率 = 净利润/营业收入 \times 100\%$$

例如：由乐视网 2014 年利润表可知，当年净利润为 128 796 560. 88 元，营业收入为 6 818 938 622. 38元。

$$销售净利率 = 净利润/营业收入 \times 100\% = 128\ 796\ 560.88/6\ 818\ 938\ 622.38 \times 100\% = 1.89\%$$

乐视网公司案例

乐视网公司 2007—2014 年销售净利率情况如表 8 - 4 所示。

表 8 - 4　　乐视网 2007—2014 年销售净利率情况　　单位：亿元

项目＼年度	2007	2008	2009	2010	2011	2012	2013	2014
净利润	0. 15	0. 30	0. 44	1. 29	2. 32	1. 90	2. 32	1. 29
营业收入	0. 37	0. 44	1. 46	68. 19	23. 61	11. 67	23. 61	68. 19
销售净利率（%）	40. 54	68. 18	30. 14	1. 89	9. 84	16. 27	9. 84	1. 89

从表所示可以得出从2007年到2014年销售净利率总体呈下降趋势，在2010年左右有较明显波动。该公司销售净利率2014年为1.89%较2007年降低了近30%，而且本身比较低，说明该公司的成本费用支出较高或上升，应进一步分析原因，是营业成本上升还是公司降低售价，是营业费用过多还是投资收益减少，以便更好地对公司经营状况进行判断。

（五）成本费用利润率

成本费用利润率，是指企业的净利润与成本费用总额的比率。它是反映企业成本费用与净利润之间的关系，从总耗费的角度考核获利情况的指标。当成本费用总额不变时，利润总额越大，成本费用率亦越高，说明每百元总耗费的盈利越多，效益越好。反之，利润不变而成本费用额增加，或成本费用额不变而利润额减少，则成本费用利润率会下降，说明每百元总耗费的盈利能力降低，经济效益下滑。

由于成本费用总额的大小总括反映了企业的所费，而利润净额代表企业最终所得。所以，成本费用利润率指标是所得与所费的直接比较，它综合反映企业效益的好坏。通过分析该指标可以促使企业努力降低成本费用水平，增强盈利能力。因此该比率，既可评价企业获利能力的强弱，也可以评价企业对费用的控制能力和管理水平。

企业为了选择经营品种，有时需要测量每一品种的经营效益，因而在企业的管理工作中，还有使用成本利润率指标测算盈利能力的做法。成本利润率就是企业净利润与产品销售成本的比率。

成本利润率对于企业内部的经营管理决策是非常有益的指标，而对于企业外部财务报表使用者来说，他们更关心的是企业耗费取得的经济效益，而并不很注意企业经营什么品种及经营这种品种的利润是多少。因而，外部报表使用者在分析企业的盈利能力时，更常使用的仍然是成本费用利润率指标。

成本费用利润率计算公式为：

$$成本费用利润率 = 利润总额/成本费用总额 \times 100\%$$

其中：

$$成本费用总额 = 营业成本 + 营业税金及附加 + 销售费用 + 管理费用 + 财务费用 + 资产减值损失$$

例如：由乐视网2014年利润表可知，利润总额为72 899 104.84元，营业成本为5 828 133 468.42元，营业税金及附加为56 848 870.42元，销售费用为489 035 465.49元，管理费用为175 454 652.60元，财务费用167 915 495.78元，资产减值损失为53 689 254.75元。

成本费用总额 = 营业成本 + 营业税金及附加 + 销售费用 + 管理费用 + 财务费用 + 资产减值损失 = 5 828 133 468.42 + 56 848 870.42 + 489 035 465.49 + 175 454 652.60 + 167 915 495.78 + 53 689 254.75

= 6 771 077 207.46（元）

成本费用利润率 = 利润总额/成本费用总额 × 100%

= 72 899 104.84/6 771 077 207.46 × 100%

≈ 1.08%

乐视网公司案例

乐视网公司 2007—2014 年成本费用利润率情况如表 8－5 所示。

表 8－5　乐视网 2007—2014 年成本费用利润率情况　单位：万元

项目＼年度	2007	2008	2009	2010	2011	2012	2013	2014
利润总额	1 468	3 168	4 770	7 483.7	16 424.4	22 801.2	24 640.1	7 289.9
营业成本	1 182	1 485	4 955	8 021.5	27 509.1	68 424.7	166 868.4	582 813.3
营业税金及附加	122	299	647	1 016.0	2 995.2	4 513.3	2 592.2	5 684.9
销售费用	581	1 830	2 892	5 791.9	9 631.6	13 358.6	19 452.0	48 903.5
管理费用	292	565	875	1 160.3	3 050.9	5 778.5	8 998.8	17 545.5
财务费用	13	－83	51	371.3	139.0	4 224.0	11 629.8	16 791.5
资产减值损失	10	96	410	172.2	393.7	690.5	2 777.0	5 368.9
成本费用总额	2 200	4 192	9 830	16 533.2	43 719.4	96 989.6	212 318.2	677 107.7
成本费用利润率（%）	66.73	75.57	48.52	45.26	37.57	23.51	11.61	1.08

该指标越高，表明企业为取得利润而付出的代价越小，成本费用控制得越好，获利能力越强。

同利润一样，成本费用的口径也可以分为不同的层次，比如主营业务成本、营业成本等。在评价成本费用开支效果时，应当注意成本费用与利润之间在计算层次和口径上的对应关系。

（六）每股收益

每股收益，简称 EPS。它是测定股票投资价值的重要指标之一，是分析每股价值的一个基础性指标，是综合反映公司获利能力的重要指标，它是公司某一时期净收益与股份数的比率。该比率反映了每股创造的税后利润，比率越高，表明所创造的利润越多。

每股收益分为基本每股收益与稀释每股收益。

在计算基本每股收益时，关键是要确定归属于普通股股东的当期净利润和当期发行在外普通股的加权平均数。在计算归属于普通股股东的当期净利润时，应当考虑公司是否存在优先股。如果不存在优先股，那么公司当期净利润就是归属于普通股股东的当期净利润。如果存在优先股，在优先股是非累积优先股的情况下，应从公司当期净利润中扣除当期已支付或宣告的优先股股利；在优先股是累积优先股的情况下，公司净利润中应扣除至本期止应支付的股利。在中国，公司暂不存在优先股，所以公司当期净利润就是归属于普通股股东的当期净利润。计算公式如下：

基本每股收益 = 归属于普通股股东的当期净利润 ÷ 当期发行在外普通股的加权平均数

例如：乐视网 2013 年归属于公司普通股股东的净利润为 255 009 694. 82 元，以公司现有总股本 418 000 000 股为基数，以资本公积向全体股东每 10 股转增 9 股。当年 8 月因发行新股或债转股等增加股份数为 4 266 298 股，计算过程如下：

当期发行在外普通股的加权平均数 = 418 000 000 + 418 000 000 × 0. 9 + 4 266 298. 00 × 4/12 ≈ 795 622 099（股）

每股收益 = 255 009 694. 82 ÷ 795 622 099 ≈ 0. 32（元）

乐视网公司案例

乐视网公司 2007—2014 年每股收益情况如表 8 - 6 所示。

表 8 - 6　乐视网 2007—2014 年每股收益情况　单位：元

年度 项目	2007	2008	2009	2010	2011	2012	2013	2014
基本每股收益	0. 29	0. 57	0. 59	0. 84	0. 6	0. 46	0. 32	0. 44

每股收益仅仅代表的是某年每股的收益情况，基本不具备延续性，因此不能够将它单独作为判断公司成长性的指标。应结合更多指标进行更具体的分析。

小　结

结合以上五个指标，可以看出乐视网从 2007 年到 2014 年的盈利能力状况。总体而言该企业盈利状况是不错的，但是就 2014 年与以前年份比较，各项指标都有所下降。其中，抽取 2014 年的各项指标为基准进行比较，总资产利润率由 2008 年的 30.19% 下降到 1.05%，净资产收益率由 2008 年的 29.56% 下降到 4.75%，销售净利率由 2007 年的 40.54% 下降到 1.89%，成本费用利润率由 2007 年的 48.52% 下降到 1.08%，而每股收益的波动却较大，每年数据并不稳定，但可总结得出虽然各项盈利能力指标在下降，但是每股创造的利润却是可观的。

第九章　发展能力分析

本章学习重点

1. 总资产增长率的计算与分析；
2. 净利润增长率的计算与分析。

一、发展能力的概念

发展能力又叫增长能力，通常是指企业未来生产经营活动的发展趋势和发展潜能，是企业在生存的基础上，不断扩大规模、提高效益、提升企业价值的潜能，包括资产、利润、收入以及所有者权益的发展能力。从形式上看，企业的发展能力主要是通过自身的生产经营活动不断扩大积累而形成的，主要依托于不断增长的销售收入、不断增加的资金投入和不断创造的利润等。从结果上看，一个发展能力强的企业，能够不断为股东创造财富，能够不断增加企业的价值。

企业价值能否持续增长，对股东、潜在投资者、经营者及其他的利益团体至关重要，因此企业的发展能力分析十分必要。

二、发展能力的指标

企业的发展能力分析指标主要包括有主营业务收入增长率、净利润增长率、总资产增长率、净资产增长率、资本积累率、销售增长率、收益增长率、股东权益增长率以及经营现金净流量增长率等几个指标。

其中主营业务收入增长率、净利润增长率、总资产增长率、经营现金净流量增长率最重要。

三、发展能力的指标分析

（一）主营业务收入增长率

1. 主营业务收入增长率的概念

主营业务收入增长率是通过分析当期主营业务收入比上期主营业务收入增长的比率来反映企业主营业务发展情况的一个比率。其计算公式为：

主营业务收入增长率 =（当期主营业务收入 - 上期主营业务收入）/
上期主营业务收入 ×100%

其中，当期主营业务收入与上期主营业务收入的差额，即本年主营业务收入的增长额小于0，则用“-”表示。

2. 主营业务收入增长率的指标分析

企业的收入来源可以有很多种，但主营业务收入才应该是企业长期生存发展的基本动力。主营业务收入增长率可以反映出企业主营业务收入的增长速度，是衡量企业经营状况和市场占有能力、预测企业经营业务拓展趋势的重要标志，也是企业扩张时资金需求的前提，不断增加主营业务收入是企业生存的基础和发展的条件。主营业务收入增长速度越快，则企业在一定时间内发展潜力越大，但也不能盲目地追求快速增长，因为这种增长如果超出了企业的资源和能力所及，则可能埋下隐患。下面以乐视网 2014 年数据为例对其分析。

例如：乐视网股份有限公司 2014 年的营业收入为 6 818 938 622. 38 元，2013 年的营业收入为 2 361 244 730. 86 元，计算其主营业务收入增长率得：

主营业务收入增长率 =（当期主营业务收入 - 上期主营业务收入）/
上期主营业务收入 ×100%
=（6 818 938 622. 38 - 2 361 244 730. 86）/
2 361 244 730. 86 ×100% ≈188. 79%

该指标大于0 时，说明企业本年的主营业务收入有所增长，该指标越大，说明增长速度越快，企业的市场前景越好；该指标小于 0 时，说明企业的经营效率下滑，市场占有份额可能会萎缩。从上面数据可以看出，乐视网公司于 2014 年的主营业务收入增长率明显比 2013 年高一倍多，说明该公司的发展速度很快，企业的市场前景也比较好。但是这个比率是否合适，还应该考察该行业基本情况和企业的经营状态等因素。

乐视网公司案例

乐视网公司 2007—2014 年主营业务收入增长率情况如表 9 - 1、图 9 - 1 所示。

表 9 - 1　　2007—2014 年主营业务收入增长率情况　　单位：亿元

项目 \ 年度	2007	2008	2009	2010	2011	2012	2013	2014
主营业务收入	0. 37	0. 74	1. 46	2. 38	5. 99	11. 67	23. 61	68. 19
主营业务收入增长率（%）	—	100	97. 3	63. 01	151. 68	94. 82	102. 31	188. 82

从该表可以看出该企业的主营业务收入增长率基本处于上升状态，相比而言，2012 年的主营业务收入增长率为95.02%，比往期的增长率下降了很多个百分点，但是这个增长率对于整个市场而言，还是客观的。但作为高新技术产业，该企业的产品技术应该不断的去挖掘，不断地发展，这样才能提高该公司的收入，利润保持上升。

一般来说，如果主营业务收入增长率超过10%，说明公司产品处于成长期，将继续保持较好的增长势头，尚未面临产品更新的风险，属于成长型公司。如果主营业务收入增长率在5% ~10%，说明公司产品已进入稳定期，不久将进入衰退期，需要着手开发新产品。如果该比率低于5%，说明公司产品已进入衰退期，保持市场份额已经很困难，主营业务利润开始滑坡，如果没有已开发好的新产品，将步入衰落。主营业务收入增长的越快，表明该企业主营业务突出，业务扩张能力强，如果主营业务收入增长额较小，反映企业发展停滞，业务扩张能力弱。

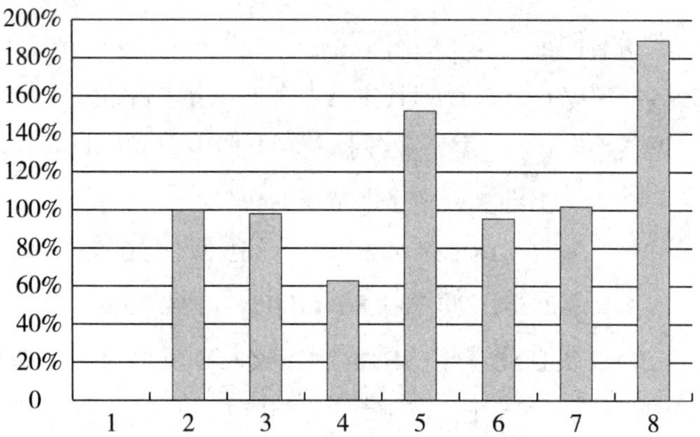

图9－1　2007—2014 年主营业务收入增长率情况（单位：亿元）

企业在主营业务收入的增长上虽在增长，但从图表上看还是处于一种不稳定的状态，这几个比率对该企业来说是否合适，应该考察该行业的基本情况和企业的经营状态等因素，但是总体来说乐视网的增长势头良好，主营业务收入增长的幅度还有很大的潜能。

（二）净利润增长率

1. 净利润的概念

净利润是指利润总额减所得税后的余额，是当年实现的可供出资人（股东）分配的净收益，也称为税后利润。它是一个企业经营的最终成果，净利润多，企业的经营效益就好；净利润少，企业的经营效益就差，它是衡量一个企业经营效益的重要指标。由于净利润是企业经营业绩的结果，因此，净利润的增长是企业成长性的基本表现。

2. 净利润增长率的指标分析

净利润增长率是通过分析当期净利润比上期净利润增长的比率来反映企业净利润增长情况的一个比率。其计算公式为：

净利润增长率 = （当期净利润 - 上期净利润）/上期净利润 × 100%

例如：乐视网股份有限公司 2014 年的净利润为 364 029 509.12 元，2013 年的净利润为 255 009 694.82 元，则计算该企业的净利润增长率为：

净利润增长率 = （当期净利润 - 上期净利润）/上期净利润 × 100%

= （364 029 509.12 - 255 009 694.82）/255 009 694.82 × 100%

≈42.75%

利润是企业积累和发展的基础，净利润增长率指标越高，表明企业积累越多，可持续发展能力越强，发展潜能越大。由计算可知，乐视网股份公司 2014 年的净利润增长率为 42.75%，表明其发展速度已经十分可观了。

乐视网公司案例

乐视网公司 2007—2014 年净利润增长如表 9 - 2、图 9 - 2 所示。

表 9 - 2 **2007—2014 年净利润增长情况** 单位：亿元

项目 \ 年度	2007	2008	2009	2010	2011	2012	2013	2014
净利润	0.15	0.3	0.44	0.7	1.31	1.94	2.55	3.64
净利润增长率（%）	—	100	46.67	59.09	87.14	48.09	31.44	42.75

净利润增长率代表企业当期净利润比上期净利润的增长幅度，指标值越大代表企业盈利能力越强，从该表数据能够看出来乐视网净利润增长率起伏不定，从 2007 年到 2014 年来看，净利润增长率最高为 100%，最低为 31.31%，尽管相比有些差距，但对于整个企业来说，净利润的增长是一直保持着上升趋势的，说明该企业的经营效率还是挺不错的。

一个企业如果销售收入增加了，但利润并未增长，从长远来看，它并未创造经济价值。同样，一个企业如果利润增加了，但销售收入并未增加，也就是说利润的增长不是来自于主营业务，这样的增长是不能持续的，随着时间的推移将会消失。因此对比图 9 - 1 跟图 9 - 2，我们发现乐视网的主营业务收入与净利润是成正比的，其相对应的增长率也是成正比，所以乐视网的发展是很有潜力的。

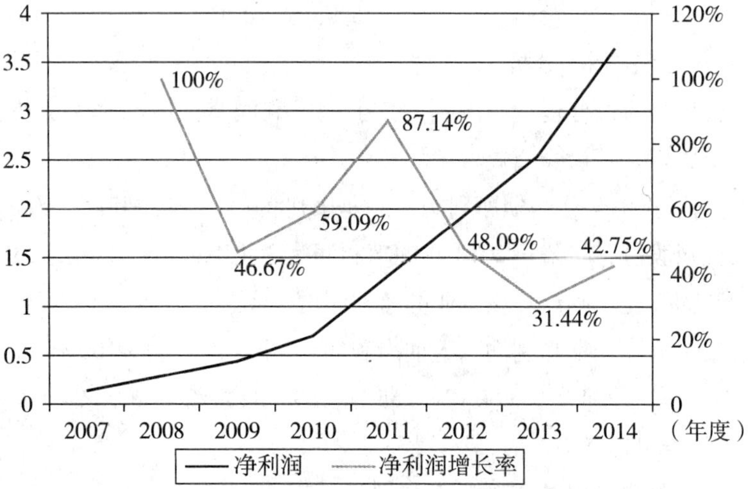

图9－2　2007—2014年净利润增长情况

（三）总资产增长率

总资产增长率又名总资产扩张率，是通过分析当期总资产比上期总资产增长的比率来反映企业总资产增长情况的一个比率。资产是企业用于取得收入的资源，也是企业偿还债务的保障。资产增长是企业发展的一个重要方面，发展性高的企业一般能保持资产的稳定增长。总资产增长率衡量企业本期资产规模的增长情况，评价企业经营规模总量上的扩张程度。计算公式为：

总资产增长率＝（当期总资产－上期总资产）/上期总资产×100%

例如：乐视网股份有限公司2014年的总资产为8 851 023 247.13元，2013年的总资产为5 020 324 966.22元，计算其总资产增长率得：

总资产增长率＝（当期总资产－上期总资产）/上期总资产×100%

＝（8 851 023 247.13－5 020 324 966.22）/5 020 324 966.22×100%

≈76.3%

由计算可知：该公司2014年的总资产增长率为76.3%，表明相比2013年，本年的资产增长了1/2，无论是流动资产还是非流动资产，对企业未来的发展都是有利的。

乐视网公司案例

乐视网2007—2014年总资产增长情况如表9－3、图9－3所示。

表 9-3　　2007—2014 年总资产增长情况　　单位：亿元

项目＼年度	2007	2008	2009	2010	2011	2012	2013	2014
总资产	0.64	1.48	2.37	10.32	17.74	29.01	50.20	88.51
总资产增长率（%）	—	131.25	60.14	336.17	71.80	6.35	73.04	76.30

总资产增长率与企业的经营规模扩张速度有关，总资产增长率越高，表明企业一定时期内资产经营规模扩张的速度越快，反之。我们从表中可以发现，乐视网的总资产增长率总体来说还是可观的，至少说明该企业如果有债务，在还款方面是有保障的，只是每个年份之间的资产增长率之间有较大的波动，说明企业每年的发展规模都不相同，从而使发展速度也不径相同。

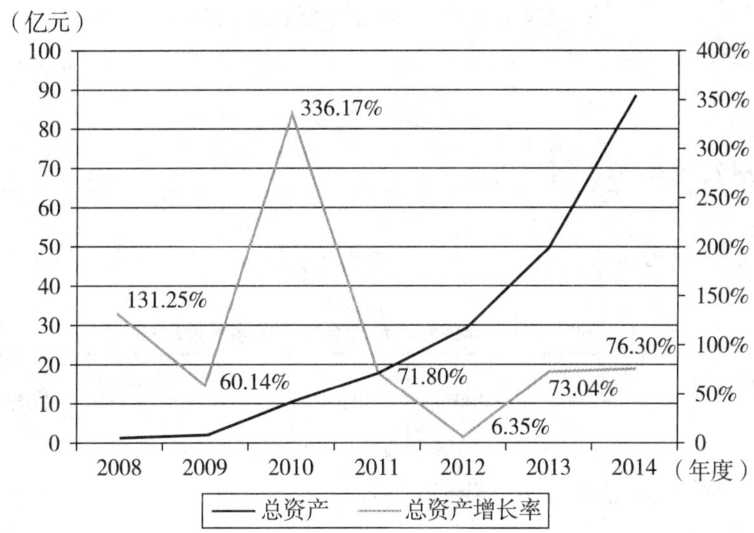

图 9-3　2008—2014 年总资产增长情况

总资产增长率通过不同期间的对比，可以反映出企业总资产的增长速度，反映企业规模的发展情况。该企业的总资产增长率不断上升，而 2009 年到 2012 年总资产增长率成下降趋势，说明企业在 2009 年以前以扩张经营为主，之后企业发展就相对稳定，并没有大规模的扩张，2012 年以后又开始成上升趋势，说明该企业规模扩张的速度又在上升，总体来讲，该企业的发展能力是可观的。

经营现金流量是由多个项目组成，其结构相当重要，总量相同的现金流量在经营活动、投资活动、筹资活动之间分布不同，则意味着不同的财务状况。经营现金净流量增长率是通过分析当期经营活动现金净流量比上期经营活动现余净流量增长的情况，来反映企业经营活动产生现金的能力变化。其计算公式为：

经营现金净流量增长率＝（本期经营活动现金净流量－上期经营活动现金净流量）/上期经营活动现金净流量×100%

经营活动现金净流量是企业现金净流量的重要来源。经营现金净流量作为企业日常经营活动的结果，对企业的长期发展有重要的意义，如果经营现金净流量不足，则企业的投资和筹资活动都会受到限制，无法扩大规模。经营活动现金净流量增长率反映企业经营活动产生现金能力的变化，使企业管理者能够发现经营活动对企业现金的影响，从而及时发现问题。

例如：乐视网股份有限公司2014年的经营现金净流量为234 182 733.96元，2013年的经营现金净流量为175 851 396.59元，计算其经营现金净流量增长率得：

经营现金净流量增长率＝（本期经营活动现金净流量－上期经营活动现金净流量）/上期经营活动现金净流量×100%

＝（234 182 733.96－175 851 396.59）/175 851 396.59×100%

≈33.17%

乐视网公司案例

乐视网2007—2014年经营活动现金净流量增长情况如表9－4、图9－4所示。

表9－4　**2007—2014年经营活动现金净流量增长情况**　单位：亿元

项目＼年度	2007	2008	2009	2010	2011	2012	2013	2014
经营活动现金净流量	0.09	0.16	0.83	0.65	1.47	1.06	1.76	2.34
经营活动现金净流量增长率（%）	—	77.78	418.75	－21.69	126.15	－27.89	66.04	32.95

从表中可以看出，在报告期内，2011年公司经营活动产生的现金流量和上年同期相比增长124.33%，因为公司各项主营业务收入增长较快，且对客户的信用政策保持稳定，导致经营性现金流入增幅高于经营性现金流出增幅所致。而2012年相比于2011年下降了27.71%，这与企业的主营业务收入以及相关的资产有关，在2012年，主营业务收入和净利润增长比起上年都有所下降，因此经营现金净流量相比于往年也减少。

乐视网的经营现金净流量每年的增减幅度都不一样，特别是在2012年的时候，该企业的现金净流量为－27.71%，出现了负值，这一年对于企业来说经营现金流入量小于流出量，这也许与该企业在2012年营业收入有关，或者是整个市场的因素所引起

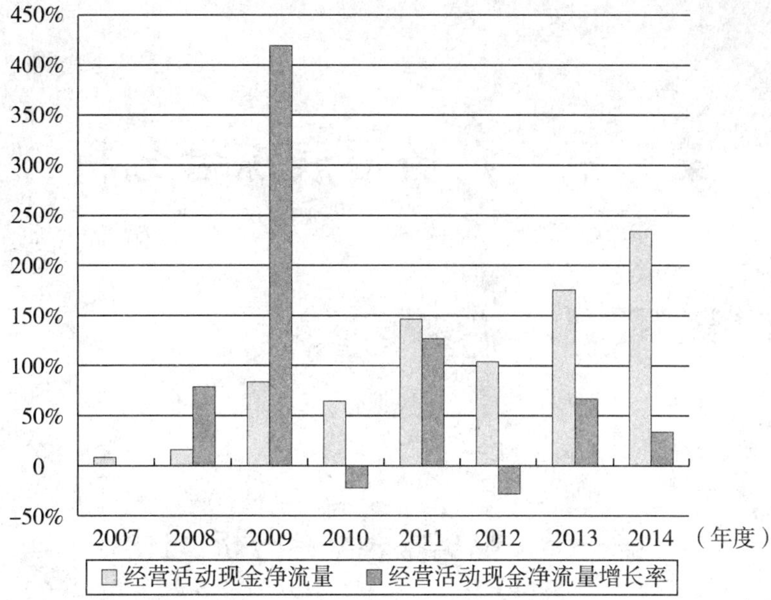

图9-4 2007—2014年经营活动现金净流量增长情况

的。而在其他的年度虽有变动，但经营现金净流量增长率相对于整个市场而言还是发展得不错的，对企业未来的发展是有利的。

小 结

总体来说，发展能力是企业持续发展和未来价值的源泉，是企业的生存之本、活力之源。对企业发展能力的分析与评价有着很强的现实意义，例如分析乐视网的发展能力能够看出该企业在哪些方面有优势，在哪些方面又存在不足，通过上述分析，该企业的发展整体趋势还是上升的，具有很强的发展潜能，但是还应该不断地研究新产品，毕竟该企业的市场竞争力很大，只要产品技术落后，很容易被市场淘汰，所以需要企业在保持原有发展能力的基础上，不断创新，争取在市场上站稳脚跟。

本节总结：发展能力是指企业经济资源连续增长的状况和趋势。发展能力指标主要有主营业务收入增长率、净利润增长率、总资产增长率、经营现金净流量增长率，其发展能力分析更多时候需要结合非财务因素分析，这样才能真正地分析出一个企业的综合发展能力。

第十章　财务报表综合分析

本章学习重点

1. 沃尔评分法；
2. 杜邦分析法。

第一节　财务报表综合分析概述

一、财务报表综合分析的含义

财务报表综合分析，就是以企业提供的财务报表等相关核算资料为依据，借助于专门的技术与方法，在对企业的获利能力、营运能力、发展能力等方面进行系统分析的基础上，从整体上评论企业的财务状况、经营情况及未来发展趋势。

二、财务报表综合分析的内容

企业财务报表分析的需求者主要包括企业所有者、企业债权人、企业经营决策者和政府等。因此，财务报表分析信息既要能满足企业内部管理者决策的需要，也要能满足外部财务信息使用者投资等相关决策的需要。

（一）企业综合财务状况分析

通过对企业所有者关心的获利能力、债权人关心的偿债能力、经营决策者关心的发展能力等的分析，弄清反映企业财务状况的各主要财务比率的内在联系，来全面、系统、综合地评价企业的财务状况。

（二）企业综合业绩评价

运用数理统计和运筹学方法，采用特定的指标体系，依照统一的评价标准，按照一定的程序，通过定量、定性对比分析，对企业一定经营期间的经营效益和经营者业绩（盈利能力、资产运营水平、偿债能力和发展能力）做出客观、公正和准确的综合评价。

三、财务报表综合分析的特点

（一）全面性

财务综合分析与评价关注的是对整体财务状况和经营成果，因此在分析过程中，要关注到企业偿债能力、营运能力、盈利能力和成长能力等各个层面的内容。这是财务综合分析与评价和单项财务能力分析的不同之处。因此，财务综合分析与评价要以全面的单项财务能力分析指标为基础，不能在分析中以偏概全。

（二）综合性

财务综合分析与评价不是各单项财务能力分析的简单相加，而是通过一定的技术方法进行的有机结合；同时，在进行财务综合分析与评价过程中还需要抓住主要分析指标，这样才能抓住影响企业财务状况和经营成果的主要矛盾，在主要财务指标分析的基础上再对其辅助指标进行分析。

四、财务报表综合分析的方法

综合分析的方法有很多，包括沃尔评分法、杜邦分析法、雷达图法等，其中应用比较广泛的有沃尔评分法和杜邦分析法。

（一）沃尔评分法

沃尔评分法又称评分综合法，是将几种财务比率分别给定其在总评价中所占的分值，总和为 100 分，然后确定标准比率，并与实际进行比较，评出每项指标的实际得分，最后求出总评分，以总评分来评价企业的财务状况。

（二）杜邦分析法

杜邦分析法又称杜邦财务分析体系，是利用各主要财务比率的内在联系，对企业财务状况和经营状况进行综合分析和评价的方法。杜邦财务分析体系，是以股东（所有者）权益报酬率为龙头，以总资产利润率为核心，重点揭示企业获利能力及其原因。因其最初由美国杜邦公司成功运用而得名。

第二节　沃尔评分法

一、沃尔评分法的含义

沃尔评分法又叫综合评分法，它通过对选定的多项财务比率进行评分，然后计算综合得分，并据此评价企业综合财务状况。由于创造这种方法的先驱者之一是亚历山大·沃尔，因此被称作沃尔评分法。

二、沃尔评分法的步骤

（一）指标的选取

企业需要选择能够全面体现各方面能力的指标来说明其综合状况，因此首要的问题是确定选中的指标：流动比率、净资产/负债、资产/固定资产、销售成本/存货、销售额/应收账款、销售额/固定资产、销售额/净资产。

（二）确定权重

根据上述各项指标对企业整体状况的重要程度，确定其在总体中的比重。各项比率指标的比重之和应等于100。指标重要性程度的判断可根据企业的经营现状、管理需求、发展趋势及分析目的等具体情况而定。沃尔评分法各项财务指标比率指标权重系数如表10－1所示。

表10－1　　沃尔评分法各项财务指标比率指标权重系数

财务比率	权重	标准比率
流动比率（流动资产/流动负债）	25	2
净资产/负债	25	1.5
资产/固定资产	15	2.5
存货周转率（销售成本/存货）	10	8
应收账款周转率（销售收入/应收账款）	10	6
固定资产周转率（销售收入/固定资产）	10	4
销售收入与净资产比率（销售收入/净资产）	5	3
合计	100	27

（三）设定标准比率

确定各项财务比率的标准值作为比较标准。财务比率标准值是根据特定国家、特定行业、特定时期的财务比率指标及其标准值来确定的，通常是该行业的平均比率。

（四）计算实际比率

根据企业财务报表，依次计算各项指标的实际值。

（五）计算相对比率

相对比率是各项指标实际值与标准值的比率，其公式如下：

相对比率 = 实际值/标准值

（六）计算各项相对比率的综合系数

企业综合评分是根据各项财务指标的相对比率乘以权重，计算出各项比率的得分，再将七个比率的得分相加得到总分，用公式表示如下：

$$综合系数 = \sum 各项财务比率的综合系数$$
$$= \sum（权重 \times 该指标的相对比率）$$

（七）综合评价

根据综合系数综合评价企业整体财务状况。通常，综合系数合计数如为 100 或接近 100，表明该企业财务状况基本符合标准要求，如果小于 100，则表明企业财务状况欠佳。沃尔评分法如表 10－2 所示。

表 10－2　　沃尔评分法各项财务指标比率指标权重系数

财务比率	比重 ①	标准比率 ②	实际比率 ③	相对比率 ③÷②	综合系数 ①×③÷②
流动比率	25	2			
净资产/负债	25	1.5			
资产/固定资产	15	2.5			
销售成本/存货	10	8			
销售收入/应收账款	10	6			
销售收入/固定资产	10	4			
销售收入/净资产	5	3			
合计	100				

三、沃尔分析法案例

乐视网公司案例

1. 采用沃尔评分法对乐视网2014年的财务状况进行综合分析如表10－3所示。

表10－3　　乐视网2014年的财务状况综合分析

财务比率	比重 ①	标准比率 ②	实际比率 ③	相对比率 ③÷②	综合系数 ①×③÷②
流动比率	25	2	0.81	0.41	10.25
净资产/负债	25	1.5	0.61	0.41	10.25
资产/固定资产	15	2.5	25.8	10.32	154.8
销售成本/存货	10	8	7.95	0.99	9.9
销售收入/应收账款	10	6	3.6	0.6	6
销售收入/固定资产	10	4	19.88	4.97	49.7
销售收入/净资产	5	3	2.04	0.68	3.4
合计	100				244.3

利用沃尔的比重分析法，得出乐视网2014年的财务状况评分结果是244.3%分，按照沃尔评分法的原理，得分越高，企业总体价值就越高，这表明该公司的财务状况是优秀的。

由于乐视网为第三高新产业，主要从事基于整个网络视频行业的广告业务，终端业务、会员及发行业务及其他业务等。2013年起开始开发手机和电视等，所以其创造的多为无形资产，在计算资产/固定资产和应收账款周转率时固定资产就可以用非流动资产总和。若固定资产选择非流动资产总和，那么资产/固定资产综合系数就为10.08，应收账款周转率就为2.15，所有项综合系数之和变为52.03，远低于标准水平。沃尔分析中净资产/负债远低于标准比率，说明该企业通过负债筹资比重较大，由此给企业带来了较高的财务风险；其他指标如应收账款周转率（销售收入/应收账款）为3.6，也低于标准6，说明该企业应收账款的情况不佳。整体说的销售状况不是很好，存在一定的问题。总而言之，由以上诸多因素导致该企业整体财务状况还有待进一步研究。

2. 采用沃尔分析法对重庆百货2013年财务状况进行综合分析如表10－4所示。

表10－4　　重庆百货2013年财务状况综合分析

财务比率	比重	标准比率	实际比率	相对比率	综合系数
流动比率	25	2	1.14	0.57	14.25
净资产/负债	25	1.5	0.62	0.41	10.25
资产/固定资产	15	2.5	4.69	1.88	28.2
销售成本/存货	10	8	13.79	1.72	17.2
销售收入/应收账款	10	6	772.6	128.77	1287.7
销售收入/固定资产	10	4	12.37	3.1	31
销售收入/净资产	5	3	6.9	2.3	23
合计	100				

根据重庆百货2013年财务报表以及重庆这几年的财务报表可知该企业收现能力非常强，收入结构十分好，收入中货币资金占大部分，导致应收账款周转率指标严重超高。

由此可得出沃尔评分法的两个缺陷：一是选择这七个比率及给定的比重，在理论上难以证明，缺乏说服力；二是从技术上讲，由于评分是相对比率与比重相乘计算出的，当某个指标严重异常（如重庆百货的应收账款周转率指标过高）时，会使总评分带来不合逻辑的重大影响。

因而采用此方法进行财务状况综合分析和评价时，应注意：①同行业的标准值必须准确无误；②标准分值的规定应根据指标的重要程度合理确定；③分析指标应尽可能全面，采用指标越多，分析结果越接近现实。

尽管沃尔比重评分法在理论上还有待证明，在技术上也需要完善，但它在实践中还是具有较为广泛的应用价值。

第三节　杜邦分析法

杜邦分析法，又称杜邦分析体系，就是利用各主要财务比率之间的内在联系来综合分析企业财务状况的方法。杜邦分析法，是由美国杜邦公司于1910年首先设立并采用的。这种方法主要是利用各主要财务比率之间的内在数量关系，建立一套一系列相关财务指标的综合模型，从投资者对企业要求的最终目标出发，经过层层指标分解，从而能系统地分析了解影响企业最终财务目标实现的各种因素的影响作用。

一、杜邦分析法的含义及特点

杜邦分析法是将净资产收益率分解为三部分进行分析的方法。包括：利润率、总资产周转率和财务杠杆。杜邦分析法说明净资产收益率受三类因素影响：营运效率，用利润率衡量；资产使用效率，用资产周转率衡量；财务杆杠，用权益乘数衡量。

杜邦分析法最显著的特点是将若干个用以评价企业经营效率和财务状况的比率按其内在联系有机地结合起来，形成一个完整的指标体系，并最终通过净资产收益率来综合反映。采用这一方法，可使财务比率分析层次更加清晰，条理更突出。

杜邦分析法有助于企业管理层更加清晰地看到权益资本收益率的决定因素，以及销售利润率与总资产周转率、债务比率之间的相互关联关系，给管理层提供一张明晰的考察公司资产管理效率和是否最大股东投资回报的路线图。

二、杜邦财务分析指标分解

（一）净资产收益率的分解公式

$$\begin{aligned}净资产收益率 &= \frac{净利润}{所有者权益}\\ &= \frac{净利润}{销售收入}\times\frac{销售收入}{资产总额}\times\frac{资产总额}{所有者权益}\\ &= 销售净利率\times总资产周转率\times权益乘数\end{aligned}$$

其中：

$$销售净利率 = \frac{净利润}{销售收入}$$

$$总资产周转率 = \frac{销售收入}{资产总额}$$

$$权益乘数 = \frac{资产总额}{所有者权益} = \frac{1}{1-资产负债率} = 1+产权比率$$

根据净资产收益率核心公式与各项分解指标之间的内在联系，及其所涉及的各项会计要素，按照一定规律有序排列成杜邦财务分析指标体系图，简称“杜邦图”，以便能更直观、更明晰地理解并运用杜邦分析法，进行综合分析，如图 10－1 所示。

（二）杜邦财务分析体系指标之间的关系与说明

（1）净资产收益率是一个综合性很强的财务分析指标，是杜邦分析体系的起点，同时它又具有很好的可比性，不仅可用于不同企业间比较，而且可以在同一企业的不

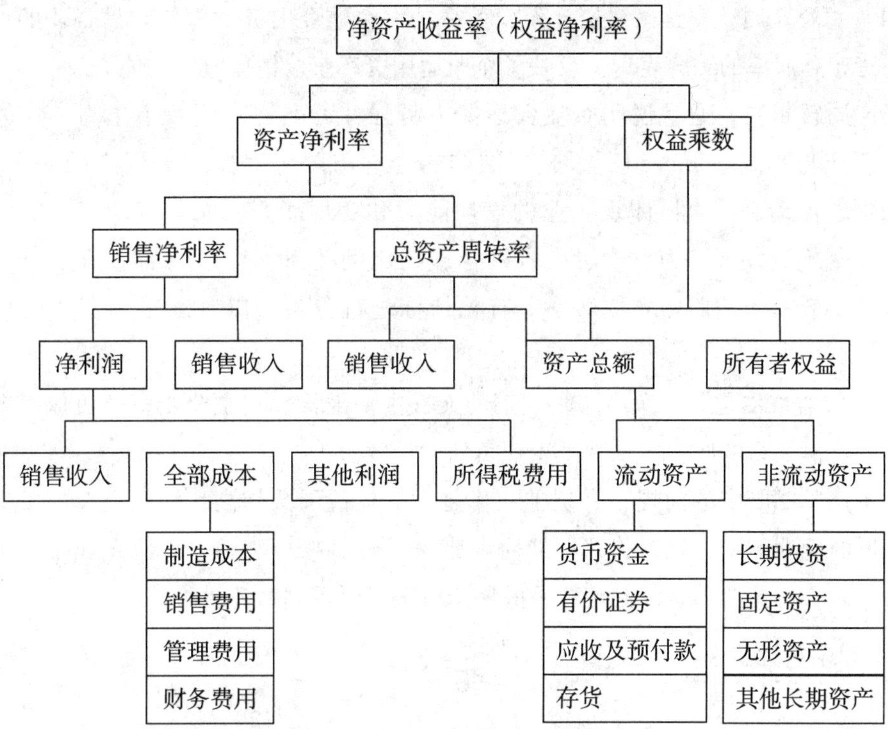

图 10－1　杜邦分析示意

同年度间进行比较。

净资产收益率将资产负债表、利润表等联系起来进行整体的综合分析，全面揭示企业所有者投入资本的获利能力，说明了企业筹资、投资、资产运营等各项财务及其管理活动的效率，而不断提高净资产是所有者权益最大化的基本保证。为具体分析该综合指标的升降变化，可将指标分解为：销售净利率、总资产周转率和权益乘数，以便更详细地说明问题。

（2）资产净利率反映了企业全部资产的获利能力，是影响净资产收益率的关键指标，其本身也是一个综合性指标。可以进一步分解为销售净利率及资产周转率两个指标。

（3）销售净利率反映了企业净利润与销售收入的关系，在这个意义上，提高销售净利率是提高盈利能力的关键所在。要想提高销售净利率，一是要扩大销售收入，二是降低成本费用。而降低各项成本费用开支是企业财务管理的一项重要内容。通过各项成本费用开支的列示，有利于企业进行成本费用的结构分析，加强成本控制，以便为寻求降低成本费用的途径提供依据。如果企业财务费用支出过高，就要进一步分析其负债比率是否过高；如果管理费用过高，就要进一步分析其资产周转情况等。

（4）总资产周转率是衡量资产经营效率的一个重要财务比率，它是企业的销售利润率与资产利润率的综合表现。反映了企业运用资产获取销售收入的能力。

资产周转越快，通常说明企业营运能力越强，资产的使用效率越高。资产总额由流动资产与非流动资产组成，它们结构的合理与否将直接影响资产的周转速度。一般来说，流动资产直接体现企业的偿债能力和变现能力，而非流动资产则体现企业的经营规模、发展潜力。两者应该有合理的比例关系，这可以通过流动资产周转率、存货周转率、应收账款周转率等有关指标进行分析，以判断影响资产周转的问题所在。

（5）权益乘数是影响净资产收益率的又一主要因素，其主要受资产负债率即负债与资产的比例关系的影响，反映了企业负债的程度。

在资产总额既定的前提下，负债比率越大，权益乘数越高，说明企业的负债程度越高，同时企业的财务杠杆作用，给企业带来了较多杠杆利益，也给企业带来了较大的财务风险。因此要求企业制定合理的融资政策，以控制财务风险。

三、杜邦分析法的步骤和分析程序

（一）杜邦分析法的步骤

（1）从权益净利率开始，根据会计资料（主要是资产负债表和利润表）逐步分解计算各指标。

（2）将计算出的指标填入杜邦分析图中。

（3）逐步进行前后期对比分析，也可以进一步进行企业间的横向对比分析。

（二）杜邦分析法的程序

（1）比较股东（所有者）权益净利率，综合评价企业的财务状况

通过分析比较股东权益净利率，评价企业的整体财务状况，为下面的分析做准备。

（2）因素分析

根据杜邦分析的指标体系可知，影响权益净利率的基本因素包括销售净利率、总资产周转率和权益乘数。

①销售净利率的分析；

②总资产周转率的分析；

③权益乘数的分析。

（3）措施分析。在了解影响企业财务状况的因素后，应当提出进一步改善企业财务状况的措施，虽然有人认为财务分析不能找出解决问题的方案，但通过财务分析了

解成绩或问题形成原因的基础上，可以找到改善企业财务状况、提高企业的盈利能力的方向。

企业要改善财务状况，提高盈利能力，应采取的措施有：①加强应收账款的管理，制定合理的信用政策，加强对客户的信用分析，以加速应收账款的周转；②适当调整资本结构，进一步发挥财务杠杆的积极作用；③加强经营费用、管理费用的控制，进一步提高企业的获利能力。

四、杜邦分析的局限性

杜邦分析法只包括财务方面的信息，不能全面反映企业的实力，有很大的局限性，在实际应用中需要加以注意，必须结合企业的其他信息加以分析。主要表现在以下几个方面：

（1）对短期财务结果过分重视，有可能助长公司管理层的短期行为，忽略企业长期的价值创造。

（2）财务指标反映的是过去的经营业绩，衡量工业时代的企业能够满足要求。但在目前的信息时代，顾客、供应商、雇员、技术创新等因素对企业经营业绩的影响越来越大，而杜邦分析法在这些方面是无能无力的。

（3）在目前的市场环境中，企业的无形资产对提高企业长期竞争力至关重要，而杜邦分析法却不能解决无形资产估值问题。

五、杜邦分析法案例

乐视网公司案例

下面以乐视网为例，对杜邦分析法的实际应用进行案例分析。

一、乐视网的财务情况及杜邦指标体系

1. 2014 年乐视网的各项指标

资产负债率 = 负债总额 ÷ 总资产 = （550 754 ÷ 885 102） ×100% ≈62.22%

总资产周转率 = 销售收入 ÷ 总资产 = 681 893 ÷ 885 102 ≈0.77（次）

销售净利率 = 净利润 ÷ 销售收入 = （36 402 ÷ 681 893） ×100% ≈5.34%

资产净利率 = 销售净利率 × 总资产周转率 = 5.34% ×0.77 ≈4.11%

权益乘数 = 1 ÷ （1 - 资产负债率） = 1 ÷ （1 - 0.6 222） ≈2.65（倍）

净资产收益率 = 资产净利率 × 权益乘数 = 4.11% ×2.65 ≈10.89%

2. 乐视网 2014 年杜邦分析（如图 10 - 2 所示）

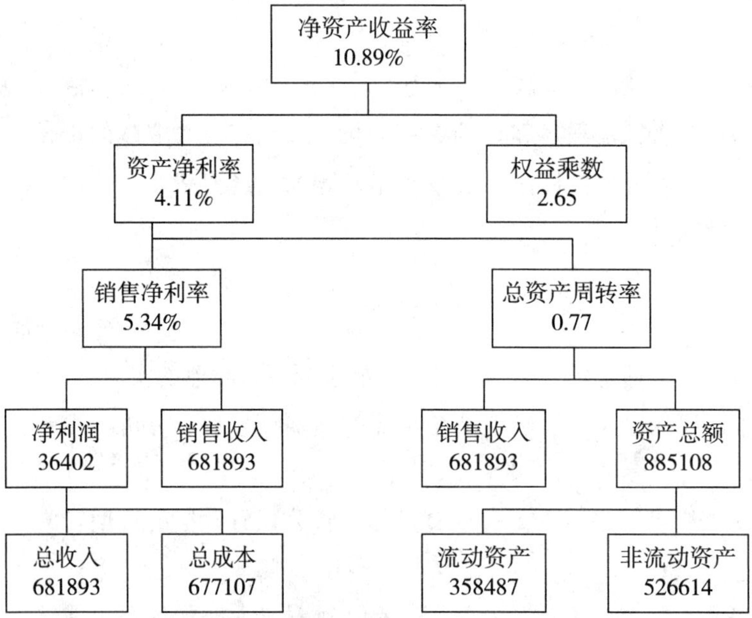

图 10－2　乐视网 2014 年杜邦分析（单位：万元）

二、乐视网 2008—2014 年的杜邦财务体系

1. 净资产收益率

乐视网公司 2008—2014 年净资产收益率如表 10－5 所示。

表 10－5　　2008—2014 年净资产收益率情况

项目 \ 年度	2008	2009	2010	2011	2012	2013	2014
净资产收益率（%）	21. 24	29. 25	12. 15	15. 66	18. 51	14. 16	10. 89
资产净利率（%）	20. 42	23. 13	11. 06	9. 33	8. 13	5. 87	4. 11
权益乘数	1. 04	1. 26	1. 1	1. 68	2. 28	2. 41	2. 65

$$净资产收益率 = 总资产收益率 \times 权益乘数$$

从乐视网的净收益来看，2009—2010 年有大幅度的下降，2010—2012 年呈上升趋势，2012—2014 年又逐年递减。接下来原因分析必须将净资产收益率分解，第一步，将其分解为资产净利率和权益乘数。乐视网的资产净利率总体呈下降趋势，而权益乘数 2009—2010 年呈下降趋势，2010—2012 年上升，2012—2014 年下降，这两个原因都引起了净资产收益率的变化。

2. 权益乘数

乐视网公司2008—2014年权益乘数情况如表10－6所示。

表10－6 **2008—2014年权益乘数情况**

项目＼年度	2008	2009	2010	2011	2012	2013	2014
权益乘数	1.04	1.26	1.1	1.68	2.28	2.41	2.65
资产负债率（%）	3.71	20.63	9.1	40.48	56.14	58.51	62.22

3. 总资产收益率

乐视网公司2008—2014年总资产收益率情况如表10－7所示。

表10－7 **2008—2014年资产收益率情况**

项目＼年度	2008	2009	2010	2011	2012	2013	2014
资产净利率（%）	20.42	23.13	11.06	9.33	8.13	5.87	4.11
总资产周转率（次）	0.49	0.76	0.38	0.42	0.5	0.6	0.77
销售净利率（%）	41.1	30.52	29.42	22.2	16.27	9.84	5.43

$$资产净利率 = 销售净利率 \times 总资产周转率$$

从资产净利率的分解来看，其销售净利率呈现下降趋势，特别是2010—2013年下降速度快，平均达到7%每年；但同时总资产周转率2009—2010年大幅下降（注意寻找其原因），2010—2014年总体呈上升趋势。

通过以上的分解和分析，可以看出净资产收益率先上升再下降的原因。

第一是由于权益乘数的变化，而权益乘数的变化主要体现了企业负债水平的变动，权益乘数与资产负债率是同方向变动的。由于网络电视产业需要庞大的投资人投资，然而网络电视的产权比率较高，企业面临的风险较大，债权人也不愿意向企业增加借款，长期偿债有一定的压力。通过计算看出，公司的长期负债率稍有些下降，对于乐视网负债率应保持在较低的水平，而乐视网保持较高的资产负债率，应引起重视；

第二是由于总资产周转率的变化，总资产周转率2009—2014年总体呈上升趋势，上升原因在下面的表10－8分解中再进行分析；

第三是销售净利率呈下降趋势，销售净利率的高低取决于扩大营业收入和降低成本费用，对乐视网的销售净利率的分析如表10－8所示。

表 10－8 乐视网公司 2008—2014 年资产负债

项目 \ 年度	2008	2009	2010	2011	2012	2013	2014
销售净利率（%）	41	30	29	22	16	9	5
净利润（亿元）	3 025	4 448	7 010	13 088	18 997	23 238	36 402
销售收入（亿元）	7 360	14 573	23 825	58 956	11 730	236 124	681 893

销售净利率的高低取决于扩大营业收入和降低成本费用。从表中可以看出，该企业虽然扩大了销售收入，但是其成本费用也在逐年增加，因此，该企业的销售净利率逐年下降。

三、根据杜邦分析提出对企业的改进意见

企业现在已涉足电视机产业，并且投入较大，同时取得了收益。因此，在这方面企业应该继续生产销售，但应该注意市场价值的评估，避免计提过多减值，影响企业的利润。提高应收账款质量、提高收现能力最主要的就是搞好销售。企业应该继续加大自己在销售方面的支出，多打广告，做好营销，提高市场占有率，提高市场变现率，向同行业领先靠齐，同时注意自己的差异化，占据消费者心智。但值得注意的是，企业应该努力降低成本，提高毛利率；另外企业应该在成本费用方面控制一下，关于版税方面应该关注一下。在对外资方面的意见，因为到现在看来，投资还没有取得明显的收益，若想继续加大投资，则应该多方面考察被投资单位的情况，做出正确的投资举动。

第十一章　非会计报表信息的利用与分析

本章学习重点

1. 审计报告分析；
2. 资产负债表日后事项分析；
3. 关联方交易分析；
4. 会计政策、会计估计变更与前期差错更正的财务分析。

第一节　审计报告分析

一、审计报告的作用及类型

审计报告是指注册会计师根据独立审计准则的要求，在实施审计工作的基础上对被审计单位年度会计报表发表意见或无法发表意见的书面文件。

（一）审计报告的作用

一般认为，注册会计师签发的审计报告，具有鉴证作用和证明作用。

1. 鉴证作用

所有者或股东通过聘请注册会计师，对企业财务报表进行审计，并对财务报表是否恰当地反映了企业的财务状况和经营成果出具审计报告，是以独立的第三方的身份，对被审计单位的财务报告中所反映的财务状况和经营成果是否恰当发表自己的意见。这种客观意见具有鉴证作用，并得到普遍认可。

2. 证明作用

审计报告可以对审计工作质量和注册会计师的审计责任起证明作用。审计报告在一定程度上可以证明注册会计师在审计工作中是否完成了预定的审计程序，是否以审计底稿为依据表示审计意见，审计意见是否与被审计单位的实际情况相一致，审计工作质量是否符合要求等。

（二）审计报告的基本类型

审计报告按其意见类型可以分为：标准审计报告和非标准审计报告（如下图所示）。

标准审计报告是指包括标准措辞的引言段、范围段和意见段的无保留意见审计报告，不附加任何说明段、强调事项段等。

- 审计报告
  - 标准审计报告——无附加说明段、强调事项段无保留意见的审计报告
  - 非标准审计报告
    - 带强调事项段的无保留意见审计报告
    - 非无保留意见的审计报告
      - 保留意见审计报告
      - 否定意见审计报告
      - 无法表示意见审计报告

审计报告的基本类型

1. 无保留意见审计报告

注册会计师经过审计后，认为被审计单位会计报表符合下列所有条件时，应当出具无保留意见的审计报告。

（1）财务报表已经按照适用的会计准则和相关会计制度的规定编制，在所有重大方面公允反映了被审计单位的财务状况、经营成果和现金流量。（合法、公允）

（2）注册会计师已经按照中国注册会计师审计准则的规定计划和实施审计工作，在审计过程中未受到限制。

当出具无保留意见的审计报告时，注册会计师应当以“我们认为”作为意见段的开头，并使用“在所有重大方面”“公允反映”等术语。

无保留意见的审计报告意味着，注册会计师通过实施审计工作，认为被审计单位财务报表的编制符合合法性和公允性的要求，合理保证财务报表不存在重大错报。会计报表的反映是恰当的，能满足非特定多数的利益关系人的共同需要。

2. 带强调事项段的无保留意见审计报告

（1）审计报告的强调事项段是指注册会计师在审计意见段之后增加的对重大事项予以强调的段落。强调事项一般可能对财务报表产生重大影响，但被审计单位进行了恰当的会计处理，且在财务报表中做出充分披露。

（2）增加强调事项段的情形有以下两类：

①对持续经营能力产生重大疑虑。当存在可能导致对持续经营能力产生重大疑虑的事项或情况、但不影响已发表的审计意见时，注册会计师会在审计意见段之后增加强调事项段对此予以强调。

②重大不确定事项。当存在可能对财务报表产生重大影响的不确定事项（持续经营问题除外）、但不影响已发表的审计意见时，注册会计师会考虑在审计意见段之后增加强调事项段，对此予以强调。例如，被审计单位受到其他单位诉讼，指控其侵犯专利权，要求其停止侵权行为并赔偿造成的损失，法院已受理但尚未审理。

（3）增加了强调事项段的无保留意见审计报告的强调事项段一般放在审计意见之后，增加了审计报告的信息的含量，提高审计报告的有用性，不影响发表的无保留意见的审计报告。

3. 保留意见审计报告

如果注册会计师认为财务报表整体是公允的，但还存在下列情形之一的，注册会计师会出具保留意见的审计报告。

（1）会计政策的选用、会计估计的做出或财务报表的披露不符合适用的会计准则和相关会计制度的规定，虽影响重大，但不至于出具否定意见的审计报告。

（2）因审计范围受限制，不能获取充分、适当的审计证据，虽然影响重大，但不至于出具无法表示意见的审计报告。

当出具保留意见的审计报告时，注册会计师会在审计意见段中使用“除……的影响外”等术语。如果因审计范围受限，注册会计师还应当在注册会计师的责任段中提及这一情况。

应当指出的是，只有当注册会计师认为财务报表就其整体而言是公允的，但还存在对财务报表产生重大影响的情形，才能出具保留意见的审计报告。如果注册会计师认为所报告的情形对财务报表产生的影响极为严重，则出具否定意见的审计报告或无法表示意见的审计报告。

4. 否定意见审计报告

如果注册会计认为财务报表没有按照适用的会计准则和相关会计制度的规定编制，未能在所有重大方面公允反映被审计单位的财务状况，经营成果和现金流量，注册会计师应当出具否定意见的审计报告。

当出具否定意见的审计报告时，注册会计师会在审计意见段中使用“由于上述问题造成的重大影响”“由于受到前段所述事件的重大影响”等术语。

应当指出的是，只有当注册会计师认为财务报表存在重大错报会误导使用者，以至于财务报表的编制不符合适用的会计准则和相关会计制度的规定，未能从整体上公允反映被审计单位的财务状况，经营成果和现金流量，才会出具否定意见的审计报告。

5. 无法表示意见审计报告

如果审计范围受到限制可能产生的影响非常重大和广泛，不能获取充分、适当的审计证据，以至于无法对财务报表发表审计意见，注册会计师应当出具无法表示意见的审计报告。

当出具无法表示意见的审计报告时，注册会计师会删除会计师的责任段，并在审计意见段中使用“由于审计范围受到限制可能产生的影响非常重大和广泛”“我们无法对上述财务报表发表意见”等术语。

只有当审计范围受到限制可能产生的影响非常重大和广泛，不能获取充分、适当的审计证据，以至于无法确定财务报表的合法性与公允性时，注册会计师才会出具无法表示意见的审计报告。无法表示意见不同于否定意见，它通常仅仅是用于注册会计不能获取充分、适当的审计证据。无论是无法表示意见还是否定意见，都只在非常严重的情形下采用。

二、审计报告对财务分析的影响

审计报告是注册会计师站在公正立场上对企业会计报表能否遵循会计准则，能否恰当反映会计信息所表明的意见。附有注册会计师出具审计报告的财务报告的可信度将大大提高，对财务分析的影响表现在：

（一）无保留意见的审计报告对财务分析的影响

对于无保留意见的审计报告，表明注册会计师对被审计单位的会计报表的编制及其对会计准则的运用认同，不存在重大差异，不足以使财务报表使用者做出错误判断。因此，财务分析可依据此会计报表，并结合其分析目的进行财务分析。

但在阅读审计报告时应注意，无保留意见的审计报告并不意味着企业的会计处理是和会计准则的要求完全一致的。

一方面，当注册会计师认为会计报表的编制及其会计处理与会计准则的要求无重大背离，或存在一定偏差但不足以使报表使用者做出错误判断时，仍会出具无保留意见的审计报告；

另一方面，受到注册会计师水平和其他条件的限制，未能发现问题，也会出具无保留意见折审计报告。

对于附有强调段的无保留意见的审计报告，应特别关注其强调段所提及的问题。虽然这些问题已经在财务报表、附注或管理当局声明书中加以了适当的披露或体现，但站在投资者的角度，审计强调段所提及的问题更加一针见血，首先考察这些问题再结合企业所做的会计处理或披露能够帮助报表使用者更加全面考虑这些问题。

（二）保留意见的审计报告对财务分析的影响

对附有保留意见审计报告的财务报表，其可信度有所降低。

注册会计师经过审计后，认为被审计单位的财务报表整体反映是恰当的，但某些事项的存在会对会计报表产生较大影响，从而使出具无保留意见的条件不完全具备，因此只能出具保留意见的审计报告。报表使用者应仔细阅读审计报告，分析出具体保留意见的原因，然后分析财务报表的内容。

（三）否定意见的审计报告对财务分析的影响

附有否定意见审计报告的财务报表，其可信度大大降低。它表明注册会计师认为被审计单位的财务报表没有依据公认的会计准则要求，真实、公允地反映企业的财务状况、经营成果和现金流量，这类财务报表已失去其价值，无法被接受。

（四）无法表示意见的审计报告对财务分析的影响

在审计工作中，由于审计工作环境的限制，注册会计无法实施必要的审计程序，无法取得必要的审计证据，因而无法对审计事项表达意见，只能出具无法表示意见的审计报告。尽管这类审计报告很少，但其可读性最差，很难用它来帮助报表使用者分析企业的财务状况、经营成果和现金流量。

第二节　资产负债表日后事项分析

一、资产负债表日后事项的含义

资产负债表日后事项是指资产负债表日至财务报告批准报出日之间发生的有利或不利影响的事项。资产负债表日后事项不是在该期间内发生的全部事项，而是对企业的报告期财务状况和经营成果具有一定影响（即包括有利影响又包括不利影响）的事项。

其中：

（1）资产负债表日是分年度资产负债表日和中期资产负债表日，按我国《会计法》规定，年度资产负债表日指每年的 12 月 31 日，中期资产负债表日是指会计中期期末（3 月 31 日、6 月 30 日、9 月 30 日）。

财务报告批准报出日是指董事会或类似机构批准财务报告的日期。

（2）资产负债表日后事项不是在该期间内发生的全部事项，而是对企业的财务状况和经营成果具有一定影响（即包括有利影响又包括不利影响）的事项。

二、资产负债表日后事项的种类

资产负债表日后事项分为调整事项和非调整事项。

（一）调整事项

1. 调整事项含义

调整事项是指对资产负债表日已经存在的情况提供了新的或进一步证据的事项。

如果资产负债表日及所属会计期间已经存在某种情况，但当时并不知道其存在或者不能知道确切的结果，则该事项属于资产负债表日后事项中的调整事项。调整事项能对资产负债表日的存在情况提供追加的证据，并会影响编制财务报表过程中的内在估计，使得依据资产负债表日存在的状况编制的会计报表已不再具有有用性，而应依据新发生的情况对资产负债表日所反映的收入费用、资产、负债以及所有者权益进行调整。

2. 调整事项的类型

常见的调整事项包括：

（1）已证实的资产发生了减值或原先确认的减值金额需要调整。在年度资产负债表日以前或在年度资产负债表日，企业根据当时资料判断某项资产可能发生了损失或永久性减值，但没有最后确定是否会发生，因而按照当时最佳估计金额反映在会计报表中。但在年度资产负债表日至财务报告批准报出日之间，所取得的新的或进一步的证据能证明减值事实成立，则应对资产负债表日所作的估计做出调整。

（2）资产负债表日后诉讼案件结案。企业在资产负债表日或资产负债日之前提起诉讼，但尚不具备确认负债的条件而未确认，在资产负债表日后至财务报告批准报出日之间获得了新的或进一步的证据（法院的判断结果），表明符合负债的确认条件，因此在财务报告中确认一项新负债；或者在资产负债表日虽已确认，但需要根据判决结果调整已确认负债的金额。

（3）进一步确定的资产负债表日前购入资产的成本或售出资产的收入。这类事项包括两方面内容：

①若资产负债表日前购入的资产已经按暂时估计金额等入账，资产负债日后获得证据，可以进一步确定该资产的成本，则应对已入账的资产成本进行调整。

②企业在资产负债表日已根据收入确认条件确认资产销售收入，但资产负债表日后获得关于资产收入的进一步证据，如发生销售退回等，此时也应调整财务报表相关项目的金额。

（4）资产负债表日后发现报告期或以前期间存在的财务报表舞弊或差错。企业发生这一事项后，应当将其作为资产负债表日后调整事项，调整报告年度的财务报告或中期财务报告相关项目的数字。

（二）非调整事项

1. 非调整事项的含义

非调整事项是指资产负债表日后发生的情况的事项。

非调整事项的发生不影响资产负债表日企业的财务报表数字，只说明资产负债表日后发生了某些情况。对于财务报告的使用者而言，非调整事项说明的情况有的重要，有的不重要。其中重要的非调整事项虽然不能影响资产负债表日的财务报表数字，但可能影响资产负债表以后的财务状况和经营成果，不加以说明将会影响财务报告使用者做出正确估计和决策，因此需要披露。

2. 常见的非调整事项

（1）资产负债表日后发生重大诉讼、仲裁、承诺；

（2）资产负债表日后资产价格、税收政策、外汇汇率发生重大变化；

（3）资产负债表日后因自然灾害导致资产发生重大损失；

（4）资产负债表日后发行股票和债券以及其他巨额举债；

（5）资产负债表日后资本公积转增资本；

（6）资产负债表日后发生巨额亏损；

（7）资产负债表日后发生企业合并或处置子公司。

三、资产负债表日后事项的处理原则

（一）调整事项的处理

根据企业会计准则的要求，资产负债表日后发生的调整事项，应当视同资产负债表所属期间发生的事项一样，做出相关账务处理，并对资产负债表日已编制的会计报表作出相应的调整，具体应该分以下情况处理：

（1）涉及损益的事项，通过“以前年度损益调整”科目核算。

①调整增加以前年度利润或调整减少以前年度亏损的事项，计入“以前年度损益调整”科目的贷方；

调整减少以前年度利润或调整增加以前年度亏损的事项，计入“以前年度损益调整”科目的借方。

②根据以前年度损益调整增加的所得税费用，应：

借：以前年度损益调整

　贷：应缴税费——应缴所得税

根据以前年度损益调整减少的所得税费用

借：应缴税费——应缴所得税

　贷：以前年度损益调整

③调整完成后，将“以前年度损益调整”科目的贷方或借方余额，转入“利润分配——未分配利润”科目。

“以前年度损益调整”有贷方余额：

借：以前年度损益调整

　贷：利润分配——未分配利润

“以前年度损益调整”有借方余额：

借：利润分配——未分配利润

　贷：以前年度损益调整

（2）涉及利润分配调整的事项，直接在“利润分配——未分配利润”科目核算。

（3）不涉及损益及利润分配的事项，调整相关科目。

（4）通过上述财务处理后，还应同时调整财务报表相关项目的数字。

包括：资产负债表日编制的财务报表相关项目的期末数或本年发生数；

当期编制的财务报表相关项目的期初数或上年数；

如果涉及报表附注内容的，还应当调整报表附注相关项目的数字。

（二）非调整事项的处理

企业应当在会计报表附注中披露每项重要的资产负债表日后非调整事项的性质、内容以及财务状况和经营成果的影响。无法作出估计的，应当说明原因。

四、对资产负债表日后事项的财务分析

1. 调整事项的财务分析

对资产负债表日后事项中的调整事项，已经由会计报表编制者在财务会计批准报出日之前根据会计准则，调整了相关项目的账户并调整了报表及报表附注的相关金额，这使得企业会计信息的相关、可靠性进一步增强。在调整后的基础上，财务分析人员对于财务报表运用财务比率以及财务的综合评价体系、杜邦分析体系等工具，分析其盈利能力、偿债能力、营运能力、发展能力等，从而可以分析出包含资产负债表日后调整事项在内的上年度企业的财务状况、经营成果。

2. 非调整事项的财务分析

对于资产负债表日后非调整事项，报表编制者并没有调整账户和调整报表，也没有调整其净利润，只是将这些事项形成的原因、内容以及影响作了相关的披露，因此，财务分析人员要根据披露的情况对其进行逐一分析。以下仅举几例分别说明：

（1）资产负债表日后发行股票和债券。股票和债券的发行会明显地影响企业的资本结构，使企业的偿债能力发生变化，同时由于净利润在短期内不变，因此每股收益会发生变化，企业的市场价值也会发生变化。

（2）资产负债表日后巨额投资。对一个企业的巨额投资，会使得企业的投资报酬率和风险都可能增大，运用会计报酬率或内部收益率（IRR）及净现值的风险贴现调整法或肯定当量法，便可对报酬率和风险作一个粗略的分析。

（3）资产负债表日后因自然灾害导致资产发生重大损失。自然灾害导致了资产流失，会使得企业的盈利能力、偿债能力、营运能力都下降。

（4）资产负债表日后外汇汇率发生重大变化。外汇汇率发生较大变动，可能会给企业带来外汇折算收益和折算损失，这还要取决于企业的外汇使用情况。

值得说明的是，对于已经披露了资产负债表日后事项具体财务数据的事项，分析者可以对这些交易或事项作定量分析，对于没有披露具体财务数据的事项，只能根据披露的实际情况作定性的判断。

第三节 关联方交易分析

一、关联方关系的认定

关联方关系的存在是以控制、共同控制或重大影响为前提条件的。

1. 关联方关系存在的主要形式

（1）该企业的母公司；

（2）该企业的子公司；

（3）对该企业实施共同控制的投资方；

（4）对该企业施加重大影响的投资方；

（5）该企业的合营企业；

（6）该企业的联营企业；

（7）该企业的主要投资者及与其关系密切的家庭成员；

（8）该企业或其母公司的关键管理人员及与其关系密切的家庭成员；

（9）该企业主要投资者个人、关键管理人员或与其关系密切的家庭成员控制、共同控制或施加重大影响的其他企业。

2. 下列各方不视为关联方

（1）与该企业发生日常往来的资金提供者、共同事业部门、政府部门和机构，以及与该企业发生大量交易而存在经济依存关系的单个客户、供应商、特许商、经销商和代理商之间。

（2）与该企业共同控制合营企业的合营者之间。

（3）仅仅同受国家控制而不存在控制、共同控制或重大影响关系的企业。

二、关联方交易及其披露

（一）关联方交易的含义

关联方交易是指存在关联方关系的情况下，关联方之间发生的交易。

（二）关联方交易的主要类型

（1）购买或销售商品；

（2）购买或销售除商品以外的其他资产；

（3）提供或接受劳务；

（4）担保；

（5）提供资金（贷款或股权融资）；

（6）租赁；

（7）代理；

（8）研究与开发项目的转移；

（9）许可协议；

（10）代表企业或由企业代表另一方进行债务结算；

（11）关键管理人员薪酬。

（三）关联方交易的披露原则和内容

（1）企业无论是否发生关联方交易，均应当在附注中披露与该企业之间存在直接控制关系的母公司和子公司有关的信息。

（2）企业与关联方发生关联方交易的，应当在附注中披露该关联方关系的性质、交易类型及交易要素。

关联方关系的性质，是指关联方与该企业的关系，即关联方是该企业的子公司、合营企业、联营企业等。

交易类型通常包括购买或销售商品、购买或销售商品以外的其他资产、提供或接受劳务、担保、提供资金（贷款或股权投资）、租赁、代理、研究与开发项目的转移、许可协议、代表企业或由企业代表另一方进行债务结算等。

交易要素至少应当包括：交易的金额；未结算项目的金额、条款和条件，以及有关提供或取得担保的信息；未结算应收项目坏账准备金额；定价政策。

(3) 对外提供合并财务报表的，对于已经包括在合并范围内各企业之间的交易不予披露。

合并财务报表是将集团作为一个整体来反映与其有关的财务信息，在合并财务报表中，企业集团作为一个整体看待，企业集团内的交易已不属于交易，并且已经在编制合并财务报表时予以抵消。因此，对外提供合并财务报表的，对于已经包括在合并范围内并已抵消的各企业之间的交易不予披露。

三、关联方关系及交易对企业财务的影响分析

（一）关联方关系及交易的财务影响

企业关联方及其交易的信息披露之所以越来越引人注目，主要原因在于：

(1) 通过操纵关联方之间的交易价格，来粉饰会计报表。

(2) 通过其他交易影响关联一方或多方财务状况和经营成果的有意行为。

这种有意行为还包括：

①关联方交易中相关融通资金的费用分摊不合理。有贷款权的企业为无贷款权的关联企业取得贷款，并为其承担利息，转移贷款费用，以调减利润，降低税负，以求得避税或逃税的目的。

②关联方企业之间收取管理费用的标准不规范。关联方之间的费用分摊不符合配比原则，以防拥有资产的所有权并计提相关费用和成本。另一方关联企业无偿使用该资产，却不承担任何费用。

（二）关联方关系及交易的分析方法

在分析关联方交易时，关键是了解关联方之间资源或义务的转移价格、关联方交易的要素。这些要素包括：

(1) 交易的金额或相应的比例。

(2) 未结算项目的金额或相应比例。

(3) 定价政策（包括没有金额或只有象征性金额的交易）。

(4) 关联方之间签订的交易协议或合同涉及当期或以后各期的，应当在签订协议或合同的当期或以后各期披露协议或合同的主要内容、交易总额及数量和金额。

在关联方交易的不同类型下，再结合关联方交易的转移价格和交易的要素来分析该关联交易对企业财务的具体影响；并对不合理的关联交易造成的利润的虚增或减少给予调整。

（1）分析关联方商品、劳务及其他资产的交易比例及定价策略。

首先应关注该项关联方交易金额占该类商品或劳务交易总额的比重。如果不超过10%（即非重大交易），一般不会影响企业的财务状况和经营成果，则不必对其利润进行调整；

对于重大的关联交易（达到该类交易的10%以上），应特别注意其交易的定价策略，看其与公允价格相比是否公允，是否包括没有金额或只有象征性金额的交易。若有类似交易，则可以怀疑关联方交易的不公正性及其会计报表信息的不可靠性，由此，投资者的投资风险也会相应增大。

国际会计准则中提供了对关联方交易价格的确定方法有可控不可比价格法、转售价格法、成本加利润价格法；我们可以根据这些方法来对交易进行适当的调整，以消除由于交易中价格的非公允性所造成的会计信息失真。

（2）关联方之间的借款、担保和抵押。

因为关联方之间的担保和抵押的存在，会大大增加其中一方的或有负债，同时也会导致关联方之间资金的过多占用，使上市公司资金周转不畅，因此必须要了解关联方之间的借款、担保和抵押。在进行财务分析时，要着重分析被担保企业的偿债能力、资产负债比、流动比率及速动比率，以考虑对这一借款的担保和抵押给公司带来的或有负债的影响程度。

（3）关联方之间租赁、许可协议。

应重点考察从该类交易活动中取得的收入支出占本类业务收入支出比例。若交易比例较大且为非公允价格，则认为该交易有明显的操纵行为，因此要结合适当的公允价格来调整利润。

第四节　会计政策、会计估计变更与前期差错更正分析

一、会计政策变更

（一）会计政策

1. 会计政策的含义

会计政策，是指企业在会计确认、计量和报告中所采用的原则、基础和会计处理方法。其中：

（1）原则是指按照企业会计准则规定的、适合于企业会计核算所采用的具体会计准则；

（2）基础，是指为了将会计原则应用于交易或者事项而采用的基础，主要是计量基础，包括历史成本、重置成本、可变现净值、现值和公允价值等；

（3）会计处理方法，是指企业在会计核算中按照法律、行政法规或者国家统一的会计制度等规定采用或者选择的、适合于本企业的具体会计处理方法。

企业应当在会计报表附注中披露重要的会计政策，不具有重要性的会计政策可以不予披露。

2. 企业应当披露的重要会计政策

（1）发出存货成本的计量，是指企业确定发出存货成本所采用的会计处理。例如，企业发出存货成本的计量是采用先进先出法，还是采用其他计量方法。

（2）长期股权投资的后续计量，是指企业取得长期股权投资后的会计处理。例如，企业对被投资单位的长期股权投资是采用成本法，还是采用权益法核算。

（3）投资性房地产的后续计量，是指企业在资产负债表日对投资性房地产进行后续计量所采用的会计处理。例如，企业对投资性房地产的后续计量是采用成本模式，还是采用公允价值模式。

（4）固定资产的初始计量，是指对取得的固定资产初始成本的计量。例如，企业取得的固定资产初始成本是以购买价款，还是以购买价款的为基础进行计量。

（5）生物资产的初始计量，是指对取得的生物资产初始成本的计量。例如，企业为取得生物资产而产生的借款费用，应当予以资本化，还是应该计入当期损益。

（6）无形资产的确认，是指对无形项目的支出是否确认为无形资产。例如，企业内部研究开发项目开发阶段的支出是确认为无形资产，还是在发生时计入当期损益。

（7）非货币性资产交换的计量，是指非货币性资产交换事项中对换入资产成本的计量。例如，非货币是以换出资产的公允价值作为确定换入资产成本的基础，还是以换出资产的账面价值作为确定换入资产成本的基础。

（8）收入的确认、是指收入确认所采用的会计原则。例如，企业确认收入时同时满足已将商品所有权上的主要风险和报酬转移给购货方、收入的金额能够可靠地计量、相关经济利益很可能流入企业等条件。

（9）合同收入与费用的确认，是指确认建造合同的收入和费用所采用的会计处理方法。例如，企业确认建造合同的合同收入和合同费用采用完工百分比法。

（10）借款费用的处理，是指借款费用的会计处理方法，即是采用资本化还是采用费用化。

（11）合并政策，是指编制合并财务报表所采纳的原则。例如，母公司与子公司的会计年度不一致的处理原则：合并范围的确定原则等。

（二）会计政策变更

1. 会计政策变更的含义

会计政策变更，是指企业对相同的交易成本由原来采用的会计政策改用另一会计政策的行为，这也意味着在不同的会计期间执行不同的会计政策。

2. 企业可以变更会计政策的情形

第一，法律、行政法规或者国家统一的会计政策等要求变更。

例如，《企业会计准则第 1 号——存货》对发出存货实际成本的计价排除了后进先出法，就要求企业按照企业会计准则体系的规定执行，将原来以后进先出法核算发出存货成本改为准则规定可以采用的会计政策。

第二，会计政策变更能够提供更可靠、更相关的会计信息。

3. 不属于会计政策变更的两种情形

第一，本期发生的交易或事项与以前相比具有本质差别而采用新的会计政策。

例如，企业以往租入的设备均为临时需要而租入的，企业按经营租赁会计处理方法核算，但自本年度起租入的设备均采用融资租赁方式，则该企业自本年度起对新租赁的设备采用融资租赁会计处理方法核算。由于该企业原租入的设备均为经营性租赁，本年度起租赁的设备均改为融资租赁，经营租赁和融资租赁有着本质差别，因而改变会计政策不属于会计政策变更。

第二，对初次发生的或不重要的交易或者事项采用新的会计政策。

例如，企业以前没有建造合同业务，当年签订一项建造合同为另一企业建造三栋厂房，对该项建造合同采用完工百分比法确认收入，不是会计政策变更。

（三）会计政策变更的会计处理方法

发生会计政策变更时，有两种会计处理方法，即追溯调整法和未来适用法，两种方法适用于不同情形。

1. 追溯调整法

追溯调整法是指对某项交易或事项变更会计政策时，如同该交易或事项初次发生时就开始采用新的会计政策，并以此对相关项目进行调整的方法。

2. 未来适用法

未来适用法是指将变更后的会计政策应用于变更日及以后发生的交易或者事项，或者在会计估计变更当期和未来期间确认会计估计变更影响数的方法。

3. 会计政策变更的会计处理方法的选择应遵循的原则

（1）法律、行政法规或者国家统一的会计制度等要求变更的情况下，如果国家发布了相关的会计处理办法，则按照国家发布的相关会计处理规定进行处理；如果国家没有发布相关的会计处理办法，则采用追溯调整法进行会计处理。

（2）会计政策变更能够提供更可靠、更相关的会计信息的情况下，企业应当采用追溯调整进行会计处理。

（3）确定会计政策变更对列报前期影响数不切实可行的，应当从追溯调整的最早期间期初开始应用变更后的会计政策；在当期期初确定会计政策变更对以前各项累积影响数不切实可行的，应当采用未来适用法处理。

（四）会计政策变更在会计报表附注中的披露

（1）会计政策变更的性质、内容和原因。

（2）当期和各个列报前期财务报表中受影响的项目名称和调整金额。

（3）无法进行追溯调整的，说明该事实和原因以及开始应用变更后的会计政策的时点、具体应用情况。

二、会计估计变更

（一）会计估计

1. 会计估计含义

会计估计是指企业对结果不确定的交易或者事项以最近可利用的信息为基础所作的判断。

2. 会计估计的类型

（1）存货可变现净值；

（2）固定资产的预计使用寿命与净残值；

（3）固定资产的折旧方法；

（4）生物资产的预计使用寿命与净残值；各类生物性资产的折旧方法；

（5）使用寿命有限的无形资产的预计使用寿命与净残值；

（6）探明矿区权益以及相关设施的折耗方法；

（7）合同完工进度；

（8）预计负债初始计量的最佳估计数；

（9）采用公允价值模式下的投资性房地产、权益工具、金融资产、非公允价值下企业合并成本的公允价值的确定等。

（二）会计估计变更

企业发生会计估计变更的情形包括：

第一，企业进行会计估计赖以进行估计的基础发生了变化；

例如，企业的某项无形资产摊销年限原定为10年，以后发生的情况表明，该资产的受益年限已不足10年，相应调减摊销年限。

第二，企业取得了新的信息、积累了更多的经验，对原有的会计估计进行修订使其能够更好地反映企业的财务状况和经营成果。

例如，企业原根据当时能够得到的信息，对应收账款每年按其余额的5%计提坏账准备。现在掌握了新的信息，判定不能收回的应收账款比例已达15%，企业改用15%的比例计提坏账准备。

（三）会计估计变更的处理

企业对会计估计变更应当采用未来适用法处理，具体处理方法为：会计估计变更仅影响变更当期，其影响数应当在变更当期予以确认；即影响变更当期又影响未来期间的，其影响数应当在变更当期和未来期间予以确认。

（四）会计估计变更在财务报表附注中的披露

（1）会计估计变更的内容和原因。包括变更的内容、变更日期以及为什么要对会计估计进行变更；

（2）会计估计变更当期和未来期间的影响数，包括会计估计变更对当前和未来期间损益的影响金额，以及对其他各项目的影响金额；

（3）会计估计变更的影响数不能确定的，披露这一事实和原因。

三、前期差错更正

（一）前期差错

前期差错是指由于没有运用或错误运用以下两种信息，而对前期财务报表造成省略或错报。

两种信息包括：

（1）编报前期财务报表时预期能够取得并加以考虑的可靠信息；

（2）前期财务报告批准报出时能够取得的可靠信息。

前期差错通常包括计算错误、应用会计政策错误、疏忽或曲解事实以及舞弊产生的影响以及存货、固定资产盘盈等。

（二）前期差错更正的会计处理

1. 不重要的前期差错的会计处理

不重要的前期差错是指不足以影响财务报表使用者对企业财务状况、经营成果和现金流量做出正确判断的会计差错。

对于此类前期差错，企业不需要调整财务报表相关项目的期初数，但应调整发现当期与前期相同的相关项目。属于影响损益的，应直接计入本期与上期相同的净损益项目；属于不影响损益的，应调整本期与前期相同的相关项目。

2. 重要的前期差错的会计处理

重要的前期差错是指足以影响财务报表使用者对企业财务状况、经营成果和现金流量做出正确判断的前期差错。

对于此类差错，企业应当在其发现当期的财务报表中，调整比较数据：

（1）追溯重述差错发生期间列报的前期比较金额；

（2）如果前期差错发生在列报的最早前期之前，则追溯重述列报的最早前期的资产、负债和所有者权益相关项目的期初余额。

对于发生的重要的前期差错，如影响损益，应将其对损益的影响数调整发现当期的期初留存收益，财务报表其他相关项目的期初数也应一并调整；如不影响损益，应调整财务报表相关项目的期初数。

（三）前期差错更正的披露

企业应当在附注中披露与前期差错更正相关的以下内容：

（1）前期差错的性质；

（2）各个列报前期财务报表中受影响的项目名称和更正金额；

（3）无法进行追溯重述的，说明该事实和原因及对前期差错开始进行更正的时点，具体更正情况。

四、会计政策、会计估计变更与前期差错更正对财务分析的影响

由于会计政策、会计估计变更与前期差错更正的目的是为了报告而不是税收，在一般情况下它们不具有现金流量影响，因此，一般也就不进行现金流量表分析，大多数只会影响资产负债表、利润表及利润分配表。在绝大多数情况下，管理人员会将会计政策和会计估计的变更、前期差错的更正，更谨慎地调向适合当前的情况，以适应企业外部环境和企业内部自身的需要，同时让本企业的会计报表在当期更容易让人读懂。

会计政策和会计估计变更、前期差错的更正几乎没有经济实质意义，对企业形成的利润一般不在现金流量表中体现出来，并未形成真正的现金流入，体现的只是在附注中加以说明，是一种低质量的利润。但是会计报表的使用者通常会利用发生变更之前的上年报表的实际利润和变更当年的利润来预测利润。因为，这样可以了解企业收益的历史发展趋势，以对未来的收益做出较准确的判断。而且，在未来为了保持企业的历史增长率，管理人员和经营者会继续进行会计政策、会计估计变更。尽管预测时一般不对以前年度报表调整，但是报表使用人应将过去的利润重新按照新的会计政策进行调整，以助于理解为什么会产生会计政策变更，以及变更后的数据对未来有何影响。

总而言之，会计政策和会计估计的变更可以影响到公司的流动比率、速动比率（如存货的计价方法改变）从而影响流动资产的变现能力。若会计政策变更引起企业的资产发生变化而负债没有变化时，则会影响企业的资产负债比率和产权比率。当资产在变更后增加了，则资产负债比率和产权比率会降低，增强了企业的偿债能力；反之则削弱了其偿债能力。因为会计政策变更属于非正常项目，所以变更结果不能作为盈利能力分析的一部分。

对上市公司而言，会计政策变更可能会引起股东权益的变化从而影响每股收益和每股净资产，进而对企业的再筹资和投资人对企业的资金能力的看法产生影响，从而影响股票的价格。作为投资人应分析企业财务比率变动的原因和会计政策变更的原因，只有这样才能不影响正确的投资决策。

第十二章　案例分析

本章学习重点

综合运用所学知识进行案例整体分析。

综合案例一：青岛海尔

一、2007—2013 年青岛海尔财务报表

表 12－1　　2007—2013 年青岛海尔资产负债表　　单位：百万元

项目＼年度	2007	2008	2009	2010	2011	2012	2013
流动资产：							
货币资金	2 420.83	2 461.59	6 282.45	10 098.12	12 888.27	16 283.77	20 625.46
交易性金融资产							
应收票据	1 675.34	2 512.22	3 505.03	7 060.55	7 939.39	11 004.08	15 711.01
应收账款	578.90	794.57	1 204.65	2 141.52	3 081.83	4 196.72	4 326.84
预付款项	94.25	168.61	97.29	555.73	1 075.23	719.01	1 591.47
其他应收款	92.86	73.44	63.09	101.89	256.47	267.41	281.82
应收利息				43.62	72.52	59.12	87.71
应收股利				12.67	3.27		7.73
存货	2 928.67	1 852.92	1 742.54	3 557.07	5 969.11	7 098.65	6 864.00
其他流动资产	0.01				47.91	70.93	50.97
流动资产合计	7 790.86	7 863.35	12 895.05	23 571.17	31 334.00	39 699.69	49 547.01
非流动资产：							
可供出售金融资产	20.38	5.49	10.89	13.56	9.30	10.02	5.72
持有至到期投资							
长期应收款							
长期股权投资	600.49	1 383.56	1 527.26	1 078.32	1 700.89	2 201.82	2 712.65
投资性房地产				20.80	64.95	54.30	26.25

续 表

项目 \ 年度	2007	2008	2009	2010	2011	2012	2013
固定资产	2 359.04	2 455.92	2 449.48	3 172.29	4 536.60	5 282.77	5 453.06
在建工程	189.16	204.02	261.91	644.72	944.67	1 063.82	1 603.66
工程物资							
固定资产清理							
无形资产	146.42	134.94	197.92	363.26	532.31	564.59	669.21
商誉							6.12
长期待摊费用	1.08	0.61	1.16	0.39	11.64	76.84	86.54
递延所得税资产	81.53	182.71	153.46	402.66	589.13	734.46	905.65
其他非流动资产							
非流动资产合计	3 398.10	4 367.25	4 602.08	5 695.00	8 389.49	9 988.62	11 468.86
资产总计	11 188.96	12 230.60	17 497.13	29 267.17	39 723.49	49 688.31	61 015.87
流动负债:							
短期借款	97.00	174.70		861.14	1 143.77	1 097.96	1 173.87
交易性金融负债							
应付票据	460.12	638.77	2 614.97	4 437.09	6 829.72	7 961.10	11 892.39
应付账款	2 367.97	1 614.06	3 156.89	6 399.53	10 090.49	13 117.03	13 963.23
预收款项	803.66	1 025.26	989.39	1 912.29	2 210.15	2 499.99	3 521.48
应付职工薪酬	67.29	90.11	294.79	639.17	1 023.32	1 199.69	1 057.78
应交税费	-258.50	-93.31	130.96	819.30	667.63	972.60	1 249.59
应付利息				16.94	8.80	7.49	7.30
应付股利		267.27	280.94	352.83	576.51	46.04	150.70
其他应付款	199.86	687.88	1 190.30	3 235.06	3 357.27	4 439.34	4 965.03
应付关联公司款							
一年内到期的非流动负债		39.80	39.80		25.00		24.30
其他流动负债	305.82						
流动负债合计	4 043.22	4 444.54	8 698.04	18 673.35	25 932.66	31 341.24	38 005.67
非流动负债:							
长期借款	79.40	79.40				59.54	
应付债券					669.85	699.64	716.84

续 表

项目 \ 年度	2007	2008	2009	2010	2011	2012	2013
长期应付款							
预计负债				1 011.19	1 492.32	2 054.83	2 162.98
递延所得税负债	3.45	0.64	1.45	10.10	9.48	12.99	14.30
其他非流动负债	6.77	4.96	45.43	83.73	80.22	93.94	121.93
非流动负债合计	89.62	85.00	46.88	1 105.02	2 251.87	2 920.94	3 016.05
负债合计	4 132.84	4 529.54	8 744.92	19 778.37	28 184.53	34 262.18	41 021.72
所有者权益：							
股本	1 338.52	1 338.52	1 338.52	1 339.96	2 685.13	2 685.13	2 720.84
资本公积	3 016.38	3 005.77	3 030.53	1 780.90	271.28	426.72	578.37
盈余公积	1 133.29	1 160.77	1 231.76	1 461.58	1 667.41	1 727.38	1 949.19
未分配利润	820.93	1 268.95	2 119.93	2 429.02	3 695.51	6 270.27	9 172.64
外币报表折算价差				8.47	18.37	19.06	46.07
归属于母公司所有者权益合计	6 309.12	6 774.01	7 720.73	7 019.93	8 337.69	11 128.55	14 467.10
少数股东权益	747.02	927.05	1 031.51	2 468.86	3 201.26	4 297.59	5 527.04
所有者权益合计	7 056.14	7 701.06	8 752.24	9 488.79	19 876.64	15 426.14	19994.14
负债和所有者权益合计	11 188.98	12 230.60	17 497.15	29 267.16	48 061.17	49 688.32	61 015.86

注：数据计算以百万元为单位，四舍五入计算时允许存在一定的误差。

表 12－2　　2007—2013 年青岛海尔利润表　　单位：百万元

项目 \ 年度	2007	2008	2009	2010	2011	2012	2013
一、营业收入	29 468.65	30 408.04	32 979.41	60 588.25	73 662.5	79 856.58	86 487.72
减：营业成本	23 867.84	23 375.99	24 263.14	46 420.01	56 263.08	59 703.87	64 586.11
营业税金及附加	65.86	95.45	134.73	160.23	331.88	429.87	433.41
销售费用	3 502.46	4 074.59	4 984.19	7 815.46	9 099.34	9 628.80	1 030.68
管理费用	1 187.48	1 691.19	2 116.22	3 416.66	4 053.20	5 189.00	5 443.05
财务费用	47.97	103.66	-7.97	6.66	115.38	-22.15	-45.75
勘探费用							

续 表

项目 \ 年度	2007	2008	2009	2010	2011	2012	2013
资产减值损失	-37.38	51.49	25.66	46.35	157.57	199.88	217.41
投资收益	64.87	151.06	167.07	263.67	420.76	542.59	621.87
二、营业利润	899.29	1 166.73	1 630.50	2 986.54	4 062.81	5 269.91	6 168.54
加：营业外收入	47.23	34.35	116.13	737.47	369.72	197.37	599.95
减：营业外支出	66.41	63.95	6.48	11.71	18.99	39.01	54.52
三、利润总额	880.11	1 137.13	1 740.15	3 712.31	4 413.54	5 428.27	6 713.97
减：所得税费用	125.83	158.43	365.54	888.02	765.88	1 067.66	1 162.69
四、净利润	754.29	978.7	1 374.61	2 824.28	3 647.66	4 360.61	5 551.28

二、青岛海尔财务报表（2007—2013 年）分析思路及要点

（一）资产负债表总体分析

先做个简易资产负债表（如表 12-3 所示）。

表 12-3　　2007—2013 年青岛海尔简易资产负债表

流动资产：77 亿~495 亿	流动负债：40 亿~380 亿
非流动资产：33 亿~114 亿	非流动负债：1 亿~30 亿
	负债总额：41 亿~410 亿
	所有者权益：70 亿~200 亿
资产总额：110 亿~609 亿	

1. 资产分析

（1）流动资产增长 6.4 倍，非流动资产增长 3.5 倍。而流动资产远远大于非流动资产有以下两种情况：①企业赚钱；②企业亏损。再结合利润表分析 2007—2013 年收入从 294 亿增长至 864 亿，增长了 3 倍。净利润从 7 亿增长至 55 亿，增长了 7.9 倍。净利润增长速度比收入增长速度快 1 倍，由此可得，青岛海尔为第①种情况。说明企业很赚钱。

（2）2007—2013 年收入增长 3 倍，资产总额增长 6 倍，说明青岛海尔发展势头很有劲。

2. 负债分析

负债主要为流动负债，非流动负债所占份额很少。长期负债很少，只有以下两种

情况：①短期之内企业不扩张，无发展前途或者是经营不善，贷不了款；②企业的钱太多了，根本不用贷款。青岛海尔流动资产足够多，偿债能力很强，不缺钱。所以是第②种情况。

3. 所有者权益分析

所以者权益可以看成是利润，2007—2013 年逐年增长，说明企业很赚钱或者未来很挣钱。

（二）资产负债表具体分析（重点分析趋势）

（1）2007—2013 年货币资金从 24 亿增长至 206 亿，增长 8. 6 倍；应收票据从 16 亿增长至 157 亿，增长 9. 8 倍；应收账款从 5 亿增长至 43 亿，增长 8. 6 倍。这三者可以理解为收入，总体货币资金最大，说明销货商收取现金能力很强。而且货币资金加应收票据远远大于应收账款（应收票据 90% 是银行承兑汇票，有把握收到现钱，可以看成货币资金）。再结合利润表来看，青岛海尔收入很好，是个好公司。

（2）预付款项 2010—2011 年和 2012—2013 年突然增长了 1 倍，查报表附注寻找原因。

（3）其他应收款金额与货币资金、应收票据、应收账款之和比较太小了，说明主营业务收入占企业收入的绝大部分，主营业务突出，对于制造业的企业来说是好事。（其他应收款与货币资金、应收票据、应收账款之和的比不到 1%）

（4）存货 2007—2013 年从 29 亿增长至 68 亿，远远小于货币资金与应收票据之和的增长幅度。盈利能力很强，但是由利润表计算出青岛海尔 2007—2013 年的利润率从 2. 4% 仅增长至 6. 4% 。盈利能力强但是利润率很低说明企业全靠存货周转率赚钱。（企业赚钱只有两种情况：①通过利润率；②存货周转率）

（5）投资性房地产资金只有 2 000 万，相对企业固定资产而言很小，说明青岛海尔不靠投资赚钱，主营业务很突出。

（6）一般而言制造业流动资产占非流动资产的一半是正常情况。青岛海尔的固定资产（54 亿）小于生产存货（68 亿），结合资产负债表中的收入来看说明该企业生产效率很高、销售情况非常优秀。

（7）在建工程大约从 6 亿增长至 16 亿，虽然总体来说该资金不大，固定资产的扩建也不大，但是一直在增长，该势头很稳健。

（8）无形资产和商誉，青岛海尔是全球知名企业，自己估值只有 6 亿，商誉才 6 000万，通过这个数据可知该张资产负债表是没有问题的，而且无形资产和商誉可能被严重低估。

（9）递延所得税资产代表的是多缴纳的税，说明该企业未欠税而且有钱。

（10）短期借款大约 11 亿，相对收入而言偿债无压力。

（11）应付票据从 4 亿增长至 119 亿，与应收票据相抵消，应收票据还剩 38 亿，无资金压力。

（12）应付账款从 23 亿增长至 139 亿，与应收账款相对比，应付账款还有 96 亿需要找资金来弥补，预收款项来弥补，不够就用货币资金来偿还。货币资金金额从 24 亿增长至 206 亿比应付账款多，说明青岛海尔短期偿债能力很强。

（13）预收款项这个指标越多越好，销售越好。预收款项用产品卖价计算的，存货按成本计算的。存货从 29 亿增长至 68 亿，增长 2 倍，预收款项从 8 亿增长至 35 亿增长 4 倍，说明销售很好，产品畅销，是个好现象。换一个角度，存货看成成本，70 亿的成本已经回收了 35 亿，一半的成本都回收了，也缓解了企业资金的周转。

（14）应付职工薪酬总体在增长，员工待遇还是很好的。

（15）应付股利还在减少，对股东的回报少，说明不宜购买该公司股票。

（16）股本逐年在增长，盈余公积逐年增长，但是资本公积在减少，出现这种情况的时候计算资本公积是否转成股本，通过计算资本公积是转成股本了。盈余公积每年都在增加，说明企业每年都在赚钱。

（17）未分配利润大幅度的逐年在增长，利润大幅度的增长。该企业盈利能力很强。

（三）利润表的分析

（1）收入增长 3 倍，净利润增长 8 倍，利润增长速度超过收入增长速度。销售净利率 = 净利润/收入，2007—2013 年的销售净利率分别为：2.6%、3.2%、4.2%、4.7%、5%、5.5%、6.4%（一件产品卖 100 元，从赚 2.4 元增长到 6.4 元），收入大幅度增长的同时，销售净利率也在增长，说明企业内部管理很好。

（2）毛利率从 23% 增长至 25%，青岛海尔的规模本来就很大，毛利率提高一个点，利润提高 3 个亿，2007—2013 年毛利率还在持续增长，说明该企业非常赚钱。

结合以上两点分析，青岛海尔由于企业毛利率绝对百分比不高，但是销售规模大，说明青岛海尔赚钱的方式有：①产品的毛利率；②产品（或存货）的周转率。这两种方式中第二种方式起到很重要的作用，因此，需要企业不断加强产品销售渠道建设。

（3）营业税金及附加除以收入百分比只有 0.2%，说明税率低，则国家是支持这个行业的；反之，税率高的行业国家是不支持的。

（4）销售费用增长 3 倍，营业收入增长 3 倍，净利润增长 8 倍，说明销售费用的使用效果非常好，需保持。

（5）管理费用增长 5 倍，增长幅度较大，特别是 2008 年、2009 年、2010 年增长幅度是最大的，需要查其他资料看看是什么原因造成的，总体来说，管理费用的增幅有点快，需要控制增幅。

（6）财务费用（利息收入 - 利息支出）很低，或为负数，说明现金流很充分，不缺钱。财务费用主要反映以下两个情况：①企业的现金流是否充分（主要）；②企业的资金运用是否充分（次要）。如果现金流很充分，还需看看企业是否需要战略性资金储蓄。

（7）营业外收入在 2010 年、2013 年较大，需要查其他资料看看具体的原因。营业外支出金额不大，总体上不错。

（8）所得税费用。税率 = 所得税费用/利润总额，2007—2013 年每年的税率分别为：14%、14%、21%、24%、17%、20%、17%，均小于正常税率 25%。税率低，有税收减免，说明国家支持该行业。

综合案例二：贵州茅台

一、2008—2013 年贵州茅台财务报表

表 12 - 4　　**2008—2013 年贵州茅台资产负债表**　　单位：万元

项目 \ 年度	2008	2009	2010	2011	2012	2013
流动资产：						
货币资金	809 372	974 315	1 288 840	1 825 470	2 206 200	2 518 500
交易性金融资产	0	0	0	0	0	0
应收票据	17 061	38 076	20 481	25 210	20 408	29 608
应收账款	3 483	2 139	125	223	1 782	93
预付款项	74 164	120 313	152 987	186 103	387 287	430 458
应收利息	278	191	4 273	22 518	26 461	18 860
应收股利	0	0	0	0	0	0
其他应收款	8 260	9 600	5 910	4 729	13 797	11 957
应收出口退税	0	0	0	0	0	0
应收补贴款	0	0	0	0	0	0
存货	311 457	419 225	557 413	718 712	966 573	1 183 680
待摊费用	0	0	0	0	0	0
一年内到期的非流动资产	0	1 700	0	0	0	0

续 表

项目＼年度	2008	2009	2010	2011	2012	2013
流动资产合计	1 224 080	1 565 560	2 030 030	2 782 960	3 622 510	4 193 160
非流动资产：						
持有至到期投资	4 200	1 000	6 000	6 000	5 000	5 000
长期应收款	0	0	0	0	0	0
长期股权投资	400	400	400	400	400	400
其他长期投资	0	0	0	0	0	0
投资性房地产	0	0	0	0	0	0
固定资产原值	284 079	400 514	529 300	685 619	865 028	1 085 580
累计折旧	64 833	83 421	109 895	142 799	184 076	233 039
固定资产净值	219 246	317 094	419 405	542 820	680 952	852 544
固定资产减值准备	229	221	220	219	219	218
固定资产净额	219 017	316 873	419 185	542 601	680 733	852 326
在建工程	58 286	19 396	26 346	25 145	39 267	45 633
工程物资	6 237	2 492	1 853	492	268	173
固定资产清理	0	0	0	0	0	0
无形资产	44 521	46 555	45 232	80 843	86 262	356 331
开发支出	0	0	0	0	0	0
商誉	0	0	0	0	0	0
长期待摊费用	1 015	2 147	1 870	1 381	1 018	805
递延所得税资产	17 668	22 542	27 844	50 263	64 366	82 537
非流动资产合计	351 344	411 404	528 729	707 124	877 313	1 352 260
资产总计	1 575 420	1 976 960	2 558 760	3 490 090	4 499 820	5 545 420
流动负债：						
短期借款	0	0	0	0	0	0
应付票据	0	0	0	0	0	0
应付账款	12 129	13 912	23 201	17 234	34 528	28 475
预收款项	293 627	351 642	473 857	702 665	509 139	304 511
应付职工薪酬	36 101	46 395	50 026	57 752	26 966	26 028
应交税费	25 630	14 053	41 988	78 808	243 009	331 188
应付利息	0	0	0	0	0	2 738

续 表

项目＼年度	2008	2009	2010	2011	2012	2013
应付股利	0	13 721	31 858	0	0	0
其他应付款	57 591	71 083	81 888	91 612	138 998	16 046 900
一年内到期的非流动负债	0	0	0	0	0	0
其他流动负债	0	0	0	0	0	0
流动负债合计	425 077	510 806	702 819	948 072	952 640	1 130 730
非流动负债						
长期借款	0	0	0	0	0	0
应付债券	0	0	0	0	0	0
长期应付款	0	0	0	0	0	0
专项应付款	0	1 000	1 000	1 677	1 777	1 777
递延所得税负债	0	0	0	0	0	0
非流动负债合计	0	1 000	1 000	1 677	1 777	1 777
负债合计	425 077	511 806	703 819	949 749	954 417	1 132 510
所有者权益						
实收资本（或股本）	94 380	94 380	94 380	103 818	103 818	103 818
资本公积	137 496	137 496	137 496	137 496	137 496	137 496
盈余公积	100 113	158 567	217 675	264 092	303 643	422 080
未分配利润	792 467	1 056 160	1 390 330	1 993 710	2 870 010	3 597 500
归属于母公司股东权益合计	1 124 460	1 446 600	1 839 880	2 499 120	3 414 970	4 262 220
少数股东权益	25 885	18 558	15 062	41 220	130 438	150 688
所有者权益合计	1 150 340	1 465 160	1 854 940	2 540 340	3 545 400	4 412 910
负债和所有者权益（或股东权益）总计	1 575 420	1 976 960	2 558 760	3 490 090	4 499 820	5 545 420

注：数据计算以万元为单位，四舍五入计算时允许存在一定的误差。

表 12－5　　2008—2013 年贵州茅台利润表　　单位：亿元

项目＼年度	2008	2009	2010	2011	2012	2013
一、营业总收入	824	967	1 163	1 840	2 646	3 107
营业收入	824	967	1 163	1 840	2 646	3 092
利息收入	0	0	0	0	0	15

续 表

项目 \ 年度	2008	2009	2010	2011	2012	2013
房地产销售收入	0	0	0	0	0	0
其他业务收入	0	0	0	0	0	0
二、营业总成本	285	360	447	607	763	928
营业成本	80	95	105	155	204	219
其他业务成本	0	0	0	0	0	0
营业税金及附加	68	94	158	248	257	279
销售费用	53	62	68	72	122	186
管理费用	94	122	135	167	220	283
财务费用	-10	-13	-18	-35	-42	-43
资产减值损失	0	0	0	0	0	0
公允价值变动收益	0	0	0	0	0	0
投资收益	0	0	0	0	0	0
汇兑收益	0	0	0	0	0	0
补贴收入	0	0	0	0	0	0
其他业务利润	0	0	0	0	0	0
三、营业利润	539	608	716	1 234	1 883	2 179
营业外收入	1	1	1	1	1	3
营业外支出	1	0	0	1	14	39
利润总额	539	608	716	1 233	1 870	2 143
所得税费用	138	153	182	308	469	547
四、净利润	400	455	534	925	1 401	1 596

表 12-6　2008—2013 年的现金流量表　单位：亿元

项目 \ 年度	2013	2012	2011	2010	2009	2008
一、经营活动产生的现金流量						
销售商品、提供劳务收到的现金	332.34	289.12	236.59	149.39	117.56	112.75
收到的税费返还	—	—	—	0.0018	—	—
收到的其他与经营活动有关的现金	5.85	3.88	1.82	1.38	1.86	2.42
经营活动现金流入小计	367.13	293.00	238.41	150.77	119.42	115.18

续 表

项目 \ 年度	2013	2012	2011	2010	2009	2008
购买商品、接受劳务支付的现金	31.52	27.07	23.54	16.70	15.57	12.15
支付利息、手续费及佣金的现金	0.08	—	—	—	—	—
支付给职工以及为职工支付的现金	31.36	29.54	19.26	14.93	12.29	8.09
支付的各项税费	125.33	101.71	82.86	48.86	41.60	36.67
支付的其他与经营活动有关的现金	19.44	15.47	11.27	8.27	7.71	5.79
经营活动现金流出小计	240.58	173.79	136.92	88.75	77.18	62.70
经营活动产生的现金流量净额	126.55	119.21	101.49	62.01	42.24	52.47
二、投资活动产生的现金流量						
收回投资所收到的现金	—	0.10	—	0.17	0.25	0.21
取得投资收益所收到的现金	0.03	0.04	0.03	0.02	0.02	0.02
处置固定资产、无形资产和其他长期资产所收回的现金净额	—	0.000 8	0.000 4	—	—	0.000 5
收到的其他与投资活动有关的现金	7.56	3.40	2.13	0.56	—	—
投资活动现金流入小计	7.59	3.55	2.16	0.75	0.27	0.23
购建固定资产、无形资产和其他长期资产所支付的现金	54.06	42.12	21.85	17.32	13.57	10.11
投资所支付的现金	—	—	—	0.50	0.10	0.05
支付的其他与投资活动有关的现金	6.93	3.42	1.51	0.57	—	—
投资活动现金流出小计	60.99	45.54	23.36	18.38	13.67	10.16
投资活动产生的现金流量净额	-53.39	-41.99	-21.20	-17.63	-13.40	-9.93
三、筹资活动产生的现金流量						
吸收投资收到的现金	0.06	3.92	—	—	—	—
取得借款收到的现金	—	—	—	—	—	—
发行债券收到的现金	—	—	—	—	—	—
收到其他与筹资活动有关的现金	0.000 2	0.000 9	0.001 0	0.001 1	0.001 6	0.007 6
筹资活动现金流入小计	0.060 2	3.920 9	0.001 0	0.001 1	0.001 6	0.007 6
偿还债务支付的现金	—	—	—	—	—	—
分配股利、利润或偿付利息所支付的现金	73.92	43.07	26.62	12.93	12.35	8.85

续 表

项目＼年度	2013	2012	2011	2010	2009	2008
支付其他与筹资活动有关的现金	—	—	—	—	—	—
筹资活动现金流出小计	73.92	43.07	26.62	12.93	12.35	8.85
筹资活动产生的现金流量净额	-73.86	-39.15	-26.62	-12.93	-12.35	-8.84

注：数据计算以亿元为单位，四舍五入计算时允许存在一定的误差。

二、贵州茅台酒股份有限公司财务报表（2008—2013年）分析思路及要点

（一）总体判断

从总体上看，贵州茅台公司资本结构合理、主营业务突出、盈利能力强，抗风险能力强，注重社会效益，正处于稳态发展期的公司。

（二）资产负债表分析

1. 短期偿债能力分析

六年期间流动比率依次为2.88、3.06、2.89、2.9、3.8、3.7，在2.88到3.80之间，偏高，表明短期偿债能力强，但也应考虑到闲置或利用不足现象；流动资产占资产总额接近80%且现金占总额一半，偿债能力强。

2. 长期偿债能力分析

六年的资产负债率分别为：27%、26%、28%、27%、21%、20%，而绝对额上负债由42亿增长到113亿，总资产由158亿增长到555亿，同理可得股东权益比率在75%左右，自有资本富足，长期偿债能力非常强。

3. 科目明细分析

（1）货币资金由2008年81亿增长到2013年的252亿，应收票据由1.7亿增长到3亿，应收账款由0.3亿到0，可看出销售产品主要为现金交易，产品畅销。

（2）预付款项由7亿增长43亿，六倍增长速度，且与收入的增长幅度相似，体现公司可能因供不应求需要加大材料采购，扩大生产规模，属于正常增长。

（3）应收利息由0.3亿增长到1.8亿，表明公司自有资金产生了利息收入，公司很有经济实力的体现。

（4）其他应收款由0.8亿增长到1.1亿，所占流动资产的比重很少，尽管其绝对额比应收账款多，但考虑到产品的畅销，并不代表公司分散了精力经营其他业务，公

司主营业务很突出。

（5）应收出口退税为0说明产品销售范围是国内而不是国外。

（6）应收补贴款为0的原因，要考虑到公司的宏观环境影响，贵州地区经济不发达，政府主要靠茅台这类效益好的公司纳税取得财政收入，所以补贴款几乎没有。

（7）存货由31亿增长到118亿，结合利润表中的营业收入分析，存货的增长速度与收入增长速度相适应，说明对存货的管理有效。

（8）持有至到期投资保持在0.5亿左右，长期应收款、长期股权投资、其他长期投资、投资性房地产所占的比重很少甚至没有，说明茅台专注于酿酒行业，不开拓其他副业，公司的专注度集中有利于公司健康持续的发展。

（9）固定资产由28亿以1.3倍的速度增到108亿，结合利润表中销售收入的稳步增长看出固定资产增长的必要。在建工程每年均投入了4亿~5亿资金，固定资产和在建工程占非流动资产的主要比重，累计折旧与固定资产原值的比值大致为0.2可得知采用的是直线法计提折旧，折旧合理，有经济能力有计划地投入，固定资产得到稳步扩建。

（10）固定资产减值准备均在200万左右，金额很少，属于正常现象，这要考虑到酒行业的特殊性，珍藏越久越有价值。

（11）无形资产由2008年的4亿增长到2012年的8亿，在2013年达到35亿，考虑到茅台可能涉及申请专利、产权等，没有高估，盈利状况很好也基本不会在会计上有作假行为。

（12）递延所得税资产由1亿增长到8亿，体现了公司的资金充足。

（13）应付账款由1亿增长到3亿，占流动负债比例很小，预收款项由2008年的29亿增长到2011年的70亿，而后又减少到2013年的30亿，总体而言体现产品畅销，而宏观经济环境导致有所起伏。（2008年到2013年经济背景：茅台酒在我国餐饮业历史上扮演了不可或缺的角色，在2012年，政府购买占据茅台酒销售额的近40%。而后政府出台的八项规定，厉行节约的政策导致企业在政府方面利润减少，行业竞争加剧。）

（14）长期借款、应付债券、长期应付款均为0，而固定资产等非流动资产稳定增长，体现的是企业自有资金充足，不需要通过外借资金来扩建。

（15）所有者权益合计由115亿稳步增长到441亿，体现公司盈利能力强，有很强的实力。

（三）利润表分析

（1）获利能力：营业收入由82亿增长到310亿，净利润由40亿增长到150亿，增长幅度基本上都为4倍且增长快，营业收入与营业成本的增长幅度相差不大。每年销售毛利率 90%、90%、91%、92%、92%、93%，均达到 90% 及以上，说明获利能力强，同时也说明茅台的售价很高。销售净利率依次分别为 49%、47%、46%、50%、52%、52%，说明公司通过扩大销售获取利润的能力强。

（2）主营业务突出：利息收入、房地产销售收入、其他业务收入、投资收益、汇兑收益科目几乎无金额，营业外收入与支出也很少，体现了公司的主营业务非常突出。

（3）营业税金及附加由 7 亿增长到 28 亿，营业税金及附加与营业收入的比值依次为 8%、9%、14%、13%、9%、9%，从酒类行业来讲税金合理，政府对该行业没有特殊支持但也不加干预。

（4）销售费用由 5 亿增长到 19 亿，销售费用与收入的比值均在 6% 左右，体现销售费用使用合理。

（5）管理费用由 9 亿增长到 28 亿，虽占期间费用比例较大但随着规模的扩大，增长得合理，财务费用从 -1 亿增长到 -4 亿，说明产生了利息收入，体现资金充足。

（6）资产减值损失均为 0，体现了公司资产保值情况很好，同时也应考虑到行业特殊性和消费者的偏好，属于正常。

（7）所得税费用与利润总额的比值依次为 25.6%、25%、25.4%、25%、25%、25.5%，体现了公司按 25% 的比例正常纳税。

（四）现金流量表分析

（1）企业连续六年中，经营活动现金流量净额由 52 亿增长到 126 亿，且是现金流的主要构成部分，金额大比重大说明企业营业活动突出，短期内具有“自我造血”功能，经营状况很好，属于经营运作型公司。

（2）投资活动产生的现金流量净额为负数，且绝对值有从 10 亿增长到 53 亿的上升趋势。其中投资活动产生的现金流入从 0.23 亿增长到 7.59 亿，而购建固定资产、无形资产和其他长期资产所付现金由 10 亿增长到 54 亿，收入少而用于扩建所占用资金多，表明主营业务突出，具有成长性。

（3）筹资活动产生的现金流入从 0.0076 亿增长到 0.0602 亿，几乎可以忽略不计，表明公司未借钱，而现金流出从 9 亿增长到 74 亿，主要用于支付分配股利、利润或偿付利息，股东回报高，有责任感，注重社会效益。筹资活动产生的现金流量净额为负数，且绝对值从 9 亿增长到 74 亿，体现公司为成熟型公司。

参考文献

[1] 张新民．企业财务状况质量分析理论研究［M］．北京：对外经济贸易大学出版社，2001.

[2] 张铁铸，周红．财务报表分析［M］．北京：清华大学出版社，2011.

[3] 陆正飞．财务报表分析［M］．北京：中信出版社，2006.

[4] 阎华红．财务成本管理［M］．北京：北京大学出版社，2014.

[5] 袁淳，吕兆德．财务报表分析［M］．北京：中国财政经济出版社，2008.

[6] 黄世忠．财务报表分析［M］．北京：中国财政经济出版社，2007.

[7] 罗伯特·C. 希金斯．财务管理分析［M］．北京：北京大学出版社，2009.

[8] 马丁·弗里德森．财务报表分析［M］．北京：中国人民大学出版社，2010.

[9] 池国华．财务报表分析［M］．北京：北京大学出版社，2011.

[10] 崔宏．财务报表阅读与信贷分析实务［M］．北京：机械工业出版社，2011.